유아전통교육의 이해와 활용

최 진 원 저

청목출판사

머리말

산과 바다를 매일 접하며 외국어 같았던 제주어를 알아듣게 되고 어설픈 억양으로 띄엄띄엄 제주어를 말하게 되는 데에는 8년이란 시간이 흘렀다. 제주에 여러 번 왔지만 제주에 놀러 왔을 때와 제주에서 생활하는 것은 많은 차이가 있었다. 유아전통교육이란 강의를 맡게 되면서 강의준비를 위해 기존에 출판된 교재들을 검토했을 때, 두 부류의 교재를 접할 수 있었다. 하나는 한국의 사상과 철학을 다루거나 다른 하나는 전통놀이나 국악지도 등 특정영역을 다룬 교재들이었다. 유아전통교육은 유아교육과에서 일반적으로 다루고 있지 않은 듯하였다.

내가 있는 자리에서는 적용 가능한 현장중심의 교육 실제를 지도해야 하므로 기존의 교재로 강의를 하는 것은 쉽지 않았다. 왜냐하면 전통교육은 특정영역이나 특정주제에서 다루기보다는 유아의 일상과 관련해 모든 생활주제에서 다루어야 하기 때문이다. 그래서 나는 우리학생들이 태어나서 자란 제주도의 생활문화를 중심으로 조사하고 발표한 것에 대해 생각을 나누면서 진행하게 되었다.

제주도에서 태어나고 자란 우리 학생들이지만, 인터넷에서 검색한 것들이 대부분이었다. 발표를 하면서도, 조사를 하면서도, 그들은 제주도의 것을 너무 모른다는 사실을 스스로 인식한 것이 유아전통교육의 첫 출발이었다. 그러면서 점차 가족들에게 물어보게 되었고 주변의 물건들에 관심을 가지게 되었고 우리 학생들은 놀라울 정도로 많은 것을 찾아내어 제주도에 관한 한 나의 선생님이 되었다. 나는 '그것을 유아들이 알아야 할까? 왜? 어떻게 알려줄 수 있을까?'라는 물음을 던지면, 예비유아교사들은 머리를 쥐어짜며 괴로워하면서 교구를 만들고 동화자료를 만들었다.

그러면서 창고에 쳐 박혀 있던 녹슬었던 '구덕'을 찾아내고 아버지를 키웠던 실물자료라고 소개했으며, 식당에서 후식으로 먹던 음료가 쉰 보리밥으로 만든 '쉰다리'였다는 점을 알게 되면서 스스로 놀라워했다. 발표하고 조사하면서 우리 학생들은 할머니가 해녀인 것을 자랑스럽게 말하였고 할머니의 물건을 가지고 와서 친구들에게 보여주었으며, 갈옷을 입고 싶다고 말하는 친구들도 많아지기 시작했다. 예비유아교사들은 음식을 만들어보고, 감물을 염색해 보고, 도자기를 구워보면서 제주도의 것을 지켜야겠고 좋은 것을 알려야 된다고 생각했다. 그리고 어떻게 지도할 수 있을지 스스로 동기화되어 자신들이 가장 잘 가르칠 수 있다는 자신감을 가지게 되었다.

일부는 주문식 사업의 '제주전통 유아 교육 지도자 양성과정'을 운영하면서 지원받을 수 있었으며, 유아가 쉽게 접할 수 있는 것부터 접근해 보겠다는 생각을 바탕으로 덜 익은 생각을 한권의 책으로 펴낸다.

출판사의 이익과는 무관해 보이는 이 책을 출판하고 정리하는 데 도움을 주신 청목출판사에 대해 감사드리며, 유아교사를 통해 제주의 생활문화가 미래세대에게 전승되어 세계문화유산으로 보존되는 그날을 기도한다.

광령에서

저자

차 례

제1부

유아 전통교육의 이해

제 1 장

전통문화의 이해

1. 전통과 문화

'전통(傳統)'이란 문자 그대로 해석하면 "전해져 내려오는 계통"이다. 영어로 표현하면 "traditon"으로 그 어원은 라틴어의 "tradoto" 혹은 희랍어의 "poadosis"로 "넘겨주다"(handing over)라는 의미를 가지고 있다. 즉, 전통이란 우리 삶 속에서 옛 조상들의 유물과 정신, 또는 각 시대의 변화에 대해 많은 것을 경험하면서 그것이 다음 세대로 전달되고 있음을 의미한다.

전통의 속성은 첫째, 인간에 의해 창조되었다는 것이고 둘째, 한 세대에서 다른 세대로 전래되어 왔다는 것이다. 즉 전통은 우연히 발생한 것이 아니라 한 공동체의 다양한 의견들이 복잡한 과정과 절차를 거쳐 걸러낸 사회적 공감 및 합의에 의한 결과이다. 전통은 과거의 유물이 아니라 끊임없이 재창조된다. 전통은 옛날의 것을 포함하는 '현재 우리에게 살아 있는 것'을 의미한다. 또한 전통의 의미는 '현대적인 것'과 대비되어 '옛날의 것'을 말하는 것이 아니라 '외래적인 것'과 대비되는 개념이다.

우리가 일상적으로 사용하는 '문화(culture)'라는 용어는 1871년 Tylor 의해 처음 정의되었는데, 문화는 인간의 공동 사회가 이룩하여 그 구성원이 함께 누리는 가치 있는 삶의 양식 및 표현 체계를 말한다. 문화는 다양하게 정의되지만 한 집단의 구성원들이 생활하는 가운데 학습한 결과로 역사적으로 이루어지고 대대로 전해지는 것이다(김영찬, 1980). 따라서 문화는 가꾸어지는 것(윤구병, 2002)으로 '어떤 집단의 구성원이 공통적으로 가진 생활양식 또는 사고양식이나 상징과 의미의 체제 관계의 구조'(정대련, 2000)이다. 이러한 면에서 임희섭(1990)은 전통이란 과거로부터 현재에 이르기까지 축적되고 계승되어온 문화적 유형의 총제를 의미하며, 전통과 문화를 같은 의미로 보고 있다.

문화의 개념이 매우 다양함에도 불구하고 한 사회는 한 상황에서 나름대로의 고유한 문화를 가질 수밖에 없는 필연적 여건을 가지고 있고, 문화는 다양한 모습으로 나타나게 된다. 따라서 어떤 문화는 훌륭한 문화이고 어떤 문화는 훌륭하지 않은 문화라는 구분은 옳지 않다. 각 문화는 모두 나름대로 가치가 있다(이광규, 1996).

문화는 그 뿌리가 튼튼할 때 다음 세대에 전달 계승이 되기도 하고 변형, 재창조되기도 한다. 그러므로 타문화를 무조건 우수하게 보고 그 문화에 동화되려고 하는 것은 문화의 본질에 대한 이해가 부족한 열등의식의 소산이라고 할 수 있다. 현대에 이르러 우리나라의 전반적 분위기는 의식적, 무의식적으로 외래문화 특히, 서구문화를 한국문화보다 우월하게 여기거나, 추종하는 경향이 있으며 한국문화를 계승하거나 변형하거나 재창조하는데 그다지 노력을 기울이지 않고 있다(문미옥, 2003).

2. 전통문화교육

전통에 대한 교육은 우리의 전통에 어울리는 외래문화를 선택할 수 있는 태도를 기르는 것이다. 이러한 외래문화에 대한 선택적 태도는 우리의 오랜 전통, 즉 우리가 오래 전부터 지니고 살아 왔던 세계관, 도덕관, 미학적 가치관을 낡은 것으로 여겨 폐기할 것이 아니라 다른 문화전통에서 찾을 수 없거나 서양의 것보다 뛰어난 보배를 가려내고 보존하며 더욱 키워가야 함을 의미한다.

따라서 전통에 기초한 교육이라 함은 단지 과거 시대의 것을 그대로 고수하자는 것이 되어서는 마치 문화가 발전되지 않는 것이 좋다는 것과 같다. 전통에 기초한 교육은 첫째, 과거의 우리 것을 가능한 한 모두 파악하는 작업을 하며, 둘째, 그 중 현재와 미래에 유익할 것을 선택·결정하여 그대로 전수하면 좋을 것은 그대로 가르치고, 일부 수정·보완하여 더 좋은 부분으로 발전시켜 우리 것이 되도록 재창조하는 교육이 되어야 할 것이다(문미옥, 2001).

전통문화교육은 민족의 주체성 함양과 전통문화의 독특성 이해라는 교육적 가치를 내포

하고 있다. 이 같은 교육을 실천으로 옮길 수 있게 하는 작용은 다문화 교육과 국제이해를 통해 국민간의 풍속과 생활의 독특성을 인정하는 것에서 출발한다. 다시 말해 전통 교육은 곧 국제사회에 대비한 교육이며, 사람들의 다양한 가치와 태도 및 문화를 인정할 수 있도록 하는 교육이다. 전통문화교육은 과거에 이루어진 문화적 결과들을 이해하고, 이를 현재 어떻게 활용하며, 미래로 어떻게 연결할지를 가르치는 것이다. 따라서 전통문화는 단순히 지난 시대의 산물이 아니라 우수한 여러 외래문화를 받아들여 우리 것과 조화시킴으로써 우리의 전통문화를 외국문화와 조화롭게 수용하는 접근방법이다.

유아기는 사람과 사람사이의 차이, 문화와 문화의 차이에 아무런 편견이나 선입견도 형성되지 않는 순수한 시기라는 점에서 다문화 이해교육에 포함되는 전통문화교육을 실시할 수 있는 적기이다. 유아기는 한국인의 자긍심·주체성을 갖게 해서 전통문화를 잘 알고 편견 없이 다양한 문화를 이해하기에 적합한 시기이다. 그러므로 전통 문화교육은 문화적 다양성을 인정하고 집단 간의 관계를 강화시켜 문화 간의 소통이 이루어지도록 민족, 성, 사회, 경제적 지위, 언어, 문화적 배경이 서로 다른 사람들을 이해하고, 나의 뿌리를 알게 하는 의미 있는 활동이다.

다음에서는 선행연구를 바탕으로 전통문화를 어떻게 분류하였는지 살펴보고자 한다. 아래 〈표 1〉, 〈표 2〉, 〈표 3〉에서 보는 바와 같이 아직 통일된 분류기준은 없다.

〈표 1〉 민속학에서의 전통문화 분류

대분류	중분류
민속과 민속학	민속과 민속학, 연구대상, 의의와 방향, 민속조사와 연구방법
세시풍속과 일생의례	세시풍속 의생의례(출생의례, 성년식, 혼인례, 환갑·회혼례, 상장례, 제례 등)
민간신앙	민간신앙의 개념, 특성, 종류, 의미와 기능
민속문학	설화, 민요, 무가, 판소리, 속담, 수수께끼
민속놀이와 민속예능	민속놀이 민속예능(민속미술, 민속음악, 민속연의, 민속무용, 민속공예)
가족과 마을생활	가족과 친족 마을생활
축제와 민속현장	과거와 오늘의 축제, 축제의 종류와 현황, 민속축제와 민속현장

출처 : 유대근(1998), 한국민속학개론

〈표 2〉 중등학교에서의 전통문화 분류

대분류	중분류
전통생활	집, 먹을거리, 옷, 가족(친족)생활, 세시풍속, 의례생활, 여성들의 생활, 속담, 교통·통신수단
전통사상 및 가치관	종교 및 사상, 가치관, 태도
전통예술	국악, 전통회화, 서예, 전통도자기, 전통공예, 민속춤, 특징적 이미지, 전통문화재
전통놀이 및 운동	민속놀이, 전통무예
전통과학	전통과학, 신학(算學(산학)
전통어문학	전통문학, 전통어학

출처 : 유대근(1999), 제6차 교육과정의 중등학교 교과서에 나타난 전통문화교육

〈표 3〉 유아를 대상으로 한 전통문화 분류

대분류	중분류	교육 관련 내용
전통 생활문화	의생활	남녀한복, 혼례복, 관례복, 상복, 한복 입는 순서(예절), 장신구, 의복과 관련 도구 등
	식생활	음식의 종류, 음식 만드는 도구, 음식에 필요한 도구, 음식예절 등
	주생활	가옥의 쓰인 재료, 형태, 크기, 위치, 구조, 시설물, 장식품, 집짓는 방식
	세시 풍속	시절에 따른 명절과 절기의 종류 및 유래, 의미, 풍속(설날, 대보름, 삼짇날, 한식, 초파일, 단일, 유두, 추석, 동지 등)
전통 예술문화	음악	국악, 사물놀이, 민요, 전래동요, 국악기, 국악기 다루기 등
	무용	탈춤, 강강술래, 부채춤 등
	미술	서예, 한지, 붓, 백(청)자, 민화, 풍속화, 벽화
	문학	전래동화
전통 놀이문화	전통 놀이	널뛰기, 투호, 자치기, 연날리기 고누, 제기차기 등

이상을 참고로 하여 여기서는 유아전통교육을 위해 제주의 삼다(三多)를 기준으로 분류하고자 한다. 제주에 많았던 것은 제주의 특성이라 할 수 있고, 자연과 인간이 조화를 이루었던 생활을 통해 우리의 전통을 생태교육 및 양성평등교육에 적용해 보고자 한다. 이를 그림으로 나타내면 다음과 같다.

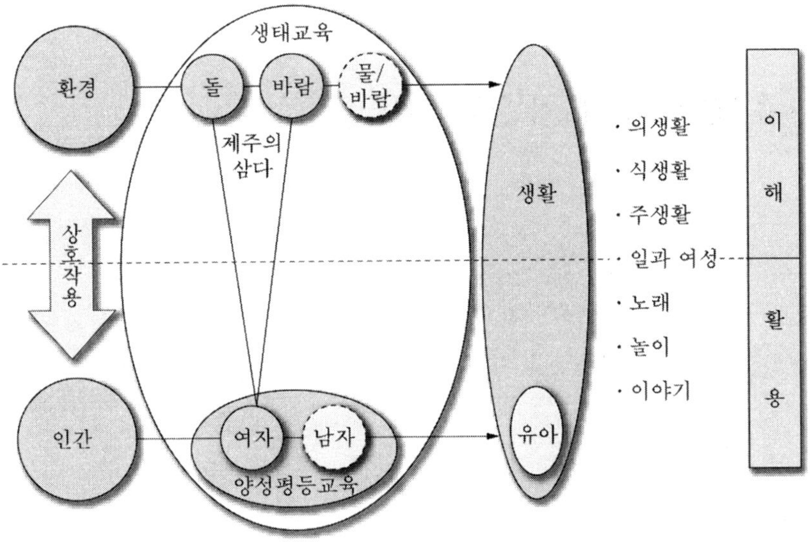

〈그림 1〉 제주전통 유아교육의 이해와 활용

먼저, 자연환경은 생활문화에 영향을 미치므로 의·식·주생활을 중심으로 살펴보고자 한다. 다음으로 영유아의 성장·발달은 가족을 통한 양육방식을 기초로 살펴보고자 한다. 다음 〈표 4〉는 유아전통교육의 이해와 활용·분류를 나타낸 것이다.

〈표 4〉 유아전통교육의 이해와 활용 분류

대분류	중분류	교육 관련 내용
생활문화	의생활	자연환경과 일하는 곳을 중심으로 갈옷, 도롱이, 정동벌립을 다룸
	식생활	자연환경과 물을 중심으로 전통음식의 종류와 특징, 조리법과 도구, 물과 그릇을 다룸
	주생활	자연환경과 재료를 중심으로 집의 구조, 전통가옥특징, 가족과 생활을 다룸
여성과 일	육아와 해녀	여성의 출산과 육아를 중심으로 아동의 성장과 발달, 해녀와 어부의 일과 도구를 다룸
교육활동	이야기	신화와 전설을 중심으로 유아기 발달수준과 문학적 접근을 통한 통합교육이 가능하도록 다룸.
	놀이	연령별, 성별, 장소에 따른 놀이방법 및 확장활동이 가능하도록 다룸
	노래	민요와 동요를 중심으로 생활주제별로 활용이 가능하도록 유아발달수준을 고려해 활용이 가능하도록 함.

3. 유아전통교육 지도자 양성의 필요성

우리는 21세기를 세계화, 개방화, 정보화 시대라고 부른다. 세계화, 정보화 시대의 특징을 한마디로 정의하기 어려우나, 한 가지 분명한 것은 각 국의 고유문화정신을 반영하는 교육이념 및 교육가치가 지금보다 훨씬 강화될 것이라는 점이다. 나라 간에 거리가 좁아지고 세계가 하루 생활권에 접어들지만 오히려 대등한 국가관계, 또는 대등한 민족 관계를 유지하기 위해서는 각국 고유의 정신을 계승하는 전통문화교육이 더욱 절실하게 요망될 것이기 때문이다(이경선, 2004).

통신과 인터넷의 발달로 세계의 공간이 재구성되어 가는 오늘날, 공통된 생활양식 속에서 전통의 존재를 찾기 위해 각국은 자국의 독특한 문화를 찾아 보호하려는 노력을 하고 있다. 한국은 그 동안 급속하게 진행된 경제발전에 힘입어 서구문화를 우월한 것으로 간주하여 외래문화를 무분별하게 수용하여 온 반면 전통문화의 고유성을 잃어가고 있는 실정이다. 문화의 고유성을 잃는다는 것은 민족의 정체성을 상실하는 것이다. 국제화된 세계 속에서 우리의 정체성을 유지하고, 국제자유도시 시민양성을 위해 전통문화교육이 체계적으로 실시되어야 한다.

미래학자들에 의하면 유아들이 살아갈 미래사회는 흔히 '문화경쟁의 시대'가 될 것이라고 한다(Toffler, 1980). 지구촌이나 세계화라는 용어는 이제 피부로 느낄 만큼 우리생활에 가까이 다가와 있고, 우리도 모르는 사이에 수많은 외래문화에 자연스럽게 젖어 드는 것은 부인할 수 없는 현실이다.

세계화 · 국제화가 강조되는 오늘날 세계화의 역방향에서 지역적 세계화가 중시되고 있다. 지역적 세계화로 일컫는 Glocalization이란 globalization과 localization의 합성어로 사전적 의미로는 다국적 기업이나 외국계 기업의 현지화를 의미한다. 다시 말하면 이는 세계화와 동시에 지역적 특성을 살린 현지화를 접목하여 시너지효과를 창출하고자 하는 신 경영 전략이다. 지역적 세계화가 교육현장에서 잘 적용되기 위해서는 무엇보다도 지역문화와 전통문화의 중요성이 예비유아교사들에게 지도되어야 하며, 미래사회의 주역인 영유아들에게 지역문화에 대한 이해는 필수적으로 요구된다.

유아기는 자신의 생김새, 성, 인종 등 사람과 사람 사이의 차이점을 인식하는 시기이며

(Kendall, 1983), 유아기부터 이루어지는 전통문화교육은 자신의 정체성을 형성하고, 다양한 세계화의 물결 속에서 자신의 전통문화에 대해 자부심을 갖고 성장할 수 있게 된다. 유아의 일상생활이나 유치원의 교육활동 속에서 전통문화를 실제로 경험하고 실천하면서 그 의미를 이해하게 될 때, 전통문화교육은 생활 속에서 살아 있는 교육이 될 수 있다. 유아들이 다양한 문화 활동들을 통하여 생활과 문화를 이해하고 즐길 수 있도록 지도한다면, 전통문화의 계승은 자연스럽게 이루어질 수 있을 것이다. 유아를 지도하기 위해서는 먼저 우리의 문화를 생활주변과 지역사회에서 찾아내어 전통을 계승할 수 있도록 유아들에게 올바르게 지도할 수 있는 예비교사 양성이 선결되어야 한다. 전통문화를 계승 발전시키기 위해서는 이를 지도하는 교사의 역량이 매우 중요시되며, 어떻게 교육시킬 것인지에 대한 구체적인 반성과 함께 실제적인 대안이 뒤따라야 할 것이다. 앞으로의 사회변화에 적합한 교육의 방향을 모색하기 위해서 반드시 검토해야 할 우리의 당면과제인 것이다(유혜령, 2002).

제2장

유치원 교육과정의 이해

1. 전통문화 교육내용의 변천

유치원교육과정의 변천을 중심으로 전통교육의 내용을 살펴보면 다음과 같다(김현경, 2000).

1) 제1 · 2차 유치원 교육과정

1969년 처음으로 제정된 제1차 유치원 교육과정에서는 사회영역의 내용 중 국가생활에서 '우리나라의 자랑 알기' 내용이 기술되었다. 그러나 구체적으로 전통문화에 관한 용어가 나타나지 않았고 우리사회가 아직 문화에 대한 국가, 사회적인 인식이 부족했던 것을 볼 수 있다. 1979년 제2차 유치원 교육과정에는 인지발달 영역 중 자연과 사회현상에서 '우리나라의 국기, 국가 및 자랑거리 알기'와 '우리나라의 전통과 고유 풍속 이해하기' 항목이 기술되었다.

2) 제3차 유치원 교육과정

1981년 제3차 유치원 교육과정에는 사회성 발달 영역의 내용 중 국가생활의 민족문화 항목에 '우리나라 고유의 풍속을 알고 자랑할 수 있다', '우리조상의 문화유산을 알고 소중히 여긴다.', '우리문화를 빛낸 사람을 알고 감사하는 마음을 가진다', '우리문화를 이어받아 발전시키려는 태도를 가진다'라고 기술되어 있다. 제3차 유치원 교육과정에서는 전통문화에 대해 이전보다 자세히 기술하고 있다.

3) 제4차 유치원 교육과정

1987년 개정된 제4차 유치원 교육과정은 인지발달 영역에 '우리나라의 전통생활에 대하여 안다'라고 기술되어 있다. 제3차 유치원 교육과정이 이야기나누기에 치중한 데 비해 자유선택 활동 영역과 다양한 활동에 의해 전통문화를 경험하도록 하고, 우리음식이 요리활동과 간식으로 소개되었다.

4) 제5차 유치원 교육과정

1992년 개정된 제5차 유치원 교육과정은 사회생활 중 '사회현상과 환경에 대한 관심'에서 우리나라의 상징과 전통놀이 경험하기'가 포함되어 있고, 표현생활 중 감상 부분에 '다양한 종류의 음악듣기'에서 '우리가락을 듣고 즐긴다', '전통예술에 친숙해지기' 등이 있다. 전통문화를 수 · 과학 · 언어로 확대하였으며 이전보다 전래동요에 대한 비중이 높아졌다.

5) 제6차 유치원 교육과정

1998년 개정된 제6차 유치원 교육과정에는 사회생활 중 집단 생활에 '두레의 소중함을 알고 협력하기', 사회현상과 환경에 '우리나라의 상징과 전통에 관심가지기', 표현생활 중 감상에 '전통예술에 친숙해지기', 언어생활 중 듣기에 '전래동화, 전래동요를 즐겨듣는다'라고 기술되어 있다. '두레'는 이웃간의 상부상조라는 규범, 덕목, 가치관과 관련된 내용이 처음으로 유아에게 적용되었고, 전래동화와 전래동요의 가치를 인식한 점과, '엽전 모으기' 게임처럼 전통놀이가 아닐지라도 옛날 물건을 사용한 놀이를 제시하였다.

2. 전통문화 교육방법의 변천

교육방법은 유아의 발달단계에 따라 구체적이고 다양한 활동을 통해 전통문화를 경험하도록 하는 방향으로 점차 이루어지고 있으며, 전통문화의 제시방법은 전통놀이나 예술활동, 생활풍습 등을 직접 경험해 보는 방법과 민속공예품 등의 전통적인 물건을 학습에 활용하는 방법으로 이루어지고 있다.

1) 제1차 유치원 교육과정(1969년)

일반 목표로 제시된 유능한 한국인의 양성을 위해 애국가, 국기, 반공통일과 함께 '우리나라의 자랑알기'가 국가생활에 제시되었다. 지도상 유의점을 살펴보면 '애국가, 국기, 국경일, 애국지사 등 우리나라의 자랑 등에 관하여 이해시키고 반공통일에 관한 학습을 통해 어려서부터 애국하는 마음을 길러주도록 힘써야 한다'라고 기술되어 있다.

2) 제2차 유치원 교육과정(1979)

기본방침인 국민자질의 함양에 '민족주체의식의 고양', '전통을 바탕으로 한 민족 문화의 창조'라고 제시하고, 일반목표 중 국가발전에서 '민족문화에 대한 이해를 깊게 하고 그 계승·발전에 이바지하게 한다'. 또는 민주적 가치의 강조에서 '우리고유의 가정생활 및 향토생활의 아름다운 전통을 살려 이를 새 시대에 알맞게 발전시키도록 한다'. 한국 민주주의의 우수성을 인식하고 반공 민주신념에 투철하게 한다'라고 기술하고 있다. 여기서는 전통문화가 민족문화라는 용어로 표현되었고, 문화보다는 민족에 강조점을 두었다.

3) 제3차 유치원 교육과정(1981)

민족공동체 의식의 고양을 위해 교육내용에 '사회적 연대의식', '민주·복지·정의사회 건설', '투철한 국가의식', '인류공영의식', '민족문화의 창달 의욕'이 포함되어 있다. 교육목표를 살펴보면 사회성 발달 영역의 국가생활 내용에 '나라사랑', '반공의식' 과 함께 '민족문화' 항목이 포함되어 있다. 여기서는 정체성 확립을 위해 전통문화가 강조되었다.

4) 제4차 유치원 교육과정(1987)

교육목표에 있어서 제 3차 교육과정과 근본적인 차이는 없다. 그러나 유치원 교육과정 해설서에 의하면 '우리나라의 전통생활에 대하여 안다'에 대한 설명으로 '설날, 보름, 석가탄신일, 단오, 추석, 크리스마스 등의 명절이나 종교적 행사와 관련된 유아주변의 전통과 풍습의 의미를 유아들이 이해하도록 지도하는 것이 바람직하다'라고 기술되어 있다. 이는 음력에 따른 많은 명절들과 서구에서 유래한 크리스마스가 유아주변의 전통과 풍습으로 등장한 점이 이채롭다. 이를 단순한 서구화로 보아야 하는지 세계화의 관점으로 보아야 하는지에 대해서는 이견이 있다.

5) 제5차 유치원 교육과정(1992)

사회생활 영역에 '우리나라의 상징과 전통놀이 경험하기', 표현생활 영역의 감상 분야에 '전통예술에 친숙해지기' 내용과 '다양한 종류의 음악듣기' 중 '우리가락을 듣고 즐긴다'라는 내용이 기술되어 있다. 이전에 비해 자유선택 활동의 여러 영역과 대·소집단 활동에 전통문화내용이 비교적 고르게 분포되었고, 노래나 감상에서 전통문화 내용을 포함시켰다. 이는 우리 삶에서 생동하는 의미를 상실한 채 전통문화를 서양음악과 마찬가지로 듣고 즐길 수 있도록 하려는 시도로 보인다. 한편, 우리나라의 상징과 전통놀이가 함께 묶여 있다는 점에서 전통문화는 정체성을 매개하는 수단적 역할을 하고 있음을 볼 수 있다. 전통악기는 장구, 징, 꽹과리, 소고 등 특별한 날에 사용되는 정도이고, 전통음악의 감상은 찾아보기 어렵다.

6) 제6차 유치원 교육과정(1998)

제 6차 유치원 교육과정에서는 두레 등 전통문화의 요소들을 다양하게 개발하고자 노력하였고, '통일에 대비하여 우리나라 문화의 정체성과 민족 동질성을 형성하기 위한 내용을 포함한다'는 기술을 통해 전통문화를 매개로 남북분단을 극복하려는 시도를 엿볼 수 있다. 또한, 전통음식의 경우에는 김장하기, 화채, 화전 만들기, 송편, 빈대떡, 쑥떡, 호박죽 끓이기 등이 제시되었다.

이상에서 살펴본 바와 같이, 시대의 변화에 따라 우리의 문화교육은 주입적, 추상적, 정치적 교육내용과 목표에서 출발하여 점차 정체성을 형성하고 전통문화의 내재적 가치를 존중하도록 교육하는 방향으로 변화되고 있음을 볼 수 있다.

3. 유아교육기관에서의 전통교육 실태

우리는 그 유례를 찾아볼 수 없을 정도로 급속히 경제발전을 이룬 만큼 우리 고유의 전통문화와 전통사상을 버렸다. 전통문화의 단절 속에서 받아들여진 서구의 가치관이 올바른 사회문화를 이끄는 기능을 발휘할 것이라는 기대는 의문의 여지가 있다.

1990년대 이후 우리 문화의 정체성을 확립하고자 하는 노력은 전통놀이 교육활동 지도자료(교육부, 1993)와 유아를 위한 전통문화 교육활동 지도자료(교육부, 1998) 등으로 실제화되었다. 전통문화에 대한 관심이 고조되면서, 유아교육기관 중에서는 전통 예절실을 설치하고 각종 민속행사를 개최하는 등 교육현장에서는 전통문화에 대하여 다양한 측면에서 유아교육의 적용을 위한 노력을 하고 있다. 그러나 전통문화교육은 대부분의 유아교육기관에서 민속의 날이나 명절 등에 한시적으로 운영되고 있어 일회성 행사로 실시될 뿐 연계된 교육프로그램은 거의 없는 실정이다(서혜은, 2003).

현장에서의 전통교육은 '세계 여러 나라와 우리나라'와 같은 특정한 생활주제나 설날, 추석 등과 같은 세시풍속과 밀접하게 연관되어 실시되며, 연계적·지속적으로 이루어지기보다는 분리되고 관광적인 경험을 하게 하는 활동의 특성을 띠고 있다. 서울 시내에 소재한 공립단설유치원, 공립병설유치원, 사립유치원에 재직하고 있는 교사 200명을 대상으로 조사한 결과에서 우리의 전통교육 실태를 엿볼 수 있다(고민경, 2005).

- 유치원 교사의 전통문화교육에 대한 필요성과 관심정도는 매우 높았으나 전통문화교육에 대한 지식 정도는 높지 않았다.
- 유치원 교사의 전통문화교육에 대한 지식정도는 전통놀이교육에 관한 지식이 가장 높았으며, 전통무용에 관한 지식이 가장 낮았고 교육경력이 높을수록 지식 정도도 높은 것으로 나타났다.
- 유치원에서는 교사 대부분이 전통문화교육을 실시하고 있다.(3-6년의 경력교사가 3년 미만의 경력 교사보다, 대학원 학력 교사가 전문대 학력 교사보다, 공립단설유치원 교사가 사립유치원 교사보다, 만5세 담당교사가 만 3세 담당교사보다 높게 나타났다.)
- 전통문화교육의 실시횟수는 전통생활문화, 전통예술문화, 전통놀이문화 모두 한 학기에 1-2회 실시하는 것으로 나타났으며, 관련생활주제나 특정주제 전개 시에 가장 많이 실시하는 것으로 나타났다.
- 유치원 교사들은 전통문화교육이 '꼭 필요하다'고 응답한 반면 실제교육은 '조금 실시한다'고 응답한 비율이 가장 많았다.
- 전통문화교육의 활성화 방안으로는 유아의 발달단계에 맞는 전통문화교육 프로그램의 개발, 전통문화교육의 교사연수 및 교육기회 강화가 제안되었다.

한편, 제주지역 전통문화 교육에 대한 교사의 인식 및 운영실태를 살펴보면(김미경, 2003), 유아교육 현장 교사들의 전통문화 교육에 대한 연수나 강연의 경험은 전혀 없거나

1~2회 정도로 제공되었으며, 교사들은 전통문화와 관련한 교육내용 및 방법에 대한 이해가 부족하다고 응답하였다. 또한 유아들에게 가장 많이 제공되는 활동은 옛날 이야기였으며, 미미하지만 전통교육을 실시할 경우 명절이나 절기 등 특정일을 전후로 이루어지고 있다고 하였다. 이러한 교육목적과 내용을 실행하기 위해서는 교사가 먼저 전통문화를 생활 속에서 즐길 수 있어야 한다. 교사는 문화적으로 적합한 교육을 통해 유아들의 내면으로부터의 변화를 유도할 수 있기 때문이다. 그러나, 교사들이 주로 의존하는 "전통문화 교육활동 지도자료"는 전통놀이나 김치 만들기 등 주제에 따라 부분적 통합교육을 실시하게 되어 있다. 그러나 이러한 활동은 전통문화가 갖는 전통적 사상과 보편적 가치관의 교육을 위한 본질적인 부분은 다루지 못하고 있다. 왜냐하면 개발된 자료의 활용방법을 강조함으로써 유아교사는 전통문화교육이란 무엇이며 왜 전통문화교육이 필요한가에 대한 근원적 이해가 부족하기 때문이다. 전통교육이 "생활 속에서" 전달되고 이해되기 위해서는 구체적인 활동을 통해 표면적 개념만을 강조하는 교재개발과 활용방법을 넘어 심층적인 정서를 다룰 수 있어야 한다. 이를 위해서 선행되어야 할 점은 무엇보다도 실제 교육을 담당하는 교사들이 전통에 대한 개념적 지식이 부족해서는 안 될 것이며, 단편적 지식에 의한 편협한 태도로 지도해서는 안 될 것이다.

한 연구에 의하면(전경화, 2002), 현재까지의 유아교육현장에서의 전통문화 교육방법이 사실 전달에 치중하며 표면적인 학습에 치중하는 경향이 있고 학습과정이 교사 주도적이며 주입식으로 다루어지는 실정임을 지적한 바 있다. 이러한 실태는 유아를 능동적인 학습자로 보는 유아관에서 벗어날 뿐 아니라, 의미탐색의 전통문화교육이 이루어져야 한다는 기본방향과 상충한다. 그렇다면 어떤 방법이 유아에게 지도하기 적합한 전통문화 교육방법인가? 한 연구에 의하면(문미옥·이혜상, 2004), 구체적인 교육방법으로 시와 노래, 춤을 활용한 교육방법이 제안된 바 있으며, 문답법이 현대사회에서도 가치로운 방법이라는 주장이 제기된 바 있다.

- 유아교사 양성대학의 전통문화 교육 교과 현황 및 현직교사의 활용 실태분석(김혜진, 2005)에 의하면, 전통문화교육의 교과현황을 알아보기 위해 4년제 대학 75개와 전문대학 105개를 대상으로 전국 180개 유아교사 양성대학을 조사한 결과, 전통문화교육이 독립교과로 이루어지고 있는 대학은 전체의 19.4%에 불과하며, 4년제 대학이 전문대학에 비해 교과개설 비율이 매우 낮은 것으로 나타났다.

• 4년제 대학의 경우 전통문화를 통합한 교육이 이루어지고 있으며, 전문대학의 경우 국악교육을 중심으로 장단, 악기에 편중된 지도가 이루어지고 있는 실정이다. 이는 교사들이 전통문화 전반에 대한 충분한 이해와 학습이 이루어지지 않은 상태에서 단순히 기술만을 가르치게 될 우려가 있음을 보여주는 결과이다.

• 교사들이 받은 전통교육의 영역으로는 전통놀이와, 유아국악교육, 유아전통음악교육 등 전통음악 관련과목이 가장 많이 개설되어 있는 것으로 보고되었으며, 국악보다 전통놀이분야가 현장에서 필요로 하는 교과목으로 인식하였다. 4년제 대학의 경우 2학년에 개설되는 비율이 높았고, 전문대학의 경우 전 학년에 걸쳐 골고루 교육되고 있으며, 전공 선택 과목으로 구분되어 3시간 정도로 교육이 이루어지고 있었다.

• 전통문화교육의 목적으로 가장 많이 표방하고 있는 것은 '전통문화교육의 내용과 방법을 이해하여 유아교육현장에 적용하기 위한 기초지식을 예비교사들이 갖추도록 하는 것'이고, 그 다음으로 '전통문화교육의 필요성을 인식'하고, '전통문화교육활동을 현장에서 활용할 수 있는 능력을 기르도록 하는 것'이다. 그러나 '전통문화교육을 받은 교사와 그렇지 않은 교사 간에 차이가 없었다'는 조사결과를 통해 지식의 차이가 실제 교육활동과 관련되지 않음을 유추할 수 있다.

• 교육방법으로 대부분 기본적인 이론 강의 후 이론에 따른 실기가 병행되는데 실기는 유아교육현장에서 통합적인 전통문화를 실행하는 데 도움을 주는 내용이기보다는 악기를 연주하거나 장단을 익히는 기술 습득 및 전달에 치중하는 학습이 주로 이루어지고 있었다. 즉, 단편적인 지식전달방법에 머무르는 경우가 많았던 점은 개선될 부분이라 할 수 있다.

• 전통문화교육을 실행하기 위해 교사가 갖추어야할 요건으로 교사들은 내용과 방법에 대한 지식이해가 선행되는 것이 가장 중요하고, 다음으로 활동을 전개하는 능력이 훈련되어야 하며, 전통문화가 교사의 삶에서 생활화되고, 전통문화교육을 실행하려는 의지가 뒷받침되어야 한다고 인식하였다.

• 경력 9년 이상, 대학원을 졸업하고, 전통문화교육을 받는 경험이 있는 교사의 경우 특

정한 시기나 행사가 아닌 평상시 교육활동에서 통합적으로 전통문화를 교육할 수 있다고 하였다. 교사들은 전통교육이 통합적으로 이루어져야 하지만 현장에서 실천의 어려움이 있기 때문에 독립된 교과로 많은 내용과 방법을 배우길 원하는 것으로 나타났다.

• 대학 내 교과과정에서 많은 수의 전통문화 관련 교과목을 개설하는 것이 바람직하겠으나, 각 대학 내에 한정된 교과목 수가 존재하는 현실에서 소수의 전통문화 관련 교과목을 개설하거나, 또는 기존의 교과 내에서 전통문화를 다룬다 하더라도 그 안에서 가능한 많은 통합적 하위문화 내용을 다룰 수 있도록 교수하는 것이 필요함을 언급하였다.

이상을 바탕으로, 유아전통교육은 내가 속한 지역의 문화에 기초하여 한국인의 뿌리를 이해하는 유아교육이어야 하며, 한국의 유아교육, 한국인의 양성과 제주의 유아교육, 제주인의 자긍심을 지닌 유아를 기르는데 기여할 수 있어야겠다. 전통을 유지, 전승, 발전, 창조하기 위해서는 태도와 사고, 실행이 있어야 한다. 따라서 어느 한 가지 방법이나 책을 통한 교육은 그 효과가 제한적이다. 따라서 유아교육 현장을 중심으로 실제적이고 활용 가능한 활동으로 지도함으로써 전통문화를 바탕으로 세계화를 이룰 수 있을 것이다.

4. 현행 유치원 교육과정에 나타난 전통교육

2007 개정 교육과정은 유아교육법 제13조 제2항에 의거하여 고시한 국가 수준의 교육과정으로 유치원의 교육 목적과 목표를 달성하기 위하여 유치원에서 편성·운영하여야 할 학교 교육과정의 공통적, 일반적인 기준을 제시한 것이다. 지금까지의 전통문화 강조가 특정 절기나 행사 일을 중심으로 이루어져 우리 전통문화가 특수한 목적으로 다룰 사안인 것으로 간주되는 경향이 있었다. 우리나라의 문화는 특별한 것으로 다루기보다는 기본적인 것으로 다루어야 할 것이다.

1) 추구하는 인간상

우리나라의 교육은 홍익인간의 이념 아래 모든 국민으로 하여금 인격을 도야하고, 자주적 생활 능력과 민주 시민으로서 필요한 자질을 갖추게 하여 인간다운 삶을 영위하게 하고, 민주 국가의 발전과 인류 공영의 이상을 실현하는 데 이바지하게 함을 목적으로 하고 있다.

이러한 교육 이념을 바탕으로, 유치원 교육과정이 추구하는 인간상은 다음과 같다.

가. 전인적 성장의 기반 위에 개성을 추구하는 사람
나. 기초 능력을 토대로 창의적인 능력을 발휘하는 사람
다. 폭넓은 교양을 바탕으로 진로를 개척하는 사람
라. 우리 문화에 대한 이해의 토대 위에 새로운 가치를 창조하는 사람
마. 민주 시민 의식을 기초로 공동체의 발전에 공헌하는 사람

2) 교육과정의 구성 방침

이 교육과정은 21세기 지식 정보화 시대를 주도할 '사람과 자연을 존중하고 사랑하는 한국인 육성'을 기본 방향으로 한다. 이에 따른 구성 방침은 다음과 같다.

가. 사람과 자연을 존중하고 사랑하는 세계관을 바탕으로 구성한다.
나. 유아의 기본 생활 습관과 전통문화, 창의성을 강조하여 구성한다.
다. 지역과 유치원의 자율성을 확대하도록 구성한다.
라. 유치원 교육의 정체성을 살리며 초·중등학교와 연계하여 구성한다.
마. 유아의 발달 특성을 고려하여 수준별 교육과정을 구성한다.
바. 교육과정 평가 체제를 통하여 교육에 대한 질 관리를 강화하도록 구성한다.

3) 유치원 교육 목적과 목표

유치원 교육은 유아에게 알맞은 교육 환경을 제공하여 유아를 교육하고 심신의 조화로운 발달을 돕는 것을 목적으로 한다. 이를 실현하기 위하여 다음과 같은 교육 목표를 둔다.

가. 몸과 마음을 건강하게 하며 기본 생활 습관을 기른다.

나. 더불어 사는 태도와 우리 전통문화를 사랑하는 마음을 가진다.
다. 자신의 생각과 느낌을 자유롭고 창의적으로 표현하는 경험을 가진다.
라. 의사소통을 위한 언어 능력을 기르며, 바른 언어 사용 습관을 기른다.
마. 호기심을 가지고 주변 세계를 탐구하며 자연을 존중하는 태도를 가진다.

4) 5개 생활영역에서의 전통교육

2007개정 유치원 교육과정에서는 전통문화를 특정 영역에서만 강조하거나 특정 활동에서만 독립적으로 적용하지 않고 전 영역에서 융합, 구성되도록 하는데 중점을 두었다. 또한 우리 전통문화의 강조는 국수주의적인 관점이 아니라 다양한 세계 문화의 이해를 포함하고 우리문화 재창조를 전제하여 개방적이고 진취적인 것이어야 한다는 취지를 가지고 있다. 따라서 구성받침, 교육의 목적과 목표, 교수방법 등의 전반에 전통문화를 반영하였다.

(1) 건강생활과 전통교육

① 목 표

자신의 신체를 긍정적으로 인식하고 생활에 필요한 기초 체력을 기르며, 건강하고 안전한 생활 습관을 가진다.

가. 자신의 몸과 주변 세계를 긍정적으로 인식한다.
나. 기본 운동 능력과 기초 체력을 기른다.
다. 건강한 몸과 마음을 기른다.
라. 안전한 생활 습관을 가진다.

② 내 용

가. 내용 체계

내용	하위 내용
나의 몸 인식하기	감각 기관을 활용하기 나의 몸을 인식하고 움직이기
나의 몸 움직이기	이동하며 움직이기 제자리에서 움직이기 도구 및 놀이 시설을 활용하기 바깥에서 신체 활동하기
건강하게 생활하기	몸과 주변을 깨끗이 하기 바른 식생활 하기 질병 예방하기 즐겁게 생활하기
안전하게 생활하기	나와 다른 사람의 몸을 소중히 하기 안전하게 놀이하기 교통안전 규칙 지키기 위험한 상황을 알고 대처하기 환경오염이나 재난에 대비하기

나. 수준별 내용

내용	하위 내용	수준별 내용	
		Ⅰ	Ⅱ
나의 몸 인식하기	감각 기관을 활용하기	· 감각 기관을 활용해 본다.	· 감각 기관을 협응하여 활동한다.
	나의 몸을 인식하고 움직이기	· 몸의 각 부분에 관심을 가지고 움직인다.	· 몸의 각 부분의 특성을 활용하여 움직인다.
		· 자신의 신체 능력을 긍정적으로 인식하고 움직인다.	
나의 몸 움직이기	이동하며 움직이기	· 걷기, 달리기, 뛰기 등을 하면서 몸을 움직인다.	· 걷기, 달리기, 뛰기 등을 하면서 제시된 조건에 따라 몸을 움직인다.
	제자리에서 움직이기	· 제자리에서 몸을 다양하게 움직인다.	· 제자리에서 제시된 조건에 따라 몸을 균형감 있게 움직인다.

	도구 및 놀이시설을 활용하기	· 공, 리본, 후프, 평균대, 매트 등 도구와 놀이 시설을 활용하여 신체 활동을 한다.	
	바깥에서 신체 활동하기	· 규칙적으로 바깥에서 신체 활동을 한다.	
건강하게 생활하기	몸과 주변을 깨끗이 하기	· 이를 깨끗이 한다.	· 스스로 이를 깨끗이 하는 습관을 기른다.
		· 손과 몸을 깨끗이 한다.	· 스스로 손과 몸을 깨끗이 하는 습관을 기른다.
		· 자기 주변을 깨끗이 한다.	· 스스로 자기 주변을 깨끗이 하는 습관을 기른다.
	바른 식생활 하기	· 음식물의 필요성을 알고 골고루 먹는다.	· 몸에 필요한 음식을 적당한 양으로 골고루 먹는다.
		· 음식을 소중히 여긴다.	
		· 음식을 바른 자세로 즐겁게 먹는다.	
	질병 예방하기	· 질병의 위험성을 알고 주의한다.	· 질병을 예방하는 방법을 알고 실천한다.
		· 날씨와 상황에 알맞게 옷을 입는다.	
		· 놀이 후에는 적절한 휴식을 취한다.	
	즐겁게 생활하기	· 다양한 신체 활동을 통해 긴장감을 해소하고 즐거운 마음으로 생활한다.	
안전하게 생활하기	나와 다른 사람의 몸을 소중히 하기	· 나와 다른 사람의 몸이 소중함을 안다.	
		· 다른 사람이 나의 몸을 함부로 만지지 않도록 한다.	
	안전하게 놀이하기	· 놀잇감, 도구, 시설물의 사용법을 알고 안전하게 사용한다.	
		· 안전한 장소에서 안전한 방법으로 놀이한다.	
			· 미디어에는 유익한 것과 유해한 것이 있음을 알고 바르게 사용한다.
	교통안전 규칙 지키기	· 보행 안전 규칙을 지킨다.	
		· 교통수단을 안전하게 이용한다.	
	위험한 상황을 알고 대처하기	· 위험한 물건과 상황에 대해 알고, 대처한다.	
		· 위험한 상황에서 도움을 요청하여 자신을 보호한다.	
	환경오염이나 재난에 대비하기	· 환경오염의 위험성을 알고 안전하게 생활하는 방법을 실천한다.	
		· 환경오염을 예방하는 방법을 알고 실천한다.	
		· 인적 재난이나 자연 재난에 대해 알아보고 정기적으로 대피 훈련에 참여한다.	

③ 지도상의 유의점

'바깥에서 신체활동하기'는 실내에서 벗어나 유치원 마당이나 놀이터, 숲 등의 자연에서 활동하도록 하는 내용이다. 유아에게 바깥 환경은 햇빛과 하늘과 바람과 나무와 새와 곤충을 접할 수 있는 곳이며, 자연 속에서 자라는 많은 동식물의 모습과 돌과 흙과 나무를 관찰하고 발견할 수 있는 곳이다. 넓은 바깥 공간에서 유아들은 오랜 시간동안 걷고, 달리고, 숨고, 찾는 놀이를 할 수 있다. 예를 들어, 유치원 마당에서 놀이하기, 나들이 활동, 산책하기 등은 유아가 자연에서 배우고 몸과 마음을 건강하게 하는데 매우 중요한 바깥놀이 활동이다. 이와 같은 활동 속에서 유아는 자연스럽게 대 근육 활동에 참여하게 되고, 자연의 신선한 공기를 마시고 햇빛을 받으며 활동할 수 있다.

(2) 사회생활과 전통교육

① 목 표

자신과 다른 사람을 존중하고, 더불어 살아가는 능력을 기른다.

가. 자신을 소중하게 여기고 스스로 생각하여 행동하며 감정을 조절한다.
나. 가족과 화목하게 지내며 서로 협력한다.
다. 예절 바르게 행동하고 질서를 지키며 이웃과 더불어 생활한다.
라. 우리가 살고 있는 사회 현상에 대하여 관심을 가진다.

② 내 용

가. 내용 체계

내 용	하위 내용
나를 알고 사랑하기	나를 소중하게 여기기 나의 일 스스로 하기 나의 감정 알고 조절하기
가족과 함께 생활하기	가족과 화목하게 지내기 가족과 협력하기
이웃과 더불어 생활하기	예절 바르게 생활하기 다른 사람을 이해하고 존중하기 질서와 규칙 지키기 두레의 소중함을 알고 협력하기

<table>
<tr><td rowspan="4">사회 현상에 관심 가지기</td><td>주변 지역에 관심 가지기</td></tr>
<tr><td>경제생활에 관심 가지기</td></tr>
<tr><td>우리나라와 우리 전통문화에 관심 가지기</td></tr>
<tr><td>다양한 문화에 관심 가지기</td></tr>
</table>

나. 수준별 내용

<table>
<tr><th rowspan="2">내 용</th><th rowspan="2">하위 내용</th><th colspan="2">수준별 내용</th></tr>
<tr><th>Ⅰ</th><th>Ⅱ</th></tr>
<tr><td rowspan="8">나를 알고 사랑하기</td><td rowspan="2">나를 소중하게 여기기</td><td colspan="2">· 나에 대해 알아보고 소중하게 생각한다.</td></tr>
<tr><td colspan="2">· 내가 하는 일에 자신감을 가진다.</td></tr>
<tr><td rowspan="4">나의 일 스스로 하기</td><td colspan="2">· 내가 할 수 있는 일을 스스로 한다.</td></tr>
<tr><td colspan="2">· 해야 할 일을 책임 있게 한다.</td></tr>
<tr><td>· 하고 싶은 일을 스스로 선택하고 해본다.</td><td>· 하고 싶은 일을 계획하고 실천한다.</td></tr>
<tr><td>· 하루 일과에 적응한다.</td><td>· 하루 일과를 알고 생활한다.
· 규칙적인 생활을 한다.</td></tr>
<tr><td rowspan="2">나의 감정 알고 조절하기</td><td>· 여러 가지 감정이 생길 수 있음을 안다.</td><td>· 상황에 따라 감정이 변할 수 있음을 안다.</td></tr>
<tr><td>· 나의 감정을 조절해야 할 필요성을 안다.</td><td>· 나의 감정을 조절하여 적절하게 표현한다.</td></tr>
<tr><td rowspan="4">가족과 함께 생활하기</td><td rowspan="2">가족과 화목하게 지내기</td><td colspan="2">· 가족의 소중함을 알고 화목하게 지낸다.</td></tr>
<tr><td colspan="2">· 부모, 형제 등 가족과 사이좋게 지낸다.</td></tr>
<tr><td rowspan="2">가족과 협력하기</td><td>· 가족 구성원을 안다.</td><td>· 다양한 가족 구조에 대해 알아본다.</td></tr>
<tr><td>· 가정에서 내가 할 수 있는 일을 찾아보고 해 본다.</td><td>· 가족을 위해 할 수 있는 일을 알아보고 실천한다.</td></tr>
<tr><td rowspan="7">이웃과 더불어 생활하기</td><td rowspan="4">예절 바르게 생활하기</td><td colspan="2">· 정직하게 말하고 행동한다.</td></tr>
<tr><td colspan="2">· 친구와 어른께 바르게 인사한다.</td></tr>
<tr><td>· 도움을 받거나, 잘못했을 때 표현하는 말을 안다.</td><td>· 도움을 받거나, 잘못했을 때 적절한 말과 태도로 표현한다.</td></tr>
<tr><td colspan="2">· 옷차림을 바르게 한다.</td></tr>
<tr><td rowspan="2">다른 사람을 이해하고 존중하기</td><td colspan="2">· 친구와 사이좋게 지낸다.</td></tr>
<tr><td>· 사람은 서로 다르다는 것을 안다.</td><td>· 사람의 서로 다른 점을 존중하며 함께 지낸다.</td></tr>
<tr><td>질서와 규칙</td><td colspan="2">· 다른 사람과 한 약속을 지킨다.</td></tr>
</table>

	지키기	· 질서를 지켜야 함을 안다.	· 질서를 지킨다.
		· 공공장소에서 지켜야 할 규칙을 알고 지킨다.	
	두레의 소중함을 알고 협력하기	· 친구와 함께 활동에 참여해 본다.	· 친구의 의견을 존중하며 집단 활동에 참여한다.
		· 다른 사람을 도와주는 경험을 해본다.	· 다른 사람과 협력한다.
		· 물건을 함께 사용해 본다.	· 물건을 나누어 쓰고 양보한다.
사회 현상에 관심 가지기	주변 지역에 관심 가지기	· 우리 동네의 이름과 집의 위치를 알아본다.	· 우리 동네의 특징을 알아본다.
		· 우리 동네에 있는 여러 기관을 알아본다.	· 우리 동네에 있는 여러 기관의 역할을 알아본다.
	경제생활에 관심 가지기	· 물건을 잘 간수하고 아껴 쓴다.	
		· 다시 쓸 수 있는 물건을 재활용한다.	
		· 물건을 살 때 돈이 필요함을 안다.	· 필요한 물건을 계획해서 사 본다.
		· 우리 가족의 직업에 대해 알아본다.	· 여러 가지 직업에 대해 알아보고 모든 직업이 소중함을 안다.
	우리나라와 우리 전통문화에 관심 가지기	· 태극기, 애국가, 무궁화 등 우리나라 상징에 관심을 가진다.	· 태극기와 애국가에 대한 예절을 알고 지킨다.
			· 통일에 관심을 가진다.
		· 전통문화에 관심을 가진다.	· 전통문화를 존중하고 친밀감을 가진다.
	다양한 문화에 관심 가지기	· 여러 나라 사람에 대해 관심을 가진다.	· 여러 나라의 사람에 대해 알아보고 존중한다.
		· 여러 나라의 문화에 관심을 가진다.	· 여러 나라의 문화를 알아보고 존중한다.

③ 지도상의 유의점

- '두레의 소중함을 알고 협력하기'는 도움을 주고받는 경험을 통해 공동작업을 해보는 경험들이 이에 해당한다. 공동의 목표를 달성하기 위해 역할을 분담하여 서로의 부족한 부분을 채워주는 경험은 협력의 소중함과 즐거움, 만족감을 경험하게 한다. 그러나 협력활동을 계획할 때 각 그룹에 너무 많은 유아를 배정하게 되면 유아가 의견조정에 어려움을 느낄 수 있고 집단에 대한 개인의 기여도가 낮아져 성취감을 느끼지 못할 수 있다. 협력의 경험은 특정한 활동을 통해서만 이루어지는 것이 아니라 무거운 물건을 함께 나르는 일이나, 교실을 청소하는 일 등 일상생활 속에서 일어나는 사회적 상호작용과정에서 유아가 개인적 요구와 사회적 맥락을 조절하는 법을 배울 수 있도록 한다.

- '우리나라와 우리전통문화에 관심가지기'는 세계화 시대에 우리나라 국민으로서의 정체성을 형성하고 소속감과 자긍심을 기르는 일은 매우 중요하다. 애국시민으로 우리나라의 상징, 역사, 전통문화에 대해 관심을 가지고 존중감과 친밀감을 느껴보는 가운데 길러질 수 있다. 우리나라의 상징으로는 태극기, 애국가, 무궁화 등이 있다. I수준에서는 이러한 상징에 관심을 가지고 탐색해 보도록 하고, II수준에서는 태극기 바르게 보관하기, 애국가 정중하게 부르기, 국경일에 관심가지기 등 우리나라 상징에 대한 예절을 알고 지킬 수 있도록 한다.

- 전통문화에 대한 관심은 전통문화를 직접 체험해 봄으로써 확대될 수 있다. I수준에서는 널뛰기, 제기차기, 윷놀이, 사방치기, 씨름하기, 고누, 투호놀이 등 민속놀이를 해보고, 전래동화나 동요를 감상하거나 전통음식을 만들어서 먹어보는 경험을 할 수 있다. II수준에서는 이와 더불어 '우리조상들의 지혜로운 생활에 대해 알아보기', '국악, 민속춤, 민속화 등의 예술품 감상하기', '주요문화재나 문화유산 탐방하기' 등 더욱 깊이 있는 활동을 통해 우리문화에 대한 자부심과 존중하는 마음을 기를 수 있다. 이러한 경험은 명절이나 민속의 날 등 특별한 날 뿐만 아니라, 진행되고 있는 주제와 관련지어 지속적으로 이루어져야 친밀감이 쉽게 형성된다.

- 우리나라와 우리전통문화에 대한 교육은 어르신과 연계된 활동으로 구성될 수도 있다. 할머니·할아버지께 옛날이야기를 듣고, 전통예절을 배워보는 시간을 통해 세대 간의

격차를 줄이고, 전통문화에 대한 이해를 높일 수 있다.

(3) 표현생활과 전통교육

① 목 표

생각하고 느낀 것을 예술적으로 표현하고 감상함으로써 심미적 태도와 창의적 표현력을 기른다.

가. 자연과 생활 속에서 예술적 요소를 찾아본다.
나. 생각과 느낌을 음악, 움직임과 춤, 조형, 극놀이 및 통합적 활동으로 표현하는 과정을 즐긴다.
다. 자연과 사물, 다양한 예술 작품과 우리 전통 예술 등을 감상함으로써 풍부한 감성과 심미적 태도를 기른다.

② 내 용

가. 내용 체계

내용	하위 내용
자연과 생활에서 아름다움 찾아보기	소리・움직임・조형물에 관심 가지기 예술적 요소 찾아보기
예술적 표현 즐기기	음악으로 표현하기 움직임과 춤으로 표현하기 조형 활동으로 표현하기 극놀이로 표현하기 통합적으로 표현하기 창의적인 표현 과정 즐기기
감상하기	아름다움 느끼기 예술적 표현 존중하기 우리 전통 예술 감상하기

나. 수준별 내용

<table>
<tr><th rowspan="2">내용</th><th rowspan="2">하위 내용</th><th colspan="2">수준별 내용</th></tr>
<tr><th>Ⅰ</th><th>Ⅱ</th></tr>
<tr><td rowspan="4">자연과 생활에서 아름다움 찾아보기</td><td>소리·움직임·조형물에 관심 가지기</td><td colspan="2">·자연과 주변 환경의 소리, 음악, 움직임, 조형물에 관심을 가진다.</td></tr>
<tr><td rowspan="3">예술적 요소 찾아보기</td><td colspan="2">·목소리, 신체, 사물, 악기로 소리의 빠르기·세기·리듬 등을 찾아본다.</td></tr>
<tr><td colspan="2">·자연과 주변 환경에서 움직임의 모양·힘의 세기·빠르기·흐름 등을 찾아본다.</td></tr>
<tr><td colspan="2">·자연과 주변 환경에서 색·형태·질감 등을 찾아본다.</td></tr>
<tr><td rowspan="12">예술적 표현 즐기기</td><td rowspan="3">음악으로 표현하기</td><td>·노래를 즐겨 부른다.</td><td>·노래로 자신의 생각과 느낌을 표현한다.</td></tr>
<tr><td colspan="2">·전래 동요를 즐겨 부르며 관련된 놀이를 한다.</td></tr>
<tr><td>·신체나 리듬 악기를 사용하여 간단한 리듬 패턴을 만들어 본다.</td><td>·단순한 즉흥 연주를 해본다.</td></tr>
<tr><td rowspan="3">움직임과 춤으로 표현하기</td><td>·신체를 이용하여 친숙한 대상의 움직임을 표현한다.</td><td>·신체를 이용하여 주변의 움직임을 다양하게 표현한다.</td></tr>
<tr><td colspan="2">·도구를 활용하여 창의적으로 움직인다.</td></tr>
<tr><td colspan="2">·움직임과 춤을 통해 생각과 느낌을 자유롭게 표현한다.</td></tr>
<tr><td rowspan="3">조형 활동으로 표현하기</td><td colspan="2">·조형 활동을 통해 자신의 생각과 느낌을 창의적으로 표현한다.</td></tr>
<tr><td></td><td>·협동적인 조형 활동을 통해 생각과 느낌을 표현한다.</td></tr>
<tr><td>·조형 활동에 필요한 재료와 도구에 관심을 가지고 사용한다.</td><td>·조형 활동에 필요한 재료와 도구를 다양하게 사용한다.</td></tr>
<tr><td>극놀이로 표현하기</td><td>·경험이나 간단한 이야기를 극놀이로 표현한다.</td><td>·소품, 배경, 의상 등을 계획하여 협동적으로 극놀이를 한다.</td></tr>
<tr><td>통합적으로 표현하기</td><td colspan="2">·주제에 대한 자신의 생각과 느낌을 음악, 춤, 조형 활동, 극놀이 등을 통합하여 표현한다.</td></tr>
<tr><td>창의적인 표현 과정 즐기기</td><td>·예술 활동에 참여하여 표현 과정을 즐긴다.</td><td>·다양한 예술 활동을 스스로 선택하여 시도한다.</td></tr>
<tr><td rowspan="4">감상하기</td><td rowspan="2">아름다움 느끼기</td><td colspan="2">·자연과 다양한 음악, 춤, 조형물, 극놀이 등을 듣거나 보고 즐긴다.</td></tr>
<tr><td></td><td>·자연과 다양한 음악, 춤, 조형물, 극놀이 등을 감상하고 생각과 느낌을 나눈다.</td></tr>
<tr><td>예술적 표현 존중하기</td><td>·나와 다른 사람의 예술 표현을 소중히 여긴다.</td><td>·나와 다른 사람의 예술 표현의 차이를 느낀다.</td></tr>
<tr><td>우리 전통 예술 감상하기</td><td>·전통 예술에 관심을 갖고 친숙해진다.</td><td>·전통 예술을 즐긴다.</td></tr>
</table>

③ 지도상의 유의점

- '우리전통예술 감상하기'는 우리고유의 문화를 친근하게 느끼기 위해서 유아가 생활하는 환경에서 언제라도 전통물건이나 음악, 조형작품 등을 경험할 수 있도록 해주는 것이 필요하다. 기본적인 의식주와 관련되는 전통물건은 유아가 자신의 놀이를 구성할 때 이를 소품으로 자연스럽게 활용할 수 있다. 즉, 역할영역에 한복이나 옛날그릇, 전통음식 화보 등을 제공하였을 때 유아는 우리물건을 일상적으로 만지고 사용하는 경험을 하게 될 것이다. 직접 사용하기보다는 관찰하거나 감상하기 위한 물건인 경우에는 놀이실의 특정 공간에 우리 고유의 물건을 항상 전시하는 영역을 마련하여 그 용도와 이름 등을 알게 해줄 수도 있다.

- 전통음악 역시 일상적으로 교사가 유아에게 음악을 틀어 줄 때 다양한 형태의 서양곡과 함께 섞이도록 선곡하여 일과 중에 반복하여 들려줌으로써 친숙함을 높여줄 수 있다. 이와 함께 음률 영역에는 소고 등 간단한 우리악기로부터 시작하여 사물놀이에 쓰이는 악기까지 늘 몇 종류의 악기를 학기 중에 일정 간격을 두고 교체하여 주어 유아가 우리 악기에 대한 흥미를 지속적으로 갖게 해 준다. 이러한 과정에서 우리 가락과 장단에 어느 정도 익숙해진 유아는 특정 전래동요나 국악에 대한 선호를 갖게 되고, 이를 표현하기 위해 필요한 우리 악기를 자연스럽게 사용하게 될 것이다. 마찬가지로 우리 장단과 가락에 맞춰 춤을 출 수 있는 소품(한삼, 부채 등)을 제공하여 유아의 국악에 대한 관심이 점차 확대될 수 있도록 도울 수 있다.

- 우리의 전통예술 중에서도 옛 건물, 의복, 생활용품, 조형작품 등은 독특한 우리만의 색과 무늬, 질감의 아름다움을 제공하는 좋은 자원이다. 따라서 유아에게 감상의 자료를 제공할 때에도 계절이나 주제의 변화에 따라 선조가 남긴 아름다운 그림, 공예품, 전통 문양 패턴 등을 선정하여 교실의 벽면에 게시하여 주는 것이 좋다. 아울러 조형표현을 위한 재료에 있어서도 화선지, 창호지, 여러 가지 색의 한지, 먹물이나 붓 등을 제공하여 주고, 유아가 자신의 의도한 표현을 적절한 매체를 통해 나타낼 수 있도록 해준다.

- 전통물건이나 음악과 악기, 조형재료 등이 적절하게 구비되었을 때 평소 유아가 즐겨 듣거나 읽었던 간단한 전래 동화를 소재로 하여 극놀이를 계획하여 볼 수도 있다. 극

놀이는 하나의 이야기를 중심으로 음악·조형의 요소가 모두 통합될 수 있으므로 교육적인 가치가 매우 높은 활동이다. 이때 교사는 유아가 표현하고자 하는 극놀이를 위하여 어떤 요소가 필요한지 함께 이야기 나누어보고 각 요소에 흥미를 느낀 유아와 함께 역할을 나누고 협동하여 하나의 작품을 만들어 볼 수 있다.

- I수준에서는 전통예술에 점차 친숙해지는 것을 목표로 하여 일상생활 중에서 발견하게 되는 전통적인 요소에 관심을 가져보고, 그 안에서 아름다움을 느껴보는데 중점을 둔다. II수준에서는 친숙한 전통예술의 각 요소를 이용하여 놀이에 적용하고 즐기며, 전통에 대한 관심의 폭을 넓힐 수 있도록 한다. 이를 위해 유치원내에서의 활동 뿐 아니라 민속 박물관, 고궁 등을 방문하여 옛 문화를 접하고 이해할 수 있는 기회를 제공함으로써 유아가 전통예술을 귀하게 여기고 자긍심을 갖도록 지도한다.

(4) 언어생활과 전통교육

① 목 표

말과 글을 즐겁고 바르게 사용하기 위한 기초 능력과 태도를 기른다.

가. 말하는 사람의 의도를 고려하여 주의 깊게 듣고 이해한다.
나. 자신의 생각과 느낌을 적절하게 말한다.
다. 주변의 글자와 책에 친숙해지는 경험을 통하여 읽기에 관심을 가진다.
라. 글자의 기능을 인식하고 자신의 생각과 느낌을 그림이나 글로 나타내는 데 관심을 가진다.

② 내 용

가. 내용 체계

하위 영역	내 용
듣기	낱말과 문장 듣고 이해하기 이야기 듣고 이해하기 문학 작품 즐겨 듣기 바른 태도로 듣기
말하기	낱말과 문장으로 말하기 생각과 느낌 말하기 이야기 지어 말하기 바른 태도로 말하기
읽기	읽기에 관심 가지기

	책에 관심 가지기
쓰기	쓰기에 관심 가지기 쓰기 도구 사용하기

나. 수준별 내용

<table>
<tr><th>하위 영역</th><th>내용</th><th>Ⅰ수준</th><th>Ⅱ수준</th></tr>
<tr><td rowspan="10">듣기</td><td>낱말과 문장 듣고 이해하기</td><td colspan="2">· 일상생활과 관련된 낱말과 문장을 듣고 이해한다.</td></tr>
<tr><td rowspan="3">이야기 듣고 이해하기</td><td colspan="2">· 다른 사람의 이야기를 주의 깊게 듣고 이해한다.</td></tr>
<tr><td colspan="2">· 지시를 주의 깊게 듣고 이해한다.</td></tr>
<tr><td></td><td>· 지시를 듣고 적절하게 행동한다.</td></tr>
<tr><td rowspan="3">문학 작품 즐겨 듣기</td><td colspan="2">· 다양한 문학 작품 듣기를 즐긴다.</td></tr>
<tr><td></td><td>· 다양한 문학 작품을 듣고 그 내용을 이해한다.</td></tr>
<tr><td colspan="2">· 전래 동화, 동요, 동시를 듣고 우리말의 재미를 느낀다.</td></tr>
<tr><td rowspan="3">바른 태도로 듣기</td><td colspan="2">· 말하는 사람을 바라보며 듣는다.</td></tr>
<tr><td></td><td>· 반응을 보이며 주의 깊게 듣는다.</td></tr>
<tr><td colspan="2">· 말하는 사람의 이야기를 끝까지 듣는다.</td></tr>
<tr><td rowspan="11">말하기</td><td rowspan="3">낱말과 문장으로 말하기</td><td colspan="2">· 정확하게 발음해 본다.</td></tr>
<tr><td>· 새로운 어휘에 관심을 가진다.</td><td>· 다양한 어휘를 사용하여 말한다.</td></tr>
<tr><td colspan="2">· 문장으로 구성하여 말한다.</td></tr>
<tr><td rowspan="4">생각과 느낌 말하기</td><td>· 사물이나 사건에 대해 말한다.</td><td>· 사물이나 사건에 대해 정확하게 말한다.</td></tr>
<tr><td>· 자신의 요구와 생각을 말한다.</td><td>· 자신의 요구와 생각을 정확하게 말한다.</td></tr>
<tr><td>· 자신의 느낌을 말한다.</td><td>· 자신의 느낌을 적절한 어휘를 사용하여 말한다.</td></tr>
<tr><td colspan="2">· 주제에 대하여 함께 이야기를 나눈다.</td></tr>
<tr><td rowspan="3">이야기 지어 말하기</td><td colspan="2">· 이야기 지어 말하기를 즐긴다.</td></tr>
<tr><td rowspan="2"></td><td>· 다양한 자료를 보고 창의적으로 꾸며 말한다.</td></tr>
<tr><td>· 동화, 동시를 창의적으로 지어본다.</td></tr>
<tr><td>바른 태도로 말하기</td><td>· 듣는 사람의 생각과 느낌에 관심을 가진다.</td><td>· 듣는 사람의 생각과 느낌을 고려하여 말한다.</td></tr>
</table>

		· 말할 차례를 지켜 말한다.	· 말할 차례를 지키며 바른 태도로 이야기를 나눈다.
		· 어른께 존댓말을 사용한다.	
		· 바르고 고운 말을 사용한다.	
			· 때와 장소, 대상을 고려하여 상황에 맞게 말한다.
읽기	읽기에 관심 가지기	· 주변에서 친숙한 글자를 찾아본다.	· 주변에서 친숙한 글자를 찾아 읽어 본다.
		· 여러 가지 맥락을 활용하여 글의 내용을 추측해 본다.	
	책에 관심 가지기	· 책의 그림을 단서로 내용을 추측해 본다.	· 책의 그림을 단서로 추측하여 읽는다.
		· 책 보는 것을 즐기고 책을 소중하게 다룬다.	
		· 궁금한 것을 책에서 찾아본다.	
쓰기	쓰기에 관심 가지기	· 말이나 생각을 글로 옮길 수 있음을 안다.	· 자신의 생각과 느낌을 그림으로 나타내거나 긁적거리기를 즐긴다.
		· 자기 이름의 글자에 관심을 가진다.	· 자기의 이름을 써본다.
	쓰기 도구 사용하기	· 여러 가지 쓰기 도구에 관심을 가진다.	
			· 쓰기 도구의 바른 사용법에 관심을 가진다.

③ 지도상의 유의점

- '전래동화, 동요, 동시를 듣고 우리말의 재미를 느낀다.'는 공통수준으로 전래동화, 동요, 동시 등 우리민족의 중요한 문화유산으로서 오래도록 우리에게 정서적 안식처가 되고 있을 뿐만 아니라, 순수한 우리말 표현을 통해 우리말의 아름다움을 경험할 수 있게 해준다. 또한 다양한 운율은 듣기에 대한 즐거운 경험을 제공해 줄 수 있다. 그러므로 반복적인 운율이 있는 재미있고도 쉬운 전래동화, 동요, 동시를 유아에게 자주 접하게 함으로써 우리말의 재미와 가치를 느끼게 한다.

- II수준에서는 다양한 자료를 보고 창의적으로 꾸며 말할 수 있도록 해야 한다. 유아들이 관심 있어 하는 한 장의 그림이나 사진, 짧은 동영상을 보고 이야기를 지어보게 하거나 유아들에게 친숙한 명화를 보여주고 장면을 연상하여 이야기를 만들어 보도록 할 수 있다. 이때 가능하다면 자료가 가지고 있는 정보가 다양하게 만들어지고 확장되는 것을 격려하고 적극적으로 수용하도록 함으로써 보다 창의적인 이야기가 가능해지

도록 해야 한다.

- II수준에서 동화, 동시를 창의적으로 지어보도록 다른 등장인물을 삽입하여 재구성해 볼 수도 있고, 서로 다른 동화 두 편을 결합해 볼 수도 있다. 이를 통해 전혀 새로운 이야기가 창안되는 경험을 통하여 유아들은 초보적인 수준에서의 동화, 동시를 지을 수 있을 것이다. 유아들에게 있어 동화나 동시를 짓는다는 것은 일상의 경험이나 다양한 문학에 대한 자신의 경험과 느낌을 창의적으로 표현하는 과정이라고 할 수 있다. 이를 통해 유아는 점차적으로 문학의 요소를 갖춘 동화, 동시 짓기가 가능해질 수 있다.

- 이외에도 "김서방 김 매러 가세, 배서방 배따러 가세~" 등 전래동요를 듣고 동일한 패턴으로 운을 맞추어 동시를 지어보는 활동은 유아가 우리말의 재미를 느끼면서 말하기 활동에서 한글의 음절에 대한 인식을 하도록 돕는다.

(5) 탐구생활과 전통교육

① 목 표

자연을 존중하고, 창의적으로 탐구하며, 논리적으로 문제를 해결하기 위한 기초 소양을 기른다.

가. 사물과 자연현상에 대해 호기심을 가지고 지속적으로 탐구하는 태도를 기른다.

나. 사물과 자연현상에 대한 기초 지식을 이해하고 탐구하는 능력을 기른다.

다. 생활 주변의 문제를 논리, 수학적으로 해결하기 위한 기초 능력을 기른다.

② 내 용

가. 내용체계

내용	하위 내용
탐구하는 태도 기르기	사물과 현상에 지속적인 관심 가지기 탐구 과정 즐기기
과학적 기초 능력 기르기	물체와 물질에 대해 알아보기 생명체와 자연환경 소중하게 여기기 자연현상에 대해 알아보기

	간단한 도구와 기계 활용하기
수학적 기초 능력 기르기	수 감각 기르기 공간 및 도형에 대해 알아보기 기초적인 측정해 보기 규칙성 이해하기 자료 정리 및 결과 나타내기

나. 수준별 내용

내용	하위 내용	I	II
탐구하는 태도 기르기	사물과 현상에 지속적인 관심 가지기	· 생활 주변의 사물과 현상에 대해 호기심을 가진다.	· 궁금한 점에 대해 지속적으로 관심을 가진다.
		· 과학이나 수학에 대한 탐구 이야기에 관심을 가진다.	
	탐구과정 즐기기	· 궁금한 점을 알 수 있는 방법을 궁리한다.	· 내가 궁리한 방법대로 해 본다.
		· 다른 사람과 함께 탐구과정에 참여한다.	· 나의 생각이 다른 사람과 다를 수 있음을 안다.
과학적 기초 능력 기르기	물체와 물질에 대해 알아보기	· 친숙한 물체의 특성을 다양한 방법으로 탐색한다.	
		· 물체와 물질을 변화시킬 수 있는 다양한 방법을 탐색한다.	
		· 물체와 물질의 변화에 관심을 가진다.	· 물체와 물질의 변화 과정을 알아본다.
	생명체와 자연환경 소중하게 여기기	· 나의 몸에 대해 관심을 가진다.	· 나의 출생과 성장에 대해 알아본다.
		· 주변의 동식물에 관심을 가진다.	· 관심 있는 동식물의 특성을 알아본다.
		· 주변의 모든 생명체를 존중하고 돌보는 마음을 가진다.	· 생명체는 서로 함께 살아가는 것임을 안다.
			· 생명체가 살아가기에 좋은 환경에 대해 알아본다.
	자연현상에 대해 알아보기	· 생활 주변의 자연물(돌, 물, 흙 등) 탐색을 즐긴다.	
		· 자연물의 상태와 변화에 관심을 가진다.	· 자연물의 상태와 변화를 관찰한다.
		· 낮과 밤, 계절의 변화에 관심을 가진다.	· 낮과 밤, 계절의 변화와 규칙성을 알아본다.

<table>
<tr><td rowspan="4"></td><td rowspan="4">간단한 도구와 기계 활용하기</td><td colspan="2">· 관심 있는 도구나 놀잇감을 여러 가지 방법으로 만들고 즐긴다.</td></tr>
<tr><td>· 도구와 기계의 편리함에 관심을 가진다.</td><td>· 편리한 물건이 때로는 해가 될 수 있음을 안다.</td></tr>
<tr><td colspan="2">· 생활 속에서 간단한 도구와 기계를 활용한다.</td></tr>
<tr><td></td><td>· 우리 전통사회에서 발명된 도구와 기계에 관심을 가진다.</td></tr>
<tr><td rowspan="14">수학적 기초 능력 기르기</td><td rowspan="4">수 감각 기르기</td><td colspan="2">· 생활 속에서 사용되는 수의 여러 가지 의미를 안다.</td></tr>
<tr><td colspan="2">· 생활 속에서 수량의 많고 적음을 비교한다.</td></tr>
<tr><td rowspan="2">· 주변의 물체를 10까지 세고 숫자와 연결해 본다.</td><td>· 생활 속에서 익숙한 큰 수를 세는 경험을 한다.</td></tr>
<tr><td>· 구체물을 가지고 더하고 빼는 경험을 해본다.</td></tr>
<tr><td rowspan="4">공간 및 도형에 대해 알아보기</td><td>· 나를 중심으로 위, 아래, 앞, 뒤, 옆을 알아본다.</td><td>· 위치나 경로를 여러 가지 방법으로 나타내본다.</td></tr>
<tr><td>· 기본 입체(둥근기둥, 상자, 공 모양 등) 및 평면 도형(세모, 네모, 동그라미 등)의 생김새를 구별하고 이름을 알아본다.</td><td>· 기본 입체 및 평면 도형의 특징을 알아본다.</td></tr>
<tr><td></td><td>· 기본 평면 도형을 합하거나 나누어서 여러 가지 모양을 구성해 본다.</td></tr>
<tr><td></td><td>· 그림을 보고 구성물을 만들거나 만든 구성물을 그려 본다.</td></tr>
<tr><td rowspan="3">기초적인 측정해 보기</td><td colspan="2">· 주변 물체의 여러 가지 측정 가능한 속성(길이, 크기, 무게, 들이, 시간)을 탐색한다.</td></tr>
<tr><td>· 두 물체의 길이와 크기를 비교하고 말한다.</td><td>· 길이, 크기, 무게, 들이를 비교하고 순서지어 본다.</td></tr>
<tr><td>· 임의 측정(손 뼘, 블록 등) 단위에 관심을 가진다.</td><td>· 임의 측정 단위를 사용해서 길이, 들이 등의 측정 경험을 한다.</td></tr>
<tr><td>규칙성 이해하기</td><td>· 여러 가지 물체나 무늬의 배열에서 단순하게 반복되는 규칙을 찾아본다.</td><td>· 생활 주변에서 반복되는 규칙을 알고 다음에 올 것을 예측해 본다.</td></tr>
<tr><td rowspan="2">자료 정리 및 결과 나타내기</td><td>· 한 가지 기준에 따라 자료를 분류하고 설명한다.</td><td>· 처음에 분류한 기준과 다른 기준으로 다시 분류한다.</td></tr>
<tr><td>· 여러 가지 자료를 모으고 비교해 본다.</td><td>· 모은 자료를 다양한 방법으로 나타내 본다.</td></tr>
</table>

③ 지도상의 유의점

- '우리전통 사회에서 발명된 도구와 기계에 관심을 가진다'는 우리조상들이 사용했던 맷돌, 절구, 낫, 벼루와 붓 등과 같은 도구를 탐색해 봄으로써 편리함과 조상의 지혜로움을 경험할 수 있다. 특히, 우리 전통문화 존중에 대한 총론의 기본 방향을 제대로 구현할 수 있도록 단순히 우리의 옛 것을 사회적 지식으로 전달하거나 옛것과 요즘의 물건을 비교하는 것에 초점을 두는 것은 적절하지 않다. 무엇보다 전통사회의 도구와 기계가 우리생활과 밀접한 관련성을 가지고 있으며 생활에 도움이 될 수 있는 것이 되어야 한다는 점을 경험하게 하는 것이 중요하다.

제 3 장

유아 전통교육 방법의 이해

1. 전통교육을 위한 교사의 자세

21세기를 맞아 창의성이 모든 문화를 지배하는 삶을 살고 있다. 과거 전통에 대해 갖고 있는 '그대로 답습·전수한다'는 생각에서는 창의성을 발휘하기 어렵다. 따라서 전통이 계승된다는 차원을 넘어서 전통은 새로운 창조를 위한 기초가 되므로 전통을 창조하는 자세가 필요하다.

개인의 변화는 사회적 특성에 따라 차이가 나게 된다. 변화가 없거나 둔한 사회에서는 어제의 모습으로 내일을 살아도 무방하다. 그러나 변화가 급속한 사회에서는 불가능하다. 따라서 사회의 변화에 따라 전통문화도 변화되어 수용되어야 한다. 창의성은 새로운 조건의 발견과 그 조건들에 부합되는 의미를 발견하는 것이다. 이런 의미로 볼 때 전통교육은 결합할 수 있는 여러 측면의 다양한 정보를 생성해야 하고, 정보와 정보를 창조적으로 결합하는 사고를 요구한다. 창의성은 유아기에 가장 높게 나타나다가 점차 교육을 통해 방해를 받기도 한다. 창의성 발현을 저해하는 요인들은 다음과 같다.

1) 질문생성에서의 장애

이른바 지식을 습득함으로써 사물을 자신의 주관대로 판단함으로써 그 사물 속에 숨겨져 있는 또 다른 의미를 발견하려고 노력하지 않는다. 학습된 몇 가지의 지식으로 더 이상 호기심을 키우지 않는다. 이러한 장애를 벗어나려면 범신론적 사고와 물활론적 사고를 다시 찾아야 한다. 자연의 모든 존재에는 영혼이 있다는 생각을 가지고 자기중심적이 아니라 자연중심적인 생각을 가져야 한다.

2) 정보생성에서의 장애

이른바 아는 체 하는 마음이다. 지배적인 아이디어에 예속되어 다양한 생각을 유도하려고 하지 않는다. 이에 따라 주제와 관련된 풍부한 생각을 하지 않는다. 자신은 그 지배적 아이디어의 노예가 되어 더 이상의 정보를 받아들이지 않는다. 정보생성의 장애에서 벗어나기 위해서는 아는 체하는 마음에서 벗어남과 동시에 정보탐색기법을 익힐 필요가 있다.

3) 정보연상에서의 장애

'구슬이 서 말이라도 꿰어야 보물'이라는 말도 있듯이 아무리 다양한 아이디어를 만들어 놓더라도 그 아이디어를 연결하여야 쓸모가 있다. 아이디어를 연결하는 최상의 방법은 심상을 이용하거나 억지로 연결하는 것이다.

4) 정보 정교화에서의 장애

아이디어는 다듬어져야 한다. 유용하도록 다듬어지지 않은 아이디어는 흙속의 진주와 같다. 정보를 정교화하는데 있어 필요한 것은 의식적 사고이다. 정보 정교화의 장애에서 벗어나기 위해서는 통찰이 요구된다.

5) 정보수용에서의 장애이다.

새로운 아이디어는 현실에 적용되어야 한다. 정보수용의 장애를 벗어나기 위해 모든 아이디어를 수용하는 분위기를 만드는 것이 중요하다.

그러므로 전통에 대해 갖고 있던 고루하고 답답하다는 인식에서 벗어나 어떤 점이 현재 쓸 만한 것이고 어떤 것은 휴지통에 버려도 좋은지 알고 거르는 과정에 적극적으로 임하여, 유아에게 적합한 교육내용을 구성하고 필요한 자료를 제시할 수 있도록 관심을 가지고 임해야 할 것이다.

유치원에서는 생활주제를 중심으로 이야기나누기 활동을 통해 전통관련 지식과 사실을 제공하고 영역별 활동이나 교구활동을 통해 구체적인 경험으로 통합하는 전통교육이 하루 일과 속에서 이루어지고 있다. 이때 교사는 주제와 관련된 교육활동자료를 보여주면서 유아에게 전통에 관한 사실적 지식을 넣어주는 표면적 학습방법의 이야기 나누기를 하는 경우가 대부분이다. 하지만 전통교육은 전통의 본질이나 결과물에 대한 단순한 지식의 차원이 아니라 유아가 자신의 경험과 관련하여 옛사람들의 삶을 이해하는 과정으로 보아야 한다. 즉, 전통교육은 역사에 대한 사실적이고 개념적인 지식을 고정적이고 불변하는 진리로 보기보다는 조상들의 삶을 다양하게 생각하고 유추하고 짐작해 보는 과정으로 지도되어야 한다.

2. 사실 전달 전통교육

전통문화교육방법으로 지식을 강조하는 교사는 언어적으로 설명하거나 실물을 소개하고 관련된 배경지식을 제시하면서 흔히 유아의 흥미와 학습동기를 유발하는 방식으로 진행한다. 사실전달 접근법은 짧은 시간에 교사가 준비한 많은 내용을 요약형으로 알려줄 수 있기 때문에 많은 내용을 체계적으로 조직하여 가르칠 수 있어서 인지적인 학습효과가 높다.

즉, 교사가 지시적이고 설명적이며 시범을 보이거나 언어적으로 직접 지도하는 방법을 사용하며 유아가 이해하고 있는지 자주 확인하는 질문을 많이 하고 한꺼번에 많은 것을 알려 주려고 애쓰는 교사의 지도형태라 할 수 있다. 이러한 접근은 교사가 지식을 많이 가지고 있어야 하며 유아는 교사가 전달하려고 하는 많은 지식을 이해하기 위해 주의깊게 잘 듣고 집중할 수 있는 능력이 요구된다. 그러나 지식위주의 교육과정이나 교사 주도적, 지시적 수업에서는 축적된 사실, 정보, 지식들만을 강조함으로써 교육과정의 내용이나 활동이 단편적이고 단절되는 경우가 많고, 유아는 반복적인 암기로 인해 피상적인 지식만 획득할 뿐 유아자신이 가지고 있는 개념을 확장하는데 제한적이다.

이러한 지도방법을 나타내면 다음 〈표 5〉와 같다.

〈표 5〉 사실전달 지도방법

I	주의집중하기	사실적인 정보를 기억하기 위한 주의집중 하기는 유아의 관심끌기 등을 시도한다.
II	보여주며 말하기	구체적인 실물과 자료를 보여주거나 말하는 단계는 유아의 흥미를 지속하고 직접적인 이해를 돕는다.
III	식별하기	교사가 준비한 여러 자료에서 교사가 요구한 것을 찾아내거나 그 반대인 것을 식별한다.
IV	적용하기	유아가 제대로 학습했는지 확인하기 위해 배운 것을 실제에 적용해 본다.

위에서 보는 바와 같이, Kostelnik, Soderman과 Whiren(1999)의 직접적 교수모형은 사실전달 전통문화교육의 수업모형으로 적용된다. 예컨대 교사는 그림 자료를 보여주며 주의 집중을 유도하고 시청각적 자료와 관련된 구체적이며 사실적인 질문으로 자료의 이해를 돕는다. 또는 교사가 요구하는 것을 찾아보거나 유아들이 얼마나 잘 알고 있는지를 확인하기 위해 단계적인 질문을 하면서 유아가 정확하게 이해하고 개념을 습득하였는지를 확인하고 이를 적용해 보려고 한다.

3. 의미탐색 전통교육

전통문화교육은 단순히 역사적 사실을 지식으로 설명하는 것이 아니라 당시 상황에 대해 감정이입적으로 이해하는 차원에서 이루어져야 한다. 유아전통교육에서 의미를 이해하는 것은 전통놀이나 유물, 유적지와 같은 구체물의 형태를 통해서 그 의미와 그 역사를 이해하는 것이다. 예컨대 그 시대 조상들의 모습과 삶의 이야기들을 유아수준에서 이해하고 지금의 상황에 맞는 가치로 재구성하도록 지도해야 한다. 이것은 전통문화가 발달적 가치나 역사적 교훈으로 유아에게 남겨지는 것이 아니라 유아의 삶에 의미 있고 즐거운 경험으로 전통문화가 수용되어야 한다. 따라서 조상들의 생활모습에 대한 이해가 없다면 전통문화는 기계적인 학습이나 암기게임에 불과하다. 이러한 지도방법을 나타내면 다음 〈표 6〉과 같다.

〈표 6〉 의미탐색 지도방법

I	전이하기	기억하기	교사는 장기기억속의 정보를 감각적으로 잘 기억할 수 있도록 시각적, 청각적, 움직임, 느낌, 언어적 표현으로 기억하기를 돕는다.
		회상하기	
II	비교하기	분류하기	개념, 성질, 속성 등을 준거에 따라 분류한다.
		유추하기	A:B=C:D와 같이 크기, 기능, 가치, 성질 등에 대한 유사점, 차이점 등을 알아내기 위해 다른 것과의 관계성, 연관성을 비교한다.
		의미 확장하기	현재의 사실적 지식을 바탕으로 새로운 개념의 도입을 위한 은유적 형태의 질문으로 확산적 사고를 한다..
		평가적 주장하기	비판적 사고로 이미 알고 있는 지식을 바탕으로 새로운 정보를 평가하거나 비판하는 것, 장점과 단점, 편리한 점 등을 비판적으로 말할 수 있는 능력을 가진다.
		가치 평가하기	변증법적 사고로 평가적인 결론을 내린다.
III	재구성하기	새롭게 변형하기	현재 주어진 정보를 가지고 더 많은 의미를 엮어 내는 것으로 이미 알고 있는 정보에 대해 그 이상의 의미를 부여하면서 의미를 확장시킬 수 있는 능력이다. 이것은 개별의 사건이나 지식을 서로 연결하면서 새로운 지식으로 복합적으로 확장한다.
		문제 해결하기	다른 정보나 도구를 이용하여 해결하려고 준비하는 과정이다.
		사고 확장하기	새로운 사물, 정보, 생산품을 만들어내는 것이다.

위에서 보는 바와 같이 Dalin과 Rust(1996)의 수업모형은 의미탐색 전통문화교육의 수업모형으로 적용될 수 있다. 즉, 옛날과 오늘날 및 서양과 동양의 것을 비교하고, 유추하고 평가하고 재구성하는 등의 반성적 사고를 함으로써 유아는 전통문화를 실생활에서 의미 있는 것으로 경험하게 된다.

전통을 주제로 하는 수업에서는 추론하기의 발문이 중요하다고 할 수 있다. 단순히 답하도록 하기보다는 유아가 생각할 수 있는 기회를 주어야 한다. 예를 들어, 어디에 사용했던 물건일까? 요즘에는 대신 무엇으로 사용할까? 누가 사용했을까? 모든 사람들이 다 함께 사용했을까? 왜 이런 것을 만들었을까? 요즘 것과는 어떤 점이 다를까? 네가 새롭게 만든다면 어떤 점을 어떻게 다시 고쳐서 만들 수 있을까? 등의 질문과정을 통해 의미를 탐색할 수 있을 것이다. 교사의 이러한 질문들을 통해 유아는 과거의 삶의 방법과 지혜를 알고, 조상들이 지향했던 사회문화적 상황에서 문화를 이해하도록 돕는 것이다.

예시〉 '한복'에 대한 이야기 나누기

I	전이하기	기억하기	-한복을 입어본 적이 있니? -어떤 색깔이었니? -어떤 모양이었니? -어떤 감촉이었니?
		회상하기	-무엇이 떠오르니? -언제 입어보았니? -왜 그런 것이 생각났니?
II	비교하기	분류하기	-남자가 입는 옷은 어떤 것들이 있니? -여자가 입는 옷은 어떤 것들이 있니?
		유추하기	-추울 때는 어떤 옷을 입었을까? -더울 때는 어떤 옷을 입었을까? -일할 때는 어떤 옷을 입었을까? -결혼할 때는 어떤 옷을 입었을까? -수영할 때는 어떤 옷을 입었을까?
		의미 확장하기	-핀이나 브로치 같은 것이 옛날에도 있었을까? -무엇으로 어떻게 멋을 냈을까?
		평가적 주장하기	-지금 우리가 입고 있는 옷과 한복은 어떤 점이 같니? -한복의 좋은 점은 무엇이니? -한복의 불편한 점은 무엇이니?
		가치 평가하기	-한복은 불편하니까 입지 말아야 할까? -어떤 점을 바꾸면 좋을 것 같니?
III	재구성하기	새롭게 변형하기	-치마가 길어서 고무줄 할 때 불편하다면 어떻게 바꾸면 좋을까? -끈으로 바지와 저고리를 묶어서 자꾸 풀리는 것은 어떻게 바꾸면 좋을까? -반찬을 먹을 때 소매가 내려와서 불편한 것은 어떻게 바꾸면 좋을까? -치마가 뒤에 벌어져서 속옷이 안보이게 하려면 어떻게 바꾸면 좋을까?
		문제 해결하기	-우리들이 말한 것들을 생각해서 한복 모습을 바꾸어 보자.
		사고 확장하기	-우리가 말한 대로 모양도 바꾸고 색도 바꾸어 한복을 그려보자. 꾸며보자.

제2부

유아 전통교육의 활용

제 4 장

제주의 의생활

제주인의 의생활은 자연환경과 매우 큰 관련이 있다. 일반의복은 노동복과 일상복을 겸하고 있고 의례복이나 외출복보다는 노동복이 위주가 되었다. 제주의 의생활은 경제적이고 위생적이며 누구든지 쉽게 장만할 수 있는 옷으로 피부보호의 실용성이 우선시 되었다. 염색기술이 발달하지 못해서 일반인들은 경사 때 비단옷을 입었고, 염색한 물색옷은 혼례복이나 호상옷으로 입었다. 또한 옷은 단순히 추위나 더위를 막기 위해 생존을 위한 수단으로 아름다움을 추구하는 수준의 의복은 아니라고 볼 수 있다.

제주 의생활의 특징은 크게 자연 환경과 문화적 영향으로 구분할 수 있다. 첫째, 자연환경적 영향으로 북방과 남방계적 양식이 공존하고 있다는 점이다. '북방계적 양식'이라 함은 산간지역의 목자복(牧者服)에서 나타나는 방한형이며, '남방계 양식'은 해안지역의 잠수용(潛水用) 작업복에서 나타나는 형태이다.

둘째, 문화적 영향으로는 '경양식(京樣式)'과 '제주양식(濟州樣式)'이 공존하는 이중구조적 양상을 띠고 있다. 경양식이란 우리 나라 상류층에서 착용되는 형태이며, 제주양식이란 제주 토착민들이 생활 여건에 맞게 착용한 일상복 및 노동복이다.

이러한 고유 양식을 이루게 된 것은 환경적 영향 외에도 다른 지방과의 교류가 통제되었던 영향이 컸다. 의생활은 일차적으로 제주도 토착민의 생활양식을 반영하면서 외래 요소가 융합된 것으로 나타난다. 자연환경이 고립된 지형적인 여건과 박한 풍토라는 점이 있으나 정치적인 수탈 등이 더 큰 요인이 되었다. 이런 상황에서 경제적 빈곤과 문화교류의 단절로 노동복과 일상복의 구분이 애매하다.

1. 갈옷

갈옷은 농업이나 어업, 목축업에 종사하는 제주도 서민층의 작업복이자 일상복으로 최근까지 입어 온 제주도를 상징하는 옷이다. 갈 옷은 면이나 마직물로 만든 한복의 저고리, 바지 형태의 옷을 풋감 즙으로 주무른 후 햇볕에 말리고 일주일에서 열흘정도 물을 추겨 주면서 햇빛에 쪼여 발색시킨 옷을 말한다.

자료가 많지 않아 정확한 기간은 알려지지 않았지만 이조 중기 출토물에 의해 추정해 보면 시신과 함께 관속에서 발견된 천이 풋감 즙으로 염색된 것임을 볼 때 적어도 감물염색법이 350여 년 전에 이미 한반도의 남부지역에 널리 보급되어 있었다는 추정을 할 수 있다.

옷감에 감물을 들이게 된 이유 중 하나는 옛날에는 물허벅을 이용하여 물을 길어다 써서 빨래를 제대로 할 수 없었고, 집집마다 통시 옆에는 항상 감나무가 있었다. 그리고 그 감나무에 감이 익으면서 감을 따서 먹었는데 옷에 감물이 떨어진 후 시간이 지나면서 색이 나타나는 것을 보고 감물을 들였을 것이라는 추정이 있다.

또 다른 하나는 옛날엔 유목민으로 살아 바다에 나가 생선을 잡는 어업을 했는데 생선을 잡기 위한 낚싯줄로 무명줄을 이용했다고 한다. 그런데 무명실이 약해서 끊어지게 되자 무명실을 감즙에 적셔 쓰게 되면서 엉킴도 없어지고 뻣뻣해지고 질겨지게 되는 점을 발견하게 되면서 천에 감물을 들여 사용했을 것이라고 추정하기도 한다.

그런데 갈옷이란 명칭이 가죽옷에서 온 것이라는 주장도 있다. 피의 문화권에 속하는 제주도에서는 주호시대 이래로 개나 돼지가죽으로 옷을 만들어 입다가 한반도의 농경 문화권으로 통합된 후에 가죽옷처럼 직물로 만든 옷에 감물을 들여 입게 된 것이라고 전해지기도 한다. 육지에도 감물 드리는 풍습이 있었지만 제주도에 전승되어 온 것은 제주도가 목화가 귀한 지역이고 세탁할 물도 귀했던 환경적 여건 때문에 제주지역은 갈옷이 그 맥을 유지하게 된 배경이 되었다고 한다.

제주사람들은 예로부터 옷치레가 없고 실용적인 옷을 일상적으로 입었다. 하루의 대부분을 일터에서 보내며 일손을 놓지 않았던 제주사람들에게 옷은 일하기 편하고 추위나 더위로부터 피부를 보호할 수 있으면 그만이었던 것이다. 신생아에게 입혔던 '봇뒤창옷'과 잠수들이 물질할 때 입었던 '물소중이'도 제주 고유의 옷들이며, 갈옷은 노동복이자 일상복이었다. 여자들은 대소사에 나갈 때에도 속에 갈옷을 입은 채로 겉에 나들이옷을 입었고, 볼일을 마치면 나들이옷을 벗고 바로 일을 시작했다고 한다.

갈옷은 광목이나 삼베에 토종 감물을 들인 옷이다. 갈옷은 더러움이 덜 타고, 더러워져도 쉽게 표가 나지 않을 뿐 아니라 설사 더러워져도 빨면 비누 없이도 때가 잘 빠진다. 풀을 먹이거나 다른 잔손질을 할 필요도 없다. 땀이 묻은 채 그냥 놔두어도 악취가 나지 않고 곧 상하거나 썩지 않는다. 빳빳하고 질기기 때문에 거친 가시덤불이나 풀밭에서도 상처를 입지 않으며 먼지도 잘 붙지 않고 붙어도 잘 떨어진다. 특히 땀이 마를 시간 없는 여름 일터에서 최상의 노동복인 것이다.

1) 갈옷의 특징

- 감물을 들일 때는 자외선을 받아야 색깔이 난다.
- 천이 완전하게 물이 들면 영원히 썩지 않는다.
- 갈옷은 세월이 가면 풀기가 없어지고 색이 짙어지면서 멋스러워진다.
- 열이 전도되지 않고 공기가 잘 통하고 땀이 배지 않아 매우 시원하다.
- 때가 잘 묻지 않고 매우 질겨 평상복이나 작업복으로 다양하게 활용할 수 있다.
- 비를 맞거나 땀이 나도 몸에 달라붙지 않으며 감즙이 방부제 역할을 하므로 땀이 묻은 채 두어도 썩지 않는다.
- 염색 후에는 내구력이 2배 정도 강해져 경제적이다.
- 풋감을 이용한 천연염색으로 친환경적이며 몸에 좋다.
- 세탁을 하면 할수록 짙은 갈색이 베어나 화학섬유의 경우 탈색되는 것과 달리 오래 입어도 견고하다.

2) 감물염색의 원리

감물염색은 풋감을 이용해 천을 갈색으로 염색하는 것인데, 고려시대부터 제주도 민속의상으로 농어민들이 작업복이나 일상복으로 입어왔다. 갈옷의 종류에 따라 갈등지게, 갈적삼, 갈잠뱅이, 갈중이 등으로 구분할 수 있다.

갈적삼

갈잠뱅이

우리나라 남부지방을 비롯하여 중국, 일본, 태국 등 동아시아지역에서 감즙 염색을 했다고 한다. 풋감에는 탄닌 성분이 있는데 섬유와 결합하여 응고되면서 섬유를 빳빳하게 만들고, 이것을 햇빛에 노출시키면 산화 · 중합되면서 짙은 갈색으로 발색되는 것이다.

3) 감물염색 시기

갈옷에 물을 들일 때 쓰이는 감은 8월 초부터 따게 되는데 조생 감은 5월 말부터 6월초까지 딴다.

감을 따서 갈라보면 감의 씨가 젤리처럼 물렁물렁하고 하얀 것이면 되는데 씨가 딱딱한 것으로 물을 들이면 갈옷이 오래가지 못한다.

감은 물로 행군 후 으깨는데 감을 으깰 때 씨가 젤리처럼 희면 염색을 하기에 알맞으며, 씨가 딱딱하면 염색이 오래 가지 못하기 때문에 사용하지 않는다. 그리고 감은 단기가 나는 것을 쓰지 않는다. 으깬 감즙은 발로 밟아 짜내거나, 즙을 내기 위해 탈수 하는 과정에서 감물을 받아낸다. 이렇게 만들어진 감물로 아래와 같은 순서로 염색한다.

4) 감물염색 방법

①

감의 즙을 짜낸 감물에 천을 담군다.

②

천에 물을 들이기 위해 골고루 물이 잘 들도록 주무른다. 단, 주무를 때에는 손의 전체를 사용하여 천을 많이 감싸면서 주무른다.

③

감물이 골고루 들여졌으면 천의 끝과 끝을 잡고 당겨서 주무르는 동안 염료가 한곳에 뭉쳐 있는 것을 털고 천을 편다.

④

감즙과 물기를 제거하기 위해 팽팽하게 펴서 눕혀 말린다.

⑤

눕혀서 70~80% 마르면 빨랫줄에 걸어 햇빛이 골고루 스며들도록 말린다. 그리고 일주일동안 하루에 한번 씩 물로 헹구어 주면서 햇빛에 말리면 아주 멋스러운 색깔이 나타난다.

2. 도롱이

원시시대에 큰 나뭇잎이나 짐승 가죽 등을 비받이로 활용한 것이 비옷의 시초였을 것으로 여겨진다. 도롱이는 보릿짚, 밀집, 볕집 등 띠 종류의 풀로 두껍게 엮어 만들어 어깨에 걸쳐 입는 비옷의 일종으로 양팔부분은 활동이 편하도록 조각을 따라 붙였다. 도롱이는 비를 막아주기도 하지만 비를 맞아도 체온을 유지시켜 주는 장점이 있다. 길이가 짧은 것은

도투기라 하여 비 오는 날, 풀 벨 때에 사용되었고, 대부분 밑까지 올만큼 길게 만든 도롱이를 사용하였다. 도롱이의 용도로는 물론 비가 올 때 사용되기도 했지만 겨울에는 방한용으로도 사용되었으며, 산이나 들에서 밤을 새울 때는 이불이 되기도 하는 등 그 용도가 다양하였다.

도롱이(우장)는 아무리 폭우가 쏟아져도 빗물이 스며들지 않으며, 머리에는 벌립이나 삿갓을 쓰고 발에는 남신(나막신) 하나만 더 신으면 어떤 비에도 걱정이 없었다. 경우에 따라서는 하나의 도롱이를 두 사람이 함께 쓰기도 하였다. 비 내리는 날 모를 내거나 김을 맬 때 주로 입었다. 장마철이 되면 한라산에 방목중인 마소를 찾아보러 다녀야 했던 제주 사람들에겐 정당벌립과 함께 필수품이었다. 주로 비올 때 방수용 비옷으로 이용하였지만, 산이나 들에서 노숙할 때는 이불로, 겨울에는 방한용으로 이용하는 등 그 용도가 다양했다. 겨울에 가난하여 옷이 없는 사람은 '멍석'과 '도롱이'로 추위를 막기도 했다.

도롱이는 다른 의복에 비해 비교적 제작하기 쉬우므로 집집마다 있으며 자신이 만들기도 하지만 자신의 몸에 맞게 주문하여 입었다. 도롱이의 주된 재료는 띠인데 이를 제주에서는 "새"라고 한다. 띠는 햇볕이 잘 드는 강가나 모래밭, 산기슭, 들판, 풀밭 등의 무리지어 자라는 풀이다. 땅속에서 뿌리줄기가 옆으로 뻗으며 곳곳에 마디가 있어서 잔뿌리가 나온다. 뿌리줄기에 번식력은 대단히 강해서 논두렁, 밭두렁, 저수지, 강둑의 사방용으로 사용하면 둑이 무너지지 않고 튼튼해진다. 이 띠를 갈대와 함께 얽어서 가느다랗게 새끼줄을 만들어 사용한다. 띠는 짚과 비교가 되지 않게 물기는 절대 스며들지 않고 밑으로만 흐르게 하는데 탁월하다. 띠 풀의 높이는 30~80cm이고, 띠 풀의 줄기는 뿌리줄기의 마디에서 나와 곧게 서며 높이가 30~80cm이고 마디에 털이 있다. 잎은 주로 뿌리에서 나오고 편평하며 줄 모양이고 길이가 20~50cm, 폭이 7~12mm이며 끝이 뾰족하고 밑부분이 좁아져 줄기를 감싸고 있다.

도롱이는 띠 풀의 잎으로 만든다. 띠는 지상부를 죽이더라도 뿌리 하나하나가 살아 있어 다시 재생하는 특징을 가지고 있어 풀이 썩지 않고 계속해서 자라나게 되는 것이다. 도롱이를 만드는 방법은 띠 풀을 서너 가닥 놓고 한줌 한줌 떼어서 바짝 밀착시켜서 가는 끝이 거꾸로 아래로 향하도록 엮어나간다. 이를 전문적인 용어로는 각각목거리에 코 걸기- 너울 넣기- 목거리에 상판 줄 걸기- 몸체 엮음- 바위 도름- 마무리 손질의 순서로 구분한

다. 마무리는 몸매와 맵시도 생각하여 허리춤을 재보고는 끝마무리를 한다. 허리부분에 끈을 매어 비와 비바람을 막을 수 있다. 1개의 도롱이를 완성되는데 숙련된 기능공인 경우 3~4일을 제작하여야 한다. 보관은 뒤집어 말아서 도롱이에 붙은 끈으로 묶은 후 마루의 기둥이나 헛간 기둥 등에 매달아 둔다.

3. 정동벌립

정동벌립은 정동(댕댕이)을 이용해서 만든 것인데 농부들이 일을 할 때 쓰는 모자의 한 종류이다. 모양은 패랭이와 비슷한 모양이지만 패랭이는 열을 받으면 뜨거워지고 비를 맞으면 젖는데 정동벌립은 열을 받아도 뜨거워지지 않고 비를 맞아도 방수가 되는 특징이 있다.

1986년 4월 10일 홍만년씨가 제주도무형문화재 제8호로 지정되었으며, 정동벌립 제작은 북제주군 한림읍 귀덕 1리 성로동에 집중되어 있다. 왜 이 마을에 집중적으로 전승되어 오는지, 그리고 언제부터 정동벌립이 만들어지기 시작했는지는 정확히 알 수 없다. 다만 홍만년의 경우 증조부부터 손자며느리까지 5대째 전승되어 오고 있어 연원을 최소한 150년 이상으로 추정할 수 있다. 일제강점기에는 거의 모든 가구에서 정동 벌립을 엮었는데, 일제강점기 말기에 이르러 곤충이 심해지자 정동이 줄어서 만들기 어려웠다고 한다.

정동벌립은 정동줄(댕댕이덩굴)을 이용해 패랭이와 비슷한 모양으로 만들어 썼던 제주민의 모자이다. 차양이 넓어 비를 피하거나 햇볕을 가리는 데 안성맞춤이어서 마소를 돌보는 테우리들이 즐겨 썼다.

정동벌립의 벌립은 '벙것' 또는 '벙거지'를 말한다. 조선시대에는 제주의 진상품 중 전모라는 것이 있었다. 전모는 봄에 소나 말이 털갈이 할 때 모아둔 마소의 털을 콩풀에 섞어 만든 갓 모양의 털벙것을 말하는데, 정동벌립은 이 전모의 모양을 본 따 만든 것으로 추정된다. 정동벌립의 장점은 패랭이 보다 정교하며 차양이 넓어 비를 피하거나 햇볕을 가리는 데 안성맞춤이다.

정동벌립은 여자모자와 남자모자가 있는데 남자모자가 여자모자보다 챙이 조금 더 넓다. 그리고 머리가 들어가는 공간의 모양도 남자모자(좌)는 조금 넓다랗고 약간 납작하지만, 여자모자(우)는 약간 둥그스름한 모양이며, 양측 길이 50㎝정도이며, 챙의 폭은 15㎝가 조금 넘는다.

1) 정동 손질

정동은 일명 댕댕이덩굴이라 하며 방기과의 낙엽활엽 덩굴식물로 들판이나 숲가에서 자란다. 정동은 제주 섬에서 흔한 재료이긴 했지만 요즈음에는 보기가 힘들다. 정동은 중산간에서 야생으로 자란 것이 단단하고 탄력이 있다. 재배를 하면 줄기가 약하고 윤기가 덜 흐른다. 정동은 원래 잎이 있고 약간 말랑말랑 하지만 정동이 마르게 되면 갈색을 띄게 된다.

지역에 따라 그 명칭이 조금씩 다른데 귀덕리나 안덕면 동광리 등의 한라산 서쪽 지경에서는 '정동'이라고 하며, 동쪽 지경에서는 '정당'이라고 한다. 이러한 정동은 안덕면 동광리와 표선면 표선리에서 나는 것이 특히 양질인데, 서쪽에서 나는 정동은 보통 마디 사이가 길며, 동쪽의 것은 마디가 짧다. 이 마디 차이는 토질에 따라 구별되는 것으로 마디 사이가 길어야 부드럽고 재료로서 더 가치가 있다.

정동에는 '참정동'과 '꺽정동'의 두 종류가 있는데, 재료로서 쓰이는 것은 참정동이다. 정동을 재료로서 쓰기 위해서는 지붕 위나 마당에서 25일 이상 햇볕에 말린다. 햇볕에 말리는 정동이 비를 맞게 해서는 안 되지만, 이슬을 맞혀야 햇볕과 수분을 골고루 배합하면서 정동이 알맞게 마른다. 이렇게 해서 25일 이상 말린 정동은 다시 물에 담갔다가 마디를 훑어내서 재료로써 사용한다.

정동이 마르면 엮으면서 다 부러지므로 항상 응달에 보관해야 하지만, 물을 묻히면 다시 질겨진다. 말려둔 정동은 국수 사리처럼 둘둘 말았다가 꺼내 쓰는 데 모자를 짜기 직전에 얼마간 물에 담가둬야 줄기가 부러지지 않는다.

2) 필요한 도구

(송곳)
정동을 이어주는 부분을 송곳을 이용하여 안쪽으로 집어넣는다.
(팬치)
정동을 손쉽게 자르는데 사용한다.
(다으개)
정동을 짜고 나면 틈이 생기지 않도록 밀어준다.
(칼)
벌립을 다 만들고 나서 끝을 마무리 할 때 사용한다.

3) 정동벌립 만드는 방법

전통적인 방법은 정동을 이용하는 것이지만 실생활에서는 꼭 정동 줄기가 없을 경우 털실이나 여러 가지 끈을 사용하여 만들어 볼 수도 있다. 정동벌립은 판매를 목적으로 만들지 않기 때문에 잘 볼 수 없으나 주로 스님들이 이용하며 전수차원에서 작업이 이루어진다. 잘 짜여진 정동벌립은 비가 와도 새지 않을 만큼 정교한데, 가마귀방석, 절벤, 사갑바위, 망, 천, 바위돌림 등의 제작 과정을 통해 만들어진다.

⇨
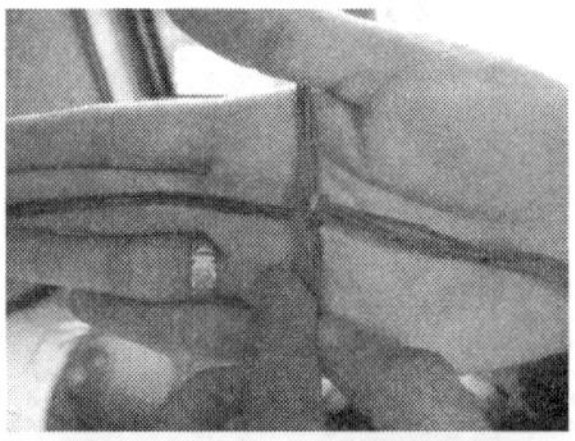
⇨

⇨

⇨
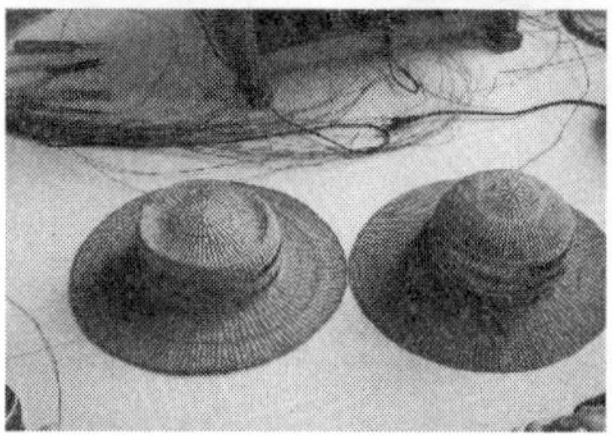

정동벌립 하나를 만드는데 보통 15일이 걸린다. 종류는 양태나 탕건처럼 뚜렷한 구분이 없으며, 단지 도리수의 차이에 따라 상질 · 중질 · 하질로 나누어진다. 일일이 손으로 꼬아서 만들기 때문에 그 정성이란 이루 말할 수 없다.

교수자료

옛날과 오늘날의 옷을 비교해 보아요
갈옷은 어떻게 만들어질까?

교재교구

전통혼례복을 입어보아요
비 올 때는 무슨 옷을 입었을까
바느질을 해 보아요
짝을 찾아 주세요

의생활	활동명	옛날과 오늘날의 옷을 비교해 보아요
목표		- 제주도 옛날사람들은 어떤 옷을 입었는지 말할 수 있다. - 제주도 전통 의복과 현대의 의복을 비교할 수 있다. - 제주도 전통 의복의 명칭과 현대의 의복 명칭을 말할 수 있다.

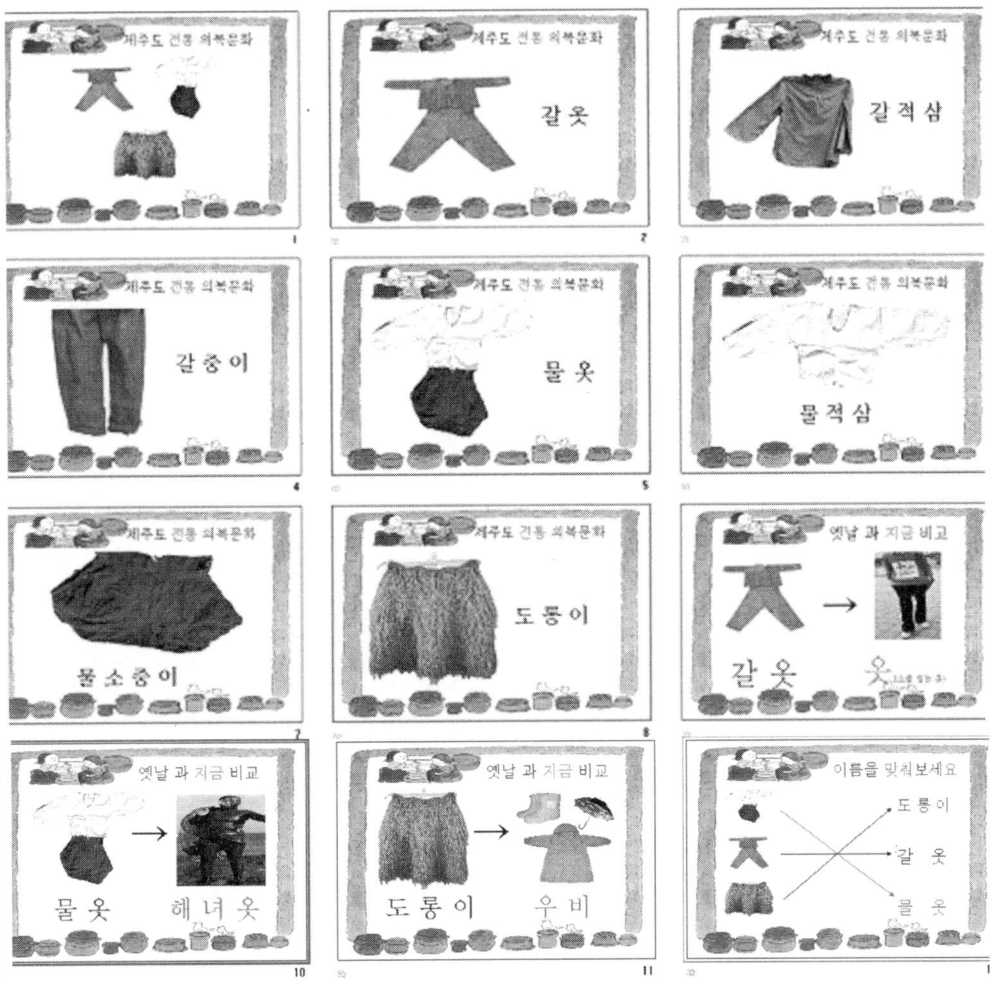

활동방법	
활동방법	1. 제주도의 사람들은 어떤 종류의 옷을 입었을까요? 2. 일할 때는 어떤 옷을 입었을까요? 3. 웃옷은 갈적삼이고 4. 아래옷은 갈중입니다. 5. 물 속에 들어갈 때는 어떤 옷을 입었을까요? 6. 웃옷은 물적삼이고 7. 아래옷은 물소중이입니다. 8. 비가 올 때는 어떤 옷을 입었을까요? 위아래를 모두 덮을 수 있는 도롱이입니다.

	9. 오늘날 입는 바지와 셔츠는 어떤 점이 다른가요? 10. 오늘날 바다에서 입는 고무옷과 어떤 점이 다른가요? 11. 오늘날 입는 비닐로 만든 우비와는 어떤 점이 다른가요? 12. 옛날 옷의 이름을 맞춰보아요. 또 무엇으로 옷을 만들 수 있을까요?

<table>
<tr><td>의생활</td><td>활동명</td><td>갈옷은 어떻게 만들어질까?</td></tr>
<tr><td>목표</td><td colspan="2">- 갈옷이 무엇으로 만들어지는지 말할 수 있다.
- 갈옷의 색깔과 재료를 설명할 수 있다.</td></tr>
<tr><td colspan="3">

1

2

3

4

5

6

7

8

9
</td></tr>
<tr><td>활동방법</td><td colspan="2">1. 갈옷을 본적이 있니?
2. 어떤 모양이니? 어떤 색깔이니?
3~6. 갈옷 색깔은 어떻게 나타날까?, 무엇으로 색깔을 낼까?
7~9. 감물 염색으로 어떤 것을 만들 수 있을까?</td></tr>
</table>

의생활 1	교구명	전통혼례복을 입어보아요
목표	• 혼례복의 명칭에 대해서 안다. • 혼례복을 입는 순서에 대해서 안다. • 남, 여 혼례복의 차이점에 대해 안다.	
준비물	글루건, 색지, 부직포, 풀, 코팅지, 가위, 칼, 하드보드지	
제작과정	〈책〉 ① 하드보드지를 자르고 위에다가 부직포를 붙인다. ② 책 뚜껑을 두 개 만들면 왼쪽에 구멍을 두 개 뚫는다. ③ 겉표지에 제주 전통 혼례복이란 글자를 잘라서 붙인다. 〈혼례복〉 ① 색지를 오려서 혼례복 순서대로 하나하나 오린다. ② 다 오린 것은 코팅지에 놓고 복사를 한다. 〈사람〉 ① 색지를 사람 모양으로 오린다. ② 여자, 남자를 만들어서 코팅을 한다. ③ 코팅 한 것을 책에다가 붙인다. ④ 마지막으로 옷 입는 순서를 사람 옆에다가 붙인다.	
활용방법	① 가위, 바위, 보를 하여 옷의 이름을 맞춘다. ② 옷을 자석판 위에 순서대로 입힌다.	
교구사진	 	

의생활 2	교구명	비 올 때는 무슨 옷을 입었을까
목표	• 옛날에 입었던 옷의 종류를 안다. • 비 올 때 입는 옛날 옷의 모양을 안다.	
준비물	EVA, 한지, 도롱이사진 2장, 가위, 샤프, 양면테이프, 풀	
제작과정	① 미리 뽑아 놓은 도롱이 사진에 맡게 EVA로 액자틀을 만든다. ② 뽑아 놓은 도롱이 사진에 맡게 한지를 씌워서 모자이크 한다. ③ 한지로 다붙인 도롱이사진을 EVA 에 양면테이프를 붙인다. ④ EVA에 붙인 도롱이사진은 알맞은 크기로 적당하게 잘라서 퍼즐 모양을 낸다. ⑤ 보면서 맞출 수 있는 도롱이사진 한 장은 EVA액자틀에 끼운다. ⑥ 도롱이퍼즐을 액자틀에 끼어놓으면 완성!	
활용방법	순서대로 밑그림에 맞추어 조각을 맞춘다.	
교구사진		

<table>
<tr><td>의생활 3</td><td>교구명</td><td>바느질을 해 보아요</td></tr>
<tr><td>목 표</td><td colspan="2">• 바느질을 통해 소근육 발달을 돕는다.
• 창의적으로 지갑을 표현할 수 있다.</td></tr>
<tr><td>준비물</td><td colspan="2">하드보드지, 한지, 딱풀, 마스킹테이프, 시트지, 색지, 코팅지, 갈천, 바늘, 찍찍이, 실</td></tr>
<tr><td>제작과정</td><td colspan="2">〈바느질 상자 만들기〉
① 하드보드지에 세로 25cm 가로 25cm 정사각형으로 그린 다음, 4면에 높이 5cm를 그린다.(2개를 그린다.)
② 선에 맞춰 칼로 자른다.
③ 그 위에 한지를 붙인다.
④ 한지 위에 시트지를 붙이고, 칼로 자른다.
⑤ 칼집을 내어 상자를 만든 후 마스킹 테이프로 고정시킨다.
⑥ 바느질을 해보아요. 갈색 색지로 글자를 만든 후 코팅하여 상자 겉면에 붙인다.
⑦ 갈천, 바늘, 찍찍이, 실을 넣는다.</td></tr>
<tr><td>활용방법</td><td colspan="2">〈갈천지갑 만들기 방법〉
① 갈천에 표시된 부분(- - - - - -)까지 접는다.
② 바늘에 실을 꿰우세요.

③ 구멍을 따라 바느질 하세요
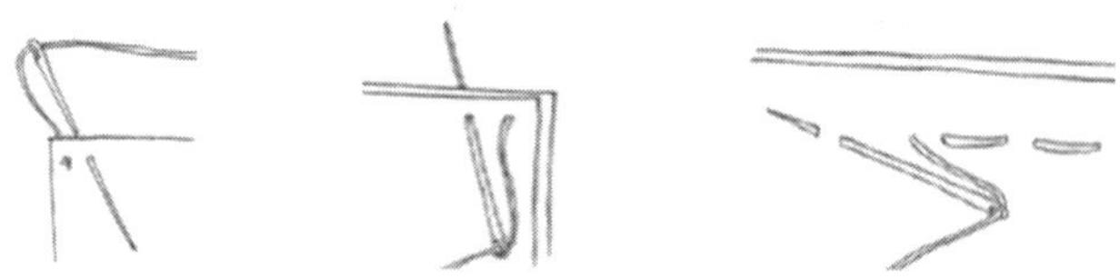
(뒤에 구멍에 바늘을 넣는다) (앞에 구멍에 바늘을 넣는다)
④ 표시된 부분(X)에 까슬이를 붙이세요.
⑤ 덮게 표시된 부분(X)에 보슬이를 붙이세요.
⑥ 갈천지갑 완성.</td></tr>
<tr><td>교구사진</td><td colspan="2">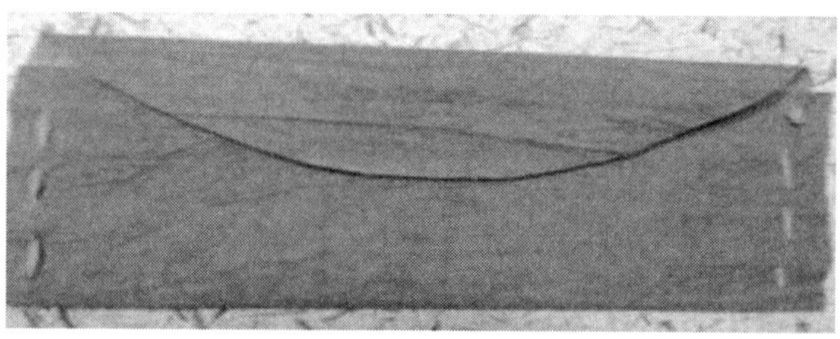</td></tr>
</table>

의생활 4	교구명	짝을 찾아 주세요
목표	• 옛날 제주사람의 옷과 현대 제주사람의 옷을 짝 지을 수 있다. • 날씨와 장소에 따라 입는 옷이 다름을 알 수 있다.	
준비물	하드보드지2장(하늘), 투명시트지, 색시트지(노랑), 까끌이, 보슬이, 마스킹테이프(파랑), 가위, 칼, 풀, 자, 코팅지, 사진자료, 색지(주황, 분홍)	
제작과정	① 하드보드지에 투명시트지를 붙이고 마스킹 테이프로 주변을 마무리한다. ② 옛날 제주사람의 의생활과 현대 제주사람의 의생활에 관련된 사진자료를 뽑는다. ③ 뽑은 사진자료를 색지로 구분하여 붙이고 코팅한다. ④ 사진자료 뒷면에 사진이름과 암호를 붙인다. ⑤ 사진자료 뒷면에는 까끌이를 붙이고, 교구판에는 보슬이를 붙인다. ⑥ 사진자료 넣을 함을 하드보드지를 잘라서 만들고, 마스킹 테이프로 주변을 마무리한다.	
활용방법	① 교구에 대한 이야기 나누기를 한 후 언어영역에 놓아둔다. ② 유아들이 언어영역에 가서 옛날 제주사람의 옷과 현대 제주사람의 옷을 구분하여 붙여본다.(색지색깔을 보면서 붙여 볼 수 있다.) ③ 잘 모르는 사진자료가 있으면 사진자료 뒷면의 암호를 보면서 맞춰본다. ④ 각각의 사진자료가 1 : 1대응이 되었는지 확인한다.	
교구사진	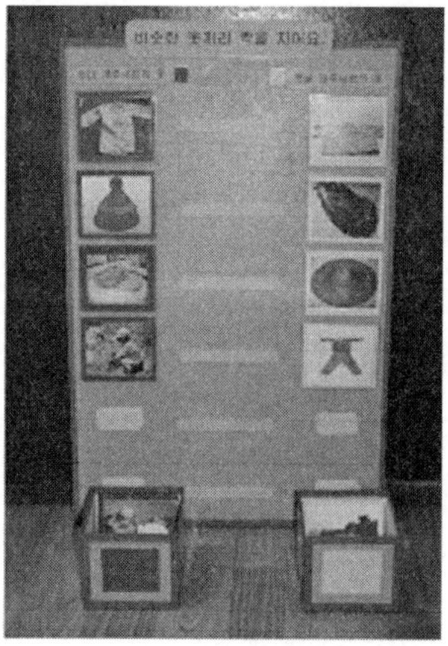	

제5장

제주의 식생활

1. 음식

제주는 지형적으로 사면이 바다로 둘러싸여 있고, 높은 산과 완만한 넓은 들이 있는 아열대 지역에 속한다. 그러나 바람·가뭄·물의 삼재로 인해서 식생활은 매우 궁핍했다. 농지가 27%인데 그 중에서도 논은 거의 없어 밭농사가 주를 이루었고, 어업도 연안 어업 형태를 벗어나지 못하는 실정이었다. 주식은 보리나 좁쌀이었고, 보조 식량은 밀, 산듸(밭벼), 콩이었다. 육류 중에서는 돼지고기가 가장 많이 이용되었고, 생선류나 젓갈은 간장 및 된장과 함께 중요한 반찬거리였다.

일손이 귀한 제주에서 여성의 일거리는 많았다. 그러다보니 빨리 만들어 먹는 단순한 조리법과 조미료를 사용하지 않는 요리법으로 저장음식이 거의 없는 것이 특징이다.

제주도는 화산토이기 때문에 들과 평야가 없고 쌀과 논 재배가 어렵다. 쌀이 풍성하지 못하므로 떡을 할 때도 잡곡(메밀, 팥, 콩 등)을 재배하며 '빙떡'을 만들어 먹었다. 제주의 음식은 버릴 것이 없었다. 자리돔을 잡아도, 돼지를 잡아도, 버리지 않고 모두 먹었고, 쉬어가는 보리밥까지 '쉰다리'를 만들어 먹었다. 또한 자연에 순응한 음식을 먹었는데 집집마다 '우녕(영)밭'이 있고 동네마다 앞마당이 있어 계절에 따라 나오는 나물과 해산물을 이용하여 밥상을 채웠다.

조리법은 일상 생활이 바쁘고 일손이 부족하였기 때문에 간단하고 단순하지만, 여러 양념을 사용하지 않아 오히려 식품 고유의 제 맛을 느낄 수 있는 등 나름대로의 독특한 식생활 문화를 형성하였다. 음식의 간은 대체로 짠 편인데, 더운 기후에 음식의 부패를 방지하기 위해서였다. 이것은 젓갈류가 발달하게 된 요인이기도 하다. 제주는 논이 드물어 보리, 조 등의 잡곡이 주식이었고, 사면이 바다로 둘러싸여 있기 때문에 싱싱한 해산물을 먹을 수 있다는 점, 기후가 따뜻하여 겨울에도 싱싱한 야채를 식단에 올릴 수 있었다.

제주도 음식은 바닷고기, 채소, 해초가 주된 재료이며, 된장으로 맛을 내고, 바닷고기로 국을 끓이고 죽을 쑤고, 주로 돼지고기와 닭고기로 편육을 만든다. 제주도 음식은 많이 차리거나 양념을 많이 넣거나 또는 여러 가지 재료를 섞어서 만드는 음식은 별로 없다. 각각의 재료가 가지고 있는 자연의 맛을 그대로 살리는 것이 특징이다. 겨울에도 기후가 따뜻하여 배추가 밭에 남아 있을 정도여서 김장을 담글 필요가 없기 때문에 김치의 종류가 적으며 짧은 기간 동안 먹을 것만 조금씩 담근다.

1) 제주음식의 특징

• 국의 발달

바깥에서 일하는 시간이 많은 여자로선 오래 삶기보다 단순한 조리법으로 빠른 시간 내에 음식을 만들어내야 했고, 거친 음식을 먹기 위한 국이 발달했다.

• 낭푼밥상

낭푼이라고 부르는 놋그릇에 밥을 담아 상 한가운데 놓고 식구가 모두 둘러 앉아 같이 먹었다. 1960년대 이후 육지의 쌀 생산량이 늘면서 쌀과 보리, 보리와 조를 반반 가량 섞은 '반지기밥'이 나왔다. 1980년대 중반 이후엔 주식이 쌀밥으로 바뀌었고 상차림도 그에 따라 달라졌다.

• 죽

제주인들은 바다에서 난 싱싱한 고등어나 해산물을 이용해 죽을 만들어 먹었다. 식량 사정이 넉넉지 않았을 때 양을 늘려먹기 위해 죽을 만들어 먹었고, 채소나 산나물을 이용하기도 했다.

• 젓갈류 발달

저장음식은 자리젓, 멜젓, 게우젓, 건미역, 톨말림, 몸말림, 무말랭이 정도이며, 소스를 사용할 경우에는 멜젓, 자리젓에 그대로 찍어먹었다.

• 생식문화

해산물도 냉국의 재료로 사용할 정도로, 어류나 채소를 생식하는 습관으로 인해 물 회나 냉국, 강회 등의 음식이 발달하였다. 작은 자리는 비늘도 벗기지 않고 그대로 먹었고, 찌개도 배추를 손으로 잘라 된장을 푼 물에 넣어 별도의 양념을 하지 않고 조리한다.

• 좁쌀과 메밀의 사용

잔치나 제사 등 특별한 날에는 좁쌀, 메밀을 주로 사용했고, 세끼 식사 이외의 음식으로 고구마, 보리개역, 사탕수수, 참외, 수박, 떡, 한과 등을 먹었다.

• 고춧가루 사용하지 않음

독특한 발효식품으로 보리쉰달이, 보리상외떡 등을 들 수 있고, 육류는 쇠고기보다 돼지고기를 주로 이용하였으며, 조리과정에 고춧가루를 많이 사용하지 않았다.

보리쉰다리

과거 물자가 부족했던 시대에 제주인들은 절약의 정신인 'ᄌᆞ냥정신'(절약정신)이 철저 했는데, 이러한 의식은 음식에서도 예외가 아니다. '보리쉰다리'라고 불리는 발효식품은 쉰(상한)보리밥을 버리지 않고 누룩을 넣어 발효시켜 만든 기호 음료로 절약정신이 몸에 밴 제주사람들의 알뜰함을 보여주는 한 예라고 할 수 있다.

쉰다리는 밥을 발효시켜 만든 단술의 일종 쉰뎅이라고도 하는데, 냉장고가 없을 때 먹다 남은 보리밥이나 잡곡밥이 많이 남으면 보관이 어렵기 때문에 누룩가루를 넣어 빚어 그대로 찬장위에 올려두면 며칠 뒤에 초가집에 기생하는 여러 유익한 유산균과 함께 발효되는 저알코올 음료이다. (약간 상한 밥도 물에 한두 번 가볍게 헹군 후에 빚어도 된다.) 쉰다리는 주도가 낮아 여름철 음료수로 이용하였고 남녀노소 구분없이 즐겨 마셨다. 맛은 새콤하고 단맛이 있어 단술이라고도 하며 제주사람과 가장 친숙한 음료이다.

〈만드는 방법〉

① 보리밥과 누룩을 준비한다. 보리밥에 손가락을 넣어 쑥 들어갈 정도가 될 때까지 하루나 이틀쯤 둔다. 여름에는 1~2일, 겨울에는 5~6일정도 보리밥에 물과 잘개 부순 누룩을 넣

고 발효시킨다. 밥 1공기면 누룩은 작은 계란 1개 정도면 된다.

② 누룩을 잘게 부순다.

③ 하루나 이틀쯤 두어 부패하기 시작한 보리밥에 손가락을 넣어봐서 쑥 들어가면 물과 누룩을 넣고 발효시킨다. 발효되어 뭉글뭉글 하게 형태를 알아볼 수 없을 정도가 되면 체로 거른 후 끓인다. 물 한방울 넣지 않아도 누룩으로 발효가 되면 물이 생긴다.

④ 이틀쯤 지나 발효가 되면 채에 거른 다음 끓여두고 먹는다. 새콤한 맛으로 여름철 더위를 씻어 주는 보리쉰다리는 제주 사람들의 알뜰함을 잘 보여주는 음식이다.

• 누룩 : 곡류에 누룩곰팡이를 번식시킨 술의 원료이다.

2) 절기음식

제주도가 가진 색다른 자연환경으로 인해 절기 음식은 재료나 만드는 방법에서 다른 지방과 차이를 보인다. 철에 따라 특별 음식을 만들어 먹었다.

· 정월 - 메밀칼국수, 감주, 청주, 곤침떡
· 음력 5월 - 보리개역
· 음력 6월 - 닭 잡아먹는 날(음력 6월 20일)
· 음력 11월 - 동지 팥죽
· 음력 12월 - 추렴
· 혼례음식 - 돼지고기 상, 대반상, 상객상, 가문잔치상, 하객상
· 제례음식 - 메, 갱, 떡, 적, 전, 제숙

(1) 정월

정월에는 메밀칼국, 탁주, 청주, 감주, 솔벤, 절벤, 빙떡, 곤떡 등의 음식을 만들어 먹는다. 설날에는 떡국제라 하여 골미떡을 썰어 떡국을 만들어 신령에게 차례를 올린 다음 해가 뜨면 명절 차례를 지냈다. 그리고 손님들이 오시면 친척집에서 받아온 떡으로 떡국을 끓여 손님에게 대접하였는데 이 떡국을 칼국이라 하였다. (※ 골비떡은 가래떡, 곤떡은 쌀로 만든 떡을 말함.)

곤떡

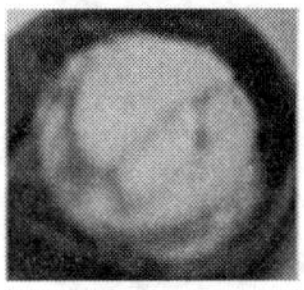
솔벤

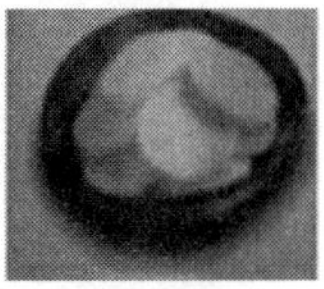
절벤

빙떡

(2) 음력 5월

제주도에서는 보리를 볶아서 맷돌로 갈아 개역을 만든다. 개역은 미숫가루를 말하는 것으로 보리와 콩을 볶아 섞어 만들어 더욱 구수하다.

(3) 음력 6월

제주도에는 음력 6월 20일이 되면 '닭 잡아먹는 날'이라 하여 닭을 잡아먹는 풍습이 있다. 이 풍습은 옛날에는 먹을 것이 귀하여 잘 먹지 못하기 때문에 이런 날을 만들어 닭을 잡아먹게 하여 영양을 보충하도록 보신용으로 먹었다.

(4) 음력 9월

음력 9월이 되면 각 가정에서는 동백 씨를 씻어 말려 기름을 짠다. 동백기름은 약의 대용으로도 사용하기도 하고 음식, 머리에도 발랐다. 그리고 기침을 멎게 하는 데 좋다 하여 집집마다 비상약으로 보관해 두었다.

(5) 음력 11월

동지에 팥죽을 먹는 풍습은 어느 지방이나 같지만, 제주도에서는 쌀이 귀하기 때문에 쌀 대신 좁쌀을 넣고 팥죽을 끓여 먹었다. 팥죽을 쑤면 액을 막기 위해 반드시 먼저 집안 여기저기에 뿌리고 나서 먹었다. 동지가 동짓달 초열흘 전에 들면 '애기동지'라고 하여 아기가 있는 집에서는 팥죽을 쑤지 않았다.

동지 뒤에 셋째 미일은 납일이라고 하여 이날 고은 엿은 맛있고 약으로도 쓰인다 하여 집집마다 엿을 고았다. 제주도의 엿은 차좁쌀과 엿기름을 사용하여 만드는 것을 기본으로 하며, 때로는 수수나 쌀을 이용하기도 한다. 제주도에서 엿은 보신용 음식으로 주로 애용되었는데 돼지고기엿은 천식의 약으로, 닭엿은 가을에 만들어 두었다가 겨울에 추위를 이기기 위한 보신용으로 이용되었다.

꿩엿

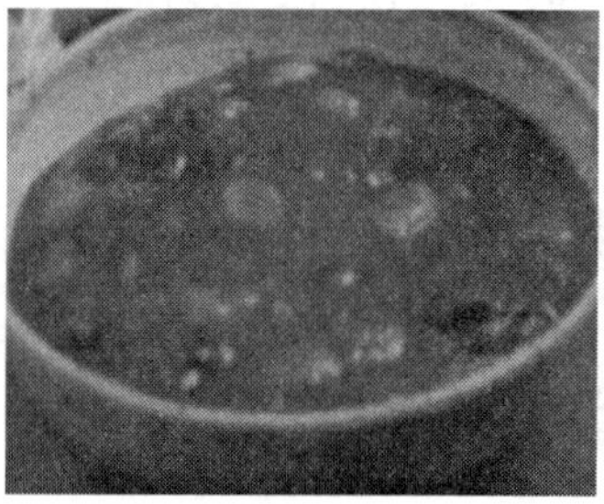

마늘엿

돼지고기엿

(6) 음력 12월

명절이 가까워 오면 고기가 필요한 사람끼리 모여 소나 돼지를 잡아 고기를 나누어 가지는 '추렴'을 한다. 고기가 필요한 사람이 모아지면 주문대로 부위별로 나누어 가지고 간다. 큰 추렴은 소를 잡는 일이고 작은 추렴은 돼지를 잡는 일이다. 옛날에는 돼지를 집에서 기르다가 추렴하는 일이 많았다.

3) 의례 음식

제주도에서는 쌀이 거의 생산되지 않아 보리, 조, 콩, 메밀, 고구마 등이 주곡이었으므로 가정의례 때 준비하는 음식도 육지와는 달랐다. 또한 제주도의 의례 음식은 순수하고 간단한 조리방법을 사용하였는데 제주 사람들의 조냥정신을 찾아볼 수 있다.

(1) 출산 음식–성게국

분만 후에 메밀가루를 푼 미역국을 먹었다. 영양이 풍부한 구살국(성게국)도 산후 식으로 많이 먹었다. 산모의 피가 맑아진다 하여 미역을 넣고 끓인 메밀조배기를 만들어 먹기도 하였다. 그 외에도 따뜻한 물에 꿀을 타서 한 보시기쯤 먹거나 메밀가루를 물에 타서 익혀 먹었다. 그리고 청주에 설탕을 타서 끓여 먹거나 참기름에 달걀을 풀어 두세 숟가락씩 먹기도 하였다. 마를 파다가 그 뿌리를 갈아 물에 타서 먹기도 하였고, 산모가 젖이 잘 안 나오는 경우에는 돼지 족발을 삶아 먹기도 하였다.

(2) 혼례 음식

제주도의 혼례는 마을 사람들이 함께 즐길 수 있는 기회를 제공하므로 대부분 마을 잔치로 커지기 쉽다. 혼례 전날은 가문잔치라 하여 친족들에게 '초불밥'이라 하는 잡곡에 쌀을 혼합한 잡곡밥을 제공하였으며 쌀밥은 잔치 당일에만 차리거나 신랑, 신부와 사돈에게만 제공하였고, 혼례음식에 돼지고기가 빠지지 않았다.

(3) 제례 음식

제례에는 메(쌀밥), 갱(생선미역국, 쇠고기무국, 돼지고기미역국 등), 떡(제펜, 솔벤, 은절미, 절벤, 강정, 요외, 과질, 중괴, 약괴, 우찍 등), 적(돼지고기적, 쇠고기적, 바닷고기적, 묵적 등), 전(육전, 어전, 파전, 버섯전, 느르미전 등)과 제숙을 올리는데 이때는 비늘 있는 생선만 구워 올리며 부엌에서 굽지 않고 마루나 챗방에서 정성스레 굽는다. 채(고사리채, 콩나물채, 무채, 호박채, 시금치채, 숙주 등)에는 마늘, 고춧가루 등의 양념을 쓰지 않으며 제주는 집에서 담근 청주나 소주를 준비하는데 골감주 등을 올리기도 한다. 친척의 제사에 참석할 때에는 백미 한 되나 제사에 사용할 술 한 병을 가져가는 것이 통례이다.

4) 계절별 음식

(1) **봄철음식**: 배추와 젓갈이 주요 식재료가 되고, 저장해 두었던 곡류를 먹으면서 보리 수확 때까지 견뎌낸다.

- 동지짐치(동지김치) :봄에 부드러운 꽃대가 올라오면 그것을 꺾어서 김치를 담금.
- 꿩마농 김치(달래김치) : 밭에서 돌아오는 길에 달래를 캐다가 김치를 담금

- 난시국(냉이국)
- 해삼 미역냉국 : 12월~2월까지 가장 맛이 있음
- 미역 새 우럭국 : 어린 미역으로 끓임
- 옥돔국 :살이 단단하고 지방이 적음
- 양외 순 국 이외에 해삼토렴(샤브샤브), 오분자기 찜, 패마농 무침, 지름나물 무침 등이 있다.

(2) **여름철 음식**: 보리가 수확되는 여름에는 보리·팥밥과 날 콩잎을 먹는다. 국에도 신선한 야채가 쓰이고 자리도 날 것이 쓰인다.

- 냉국 - 배추냉국, 청각냉국, 톨냉국, 오징어 냉국 등이 있다.
- 물회 - 자리물회, 한치물회, 구쟁기 물회, 군벗 물회
- 국 - 보말국, 호박잎국
- 조림 - 우럭콩조림, 깅이콩볶음, 깅이집장
- 짱아찌 - 마농지, 반치지
- 젓갈 - 게웃젓, 구살젓, 자리젓
- 죽 - 깅이죽(방게죽), 대합조개죽, 전복죽
- 음료 - 보리쉰달이
- 보양식 - 닭제골
- 간식 - 보리개역, 참외, 수박

(3) **가을철 음식**: 조가 수확되면 보리·조·팥을 섞은 밥을 지어먹고 갈치·전갱이·고등어 말린 것을 먹을 수 있다. 콩가루를 섞은 콩국도 이 계절에 등장하며 겨울까지 이어진다.

- 국 - 고등어 배추국, 갈치 호박국, 멜국, 양애간국
- 나물 - 양애간 무침, 고춧잎 멸치 젓무침, 메밀잎무침
- 장아찌 - 양애간지
- 조림 - 멜조림, 고등어조림, 갈치조림
- 죽 - 지실죽, 고등어죽

(4) **겨울철 음식**: 조가 수확되면 보리·조·팥을 섞은 밥을 지어먹고 갈치·전갱이·고등어 말린 것을 먹을 수 있다.

- 밥 - 흐린좁쌀밥(차조밥), 톨밥, 파래밥, 감제밥, 고구마 차조밥
- 나물 - 호박탕쉬, 콥대사니 무침, 톨무침
- 구이 - 옥돔구이
- 김치 - 눔삐김치
- 회 - 말고기 육회, 꿩토렴
- 면 - 꿩만두, 꿩메밀 칼국수, 메밀 수제비
- 죽 - 메밀쌀죽, 콩죽
- 범벅 - 메밀 고구마 범벅, 무범벅, 톳 범벅
- 술 - 오메기술
- 음료 - 골감주

5) 사철 음식

(1) 톳밥, 톳무침

톳은 제주도의 바다 연안에서 쉽게 채취할 수 있다. 그리고 또한 생으로도 먹을 수 있고, 말려서 먹을 수 있는 저장식품으로 사철내내 먹을 수 있었다.

(2) 몸국(모자반국)

제주도에서는 결혼식이나, 장례식, 소기, 대기 등에 돼지를 잡는다. 결혼식 때는 아들, 딸의 혼기에 맞추어 미리 돼지를 기르고 장례식 때는 동네 큰 돼지를 사서 추렴한다. 결혼식 전날(가문잔치)에는 몸국이 빠지지 않았다.

(3) 돼지고기 육개장

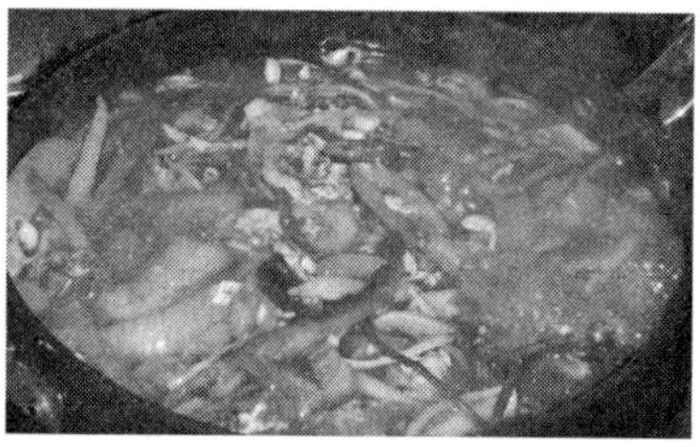

다른 지방의 육개장은 일반적으로 쇠고기인 양지머리나 사태 부위와 굵은 파를 주재료로 하는 데 비해 제주도의 육개장은 돼지고기와 고사리가 주재료로 이루어졌다. 고사리는 4월 말부터 5월까지 제주도에서 많이 채취하여 햇빛에 말렸다가 음식에 넣어 먹었다.

(4) 느르미전

제주에서는 명절이나 제사 때면 느르미전을 크게 붙여 제사상에 올렸다.

느르미전에 주재료는 고사리로 말린 고사리를 삶아 물을 제거하여 전을 부쳐 먹었다.

(5) 초기죽

초기죽은 산에서 채취한 표고버섯을 따서 햇빛에 말려 저장된 표고버섯으로 만들어 먹었다. 생 표고버섯을 사용하여 초기죽을 만들기도 하였다.

(6) 건옥돔죽

제주도에서는 사면이 바다여서 어패류를 즐겨 먹었다. 특히 11월~3월에 많이 잡히는 옥돔을 햇빛에 말려 저장해 두었다가 죽으로 끓여 먹었다.

(7) 돗새기 봇죽(돼지새끼보죽)

제주도에서는 집집마다 통시에서 돼지를 길렀다. 마을에 경사나 슬픈 일이 생겼을 때 돼지를 잡았는데 암돼지를 잡았을 때 돼지새끼보(자궁)가 터지지 않게 삶아 썰어 죽을 끓여

먹었다. 제주 사람들은 보신용으로 돗새기 봇죽을 먹기도 하였다.

(8) 마늘엿, 돼지고기엿, 꿩엿, 닭엿

제주도에서는 마늘이나, 닭, 꿩, 돼지고기, 하늘타리, 익모초, 새비(들찔레의 열매), 무릇 등으로 엿을 고았다. 이 엿들은 떡과 같이 먹기도 하였으나 육류나 약초를 재료로 하기 때문에 회복기 환자에게 먹이는 보신용 음식으로 애용하였다.

2. 방애

제주도의 나무절구를 남방애라고 한다. 남방애는 1991년 6월 4일 제주도 민속 자료 제5호로 지정되었다. 지금은 제주대학교 박물관에서 관리하고 있다.

제주도의 방아는 그 재질에 따라 두 가지 종류가 있다. 서너 아름드리 되는 통나무를 파서 만든 것으로 나무 방아 곧 '남방애'라 하고, 그와 거의 비슷한 크기로 돌을 다듬어 파서 만든 '돌방애'라고 한다. 남방애는 통나무를 잘라내서 세로로 자른 후, 마치 커다란 사발모양을 만들고 자른면을 위로 삼아 홈을 판다. 다시 그 홈 가운데 둥그렇게 구멍을 내어 그 곳에 돌혹(돌확)을 고정시켜 놓는다. 돌혹에 담긴 곡식은 절굿대와 마찰되어 껍질이 벗겨지며, 가장자리로 튀어나오는 곡식은 빗자루로 쓸어 돌혹 속으로 모아 담으면서 나무공이로 찧기를 계속한다. 곡물이 밖으로 세지 않도록 가장자리가 파인다. 이 유물 형태는 함지형이고, 네모난 굽이 달렸다. 가운데에 원추형의 돌확이 박혀 있으며 절구공이는 없다.

육지의 것과 견준다면 절구에 해당되나 제주의 방아는 유난히 크다. 규모가 직경 80~150m 높이 50~70m 정도로 서서 일할 수 있다. 재료는 느티나무, 벚나무, 가시나무를 이용한다. 육지의 절구는 기껏해야 두 사람이 공이를 잡고 마주 서서 찧을 수 있는 너비이지만, 제주의 방아는 보통 3명이, 최고 6명까지 동시에 찧을 수 있을 만큼 넓다.

방애에는 밭벼와 보리, 그리고 쌀이나 좁쌀을 빻기도 한다. 제주도의 남방애가 유난히 큰 까닭은 제주도의 농업구조에서 찾을 수 있을 것이다. 제주도는 전경지면적 중 논이 0.5%뿐이다. 즉 논이 거의 없고 대부분이 밭이다. 논농사의 산물인 벼의 탈곡은 그 껍질을 벗겨버리면 되지만, 잡곡의 탈곡은 복잡할 뿐만 아니라 어려운 일이다. 보리쌀인 경우 껍질을 벗기고 다시 으깨야 하며, 조의 경우도 낟알이 작아 벼의 탈곡보다는 어려울 수밖에 없다. 이러한 이유로 제주도의 방애는 크고 넓어질 수밖에 없었던 것이다.

이렇게 남방애가 대형인 것은 여럿이 힘을 합쳐서라도 짧은 시간 내에 일을 마치기 위한 것으로 보인다. 남방애는 대개 외양간에 간직해 두는 풍속이 있으며, 그 기능을 점차 잃게 되어 쇠죽통으로 쓰이기도 한다.

3. 옹기

제주의 전통옹기는 유약을 바르지 않고 불길에 의해 자연과 조화되어 자연유약이 발색되기에 '숨쉬는 옹기'라 한다. 정확히 언제 제주전통도기가 만들어지기 시작했는지 고증된 자료가 아직 없다. 추정하기는 조선 중종 15년(1520년) 제주도에 유배됐던 김정이 쓴 '제주풍토록'의 기록을 보면 적어도 이 시점까지는 제주에 가마가 없었다고 볼 수 있으며, 1780년쯤에 씌여진 제주읍지 대정현편에 '옹점(甕店)'이라는 단어가 나오는 것으로 미뤄 18세기부터 본격 생산됐다는 설이 있다. 그러나 제주 고대의 무문토기와 제작방법 등에서 상당 부분 일치하기 때문에 유래를 훨씬 그 이전으로 거슬러 올라가야 한다는 연구도 있다.

제주도는 최대 강우량 지역이면서도 현무암으로 이루어진 회산회토 지형이어서 비가 오면 물이 땅으로 빠져 해안가에서 물이 솟아나기 때문에 물을 길러 해안가 용천수나 봉천수가 있는 곳까지 가야만 했다. 물이 귀한 제주도에서 매일 물을 길어 식수를 운반하는 일은 삶을 지속시켜 나가게 해주는 행위였으며, 1960년대까지 제주의 새벽은 물 허벅을 지고 용천수나 공동수도장으로 물 길러 오가는 여인들의 발자국 소리로 시작되었다. 화산폭발로 인해 평평한 길이 드물고 돌이 많아서 길을 가다가 자칫하면 돌에 채이고 넘어질 위험이 많기 때문에 앞을 확인하기 위해 물 운반은 물론이고 다른 것도 반드시 등짐 운반을 했다. 허벅은 물을 긷고 다녔던 물 운반용구로써 배는 부르고 목은 좁으며 물구덕이라는 대오리(대나무)로 만든 구덕(바구니)에 넣고 등에 지고 다녔다.

1) 제주 옹기의 특징

• 철분함량이 많은 흙

제주 옹기의 원료 흙은 다른 지역의 흙과 다르지 않다. 하지만 흙에 들어 있는 성분에서 차이난다. 다른 지역에는 알루미늄 성분이 많고 제주의 흙은 철분 함량이 많다. 철분 함량이 많을 때에는 붉은 빛을 띠고, 알루미늄 성분이 적기 때문에 옹기를 만들 때 만드는 과정에서 변형되기 쉽다. 다른 지역에선 흙을 물에 불려 사용하며, 흙 속에 미세한 모래 등이 섞여서 구워지는데 제주의 흙은 밀가루처럼 부드러워 물리적인 특성으로 다루기가 어렵다.

• 유약을 바르지 않고, 섬피를 이용

일반 자기는 유리성분을 지닌 유약을 칠해서 흙으로 만든 위에 비닐이나 유리를 입혀 내용물이 배어 나오지 않게 한다. 반면, 제주의 옹기는 전통적인 기법으로 유약을 전혀 바르지 않기 때문에 특히 통기성이 좋고 음식물의 맛이 변하는 것을 막아주고, 물을 정화하는 능력 또한 특별하다. 제주의 옹기는 흙속에 철분성분이 다량 함유되어 있어 구워냈을 때 빨갛게 색을 만들어 낸다. 또한 제주 전통 돌가마는 장작을 때지 않고, 높은 온도를 유지하기 위해 땔감으로 '섬피'(나뭇잎과 잔가지가 달린 잡목 묶음)를 사용한다.

• 흙 가마가 아닌 돌 가마

제주도는 화산섬이라 흙보다는 돌이 많아 예전부터 돌(현무암)로 가마를 만들어 사용했다. 다른 지역의 돌(구멍이 없는 돌)로 가마를 만들면 급열·급랭 과정에서 파손돼 버리지만, 제주의 현무암은 구멍이 뚫려 내화재의 역할을 한다.

• 타공 기법

다른 지역에서 흙을 물에 불려서 돌을 가라앉혀 잡티를 제거하여 흙을 사용하지만 제주에서는 흙을 채취하여 '나무질매'로 때려서 흙을 준비한다. 만드는 방법에도 다른 점이 있는데 다른 지방에서는 바닥을 만들고 진흙을 돌돌 말아서 뱀 모양처럼 돌돌 쌓아 올려 그릇을 만들기 때문에 오랜 시간 만들게 되는데, 제주에서는 넓게 흙을 판으로 만들어서 올라가기 때문에 커다란 항아리도 손쉽게 만들 수 있다.

2) 옹기제작의 분업

좁으면서 배부르게 만들어야 하는 허벅은 소박하면서 아름다운 제주의 옹기이다. 물레대장들 가운데서도 이 허벅을 만들 수 있어야 완전한 대장이고, 허벅을 잘 만드는 대장이 명성을 얻었다. 그만큼 제주도 질그릇에 있어서 허벅은 가장 중심이 된다. 같은 동네에 살아도 서로의 기능을 잘 모를 만큼 철저한 분업화에 의해 제주옹기를 제작한다. 그 이유는 흙을 채취하고 만들고 관리하고 불 때는 과정에서 여러 사람의 손을 거쳐야 하기 때문이다. 분업하는 내용은 4개 분야로 다음과 같다.

- 흙을 찾아내고 돌 가마를 축조하는 '굴대장'

- 흙과 땔감을 채취하고 그릇을 만들 수 있게 준비하는 '건애꾼'
- 옹기형태를 만드는 '도공'(제주에서는 '대장')
- 불을 지켜 구워내는 것만 전문으로 하는 '불대장'

3) 필요한 도구

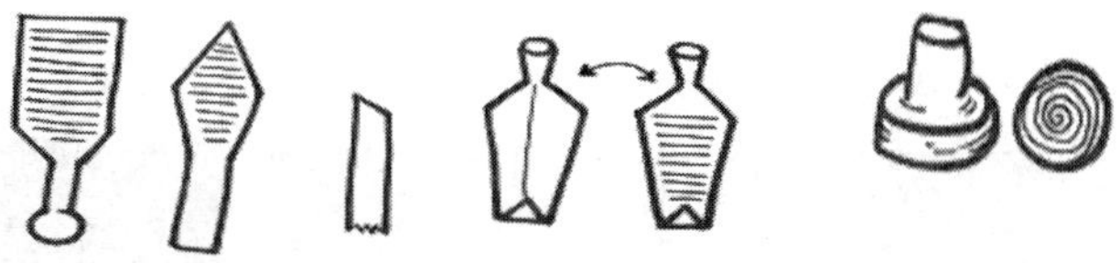

① ② ③ ④ ⑤

① 바깥을 칠 때 쓰임
② 밀가세
③ 모양새(잘라낼 때, 무늬)
④ 바닥막대
⑤ 안쪽을 다질 때 쓰임

〈옹기를 만드는데 사용되는 도구〉

수레착 : 옹기 제주시 밖을 때려 성형하는 도구
조막 : 옹기 성형 때 옹기 안을 받치는 도구
보로롱 : 나무를 이용하여 만든 막대(빗살 무늬를 그리는데 사용)
밀가새 : 창모양처럼 생긴 막대로 밑등을 만들 때 사용하는 도구
마께 : 토래미를 두들겨 둥글게 필 때 사용하는 도구
• 흙 속의 공기를 빼내야 하므로 사용하는 모든 도구에는 틈새가 있다.

4) 만드는 과정

옹기를 빚기 위해 제일 먼저 원료인 질흙을 채취한다. 채취한 질흙을 질메판 위에서 메통으로 반복하여 때린다. 그 다음 '깨끼질'을 하여 사용할 만큼의 양으로 흙을 뭉친다. 뭉친 질흙덩어리는 그릇을 만들 수 있도록 넓고 길게 판을 만든다. 이것을 '토래미(토림)'라고 한다. 토래미를 가지고 목물레 위에서 '조막'과 '수레착'이라는 도구를 이용하여 때리면서 만들기에 들어간다. 물레를 돌리며 만든 그릇은 천천히 바람과 햇볕이 통하지 않는 곳(움칸)에서 말린다. 말리는 과정이 끝나면 돌가마인 '굴'에 그릇을 운반하여 쌓아 놓는데 이것을 '굴들임'이라고 한다. 굴들임이 끝나면 굴문을 막고 불때기를 시작한다. 아주 서서히 피움불을 시작하여 3박 4일 동안 불을 땐다. 이 모든 과정을 거치면 비로소 한 개의 제주옹기가 탄생한다. 각 단계별로 살펴보면 다음과 같다.

질흙채취	· 옹기를 빚기 위해 원료인 질흙을 채취한다.
질흙때리기	· 채취한 질흙을 '질메판' 위에서 메통으로 반복하여 때린다.
토래미	· '께끼질'을 이용하여 사용할 만큼의 양으로 흙을 뭉친다. · 뭉친 질흙덩어리는 그릇을 만들 수 있도록 넓고 길게 판을 만든다. · 토래미를 가지고 목물레 위에서 '조막'과 '수레착'이라는 도구를 이용하여 때리면서 물레를 돌리며 만들기에 들어간다.
수레착질하기	▷밑바닥 만들기  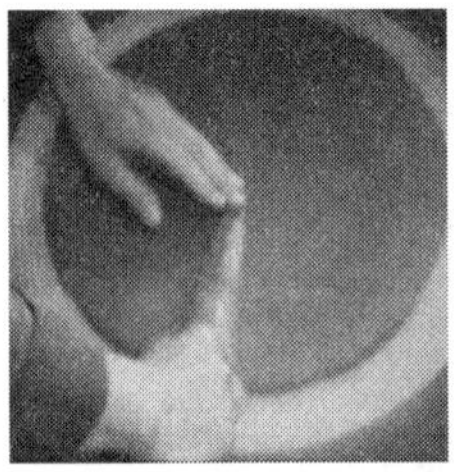  · 물레위 판에 흙이 붙지 않게 고운 재를 살짝 뿌리고 토래미를 놓고 '마께'로 때리면서 골고루 둥글게 펴준 뒤 '밑가새'로 동그랗게 도려내어 밑바닥을 만든다.  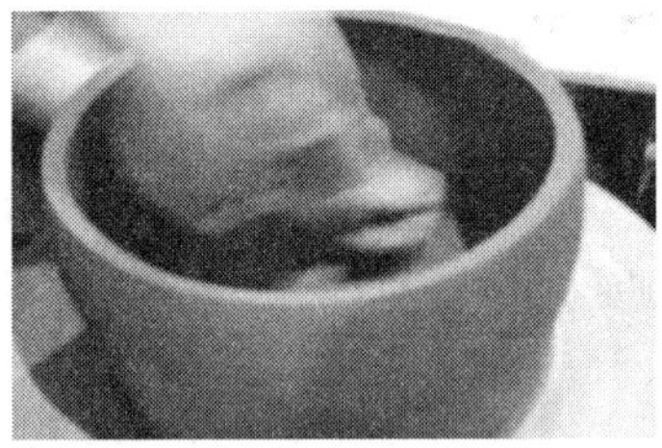 (벽면만들기) · 밑둥에 벽을 붙인 뒤 벽면과 바닥의 연결부분을 눌러준다. · 토램은 5개 정도까지 올릴 수 있으며 발물레를 사용한다. (벽쳐주기) · 안에 '조막'을 대고 바깥쪽에서 '수레착'을 이용하여 벽을 쳐준다.   (벽면 붙이기/옹기 성형) · 다른 벽면을 이어 붙여준 뒤 다시 한번 벽을 쳐준다.

<table>
<tr><td></td><td>

(훑어내리기)
· 안과 바깥을 훑어내린다.

(선그리기/무늬넣기)
· 앞에만 날이 있는 '보로롱'을 이용하여 선을 그어주거나 뾰족한 것을 이용하여 무늬를 그려준다.

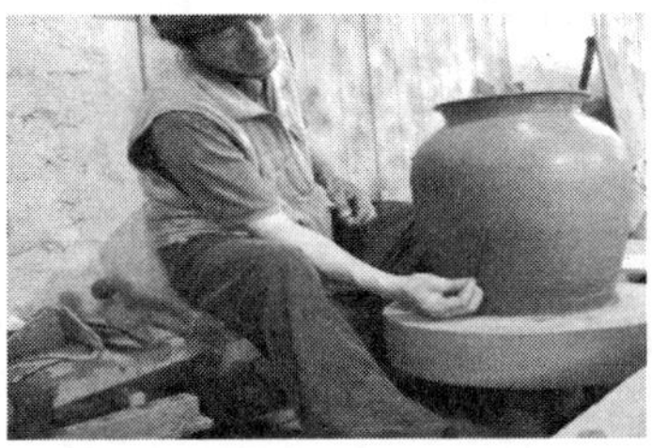 

(닦아주기)
· 물이 적은 천을 이용하여 옹기의 주둥이 부분을 닦아 준다.

(밑동 다듬기)
· '밑가새'를 이용하여 밑둥을 다듬어 준다.

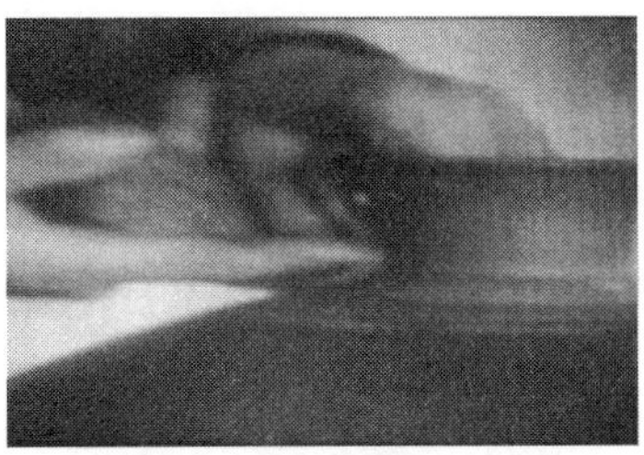 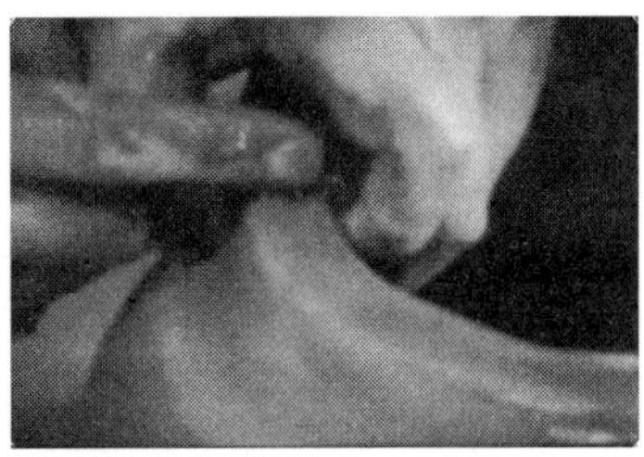</td></tr>
<tr><td>말리기</td><td>
· 만든 그릇은 천천히 바람과 햇볕이 통하지 않는 곳(움칸 또는 움집)에서 말린다.</td></tr>
</table>

	· 움집은 제주의 돌과 흙으로 만든 집으로 빛과 공기를 차단하여 6~10개월 보관 · 숙성 · 건조시킨다.
굴들임	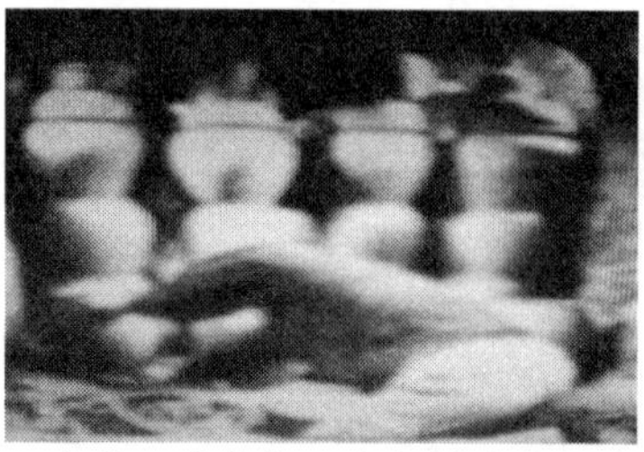 · 말리는 과정이 끝나면 돌가마인 '굴'에 그릇을 운반하여 쌓아놓는다.
불때기	 · 섬피(나뭇잎과 잔가지가 달린 잡목 묶음)를 이용하여 아궁이에 불을 때고 굴문을 막고 불때기를 시작한다. · 아주 서서히 피움불을 시작하여 3~4일 동안 불을 땐다. · 옹기와 도자기의 차이는 몇 번 굽느냐의 차이인데, 옹기는 한번만 구워낸다. · 완성된 옹기는 6~10개월 동안 빛과 바람이 차단된 곳에서 말렸다가 굽는다. 구우면 처음 만들었을 때보다 크기가 30% 정도 줄어든다.

5) 노랑굴과 검은굴

제주전통도기의 허벅은 그 종류만 해도 36종이나 된다. 그래서 제주전통도기의 종류를 모두 합치면 최소한 2백종은 넘을 것으로 보고 있는데 '노랑굴'에서 나오는 도기가 1백20여종에 이르고, '검은굴'에서도 80여종이 만들어졌다고 보고 있다.

현존하는 가마는 노랑굴 8기와 검은굴 1기가 전부이다. 그나마 많이 유실되어 있어서 대부분 보존 상태가 양호하지 못하다. 노랑굴은 구억리 섯굴, 신평리 앞동산, 신도리 일곱드르, 고산리 신물동산, 청수리에 있는 월광동 노랑굴, 산양리(2기), 조수2리 신성동에 있다. 구억리 구석팟 검은굴은 검은굴 가운데 현존하는 유일한 가마로 제주지방 기념물로 지정되었다.

굴은 2겹구조로 되어 있으며 천정은 외겹으로 이루어져 있고 옆에 벽면은 외벽과 내벽으로 이루어져 있다. 만드는 용기에 따라 사용하는 굴도 차이가 있다. 이를 살펴보면 다음과 같다.

 노랑굴	· 1,200℃ 고온에서 유약을 바르지 않고도 유약 효과를 내고 자연 발색시킨다. · 불을 낼 때 산소를 충분히 공급해 불길을 살려 온도를 낸다. · 이 굴에서 만들어지는 옹기는 노란색이나 적갈색을 띠는데 '허벅'이나 붉은 색의 '항아리'를 구워낸다.
 검은굴	· 1,000℃ 안팎에서 구워내는데 산소의 공급을 막아 '불완전 연소법'을 사용한다. · 1,000℃쯤에서 불을 끄고 젖은 솔가지를 지피고 모든 가마의 틈새를 막아버린다. 그러면 시커먼 연기가 검은 굴에 가득차고 연기 속에 탄소가 그릇에 베여 이 굴에서 만들어진 옹기는 검은색을 띄며 '질시루'와 '기와' 등을 구워낸다. · 낮은 온도에서 구워내 조직이 치밀하지 않고 열에 잘 견디며 수분흡수 '여과기능'이 있다.

교수자료

제주도의 산과 들에는 무엇이 살까?
유채꽃은 어떻게 생겼을까?
빗물은 어디로 갈까?
깨끗한 바다를 만들어요
제주 바다 속에는 무엇이 살까?
제주의 귤은 어떻게 생겼을까?
도새기 축제에 함께 가요
조랑말의 신체 각 부분

교재교구

솥을 가져가요
몸에 좋은 음식을 낚아 보아요
시장에서 무엇을 살까요?
내짝은 어디에
내 이름을 찾아 주세요
나도 건강 밥상을 차릴 수 있어요

식생활	활동명	제주도의 산과들에는 무엇이 살까?
목표	- 제주도의 계절별 식물에 대해 알아본다. - 제주도의 다양한 꽃에 대해 알아본다.	

1

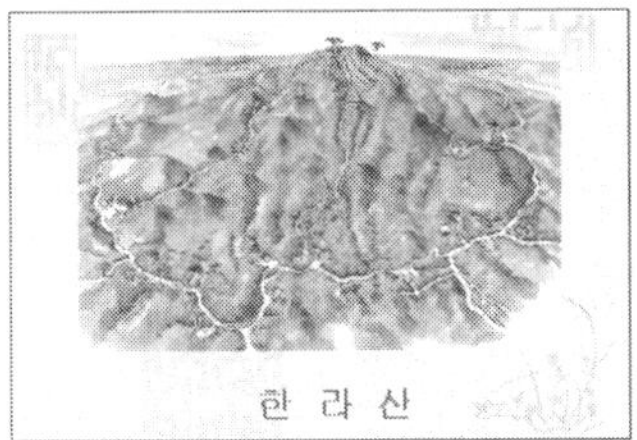

2

3

4

5

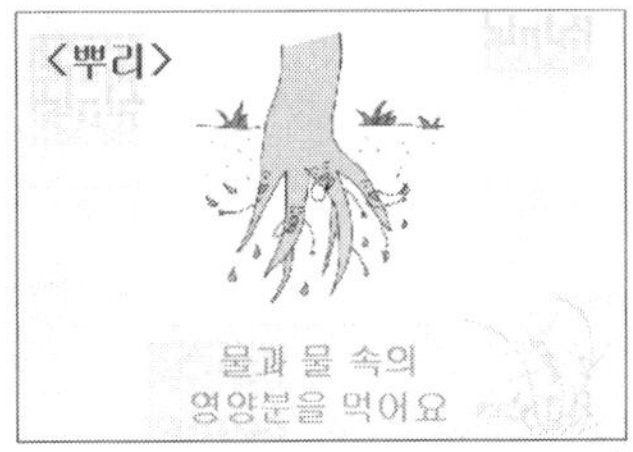

6

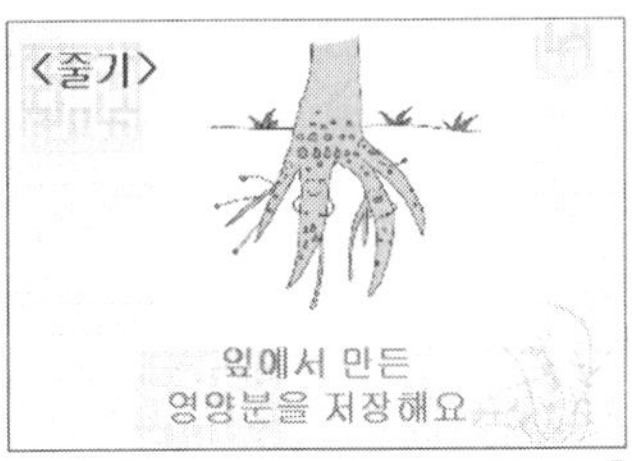

7

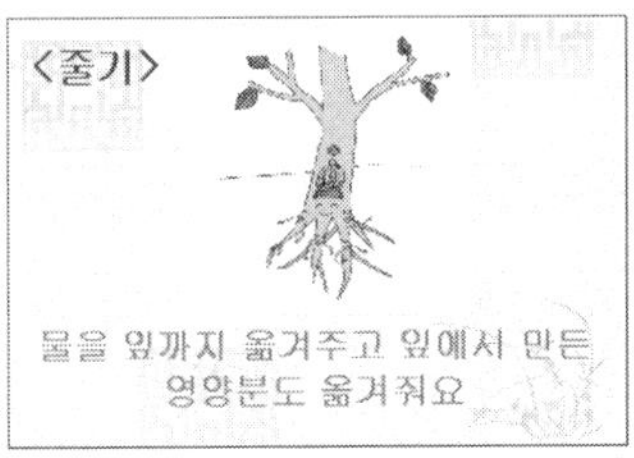

8

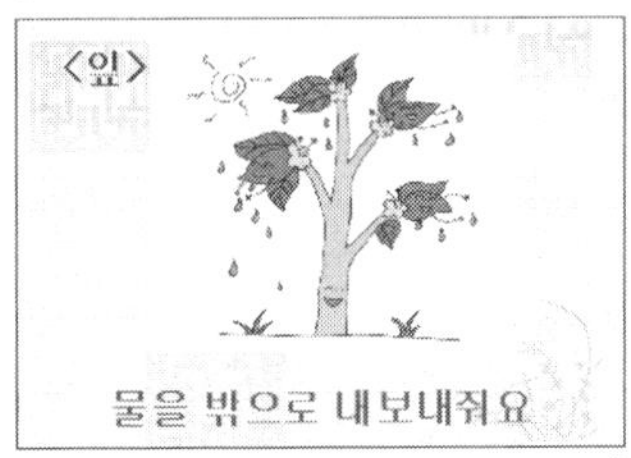

9

10

11

12

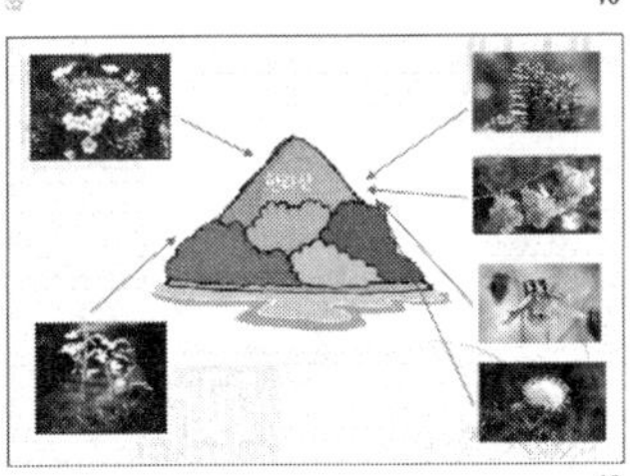

13

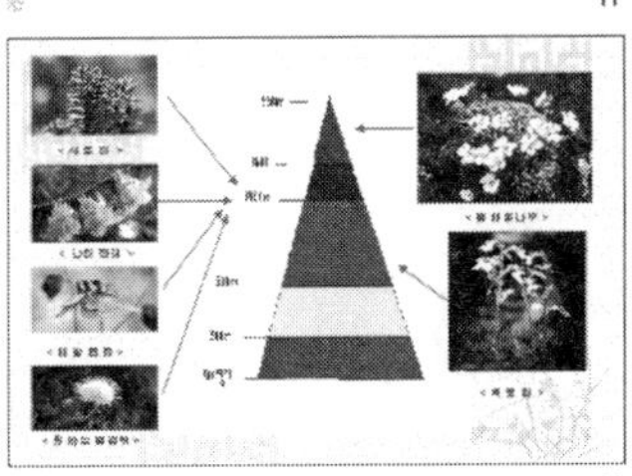

14

활동방법	1. 유채꽃을 본적이 있나요? 2~3. 한라산에 가면서 어떤 꽃들을 보았나요? 4. 식물의 각 부분 이름과 역할 알아보기

	5~6. 뿌리/ 7~8. 줄기/ 9~12. 잎 13. 올라가면서 보았던 꽃들은 무엇이 있었나요? 14. 잎이 어떤 모양이었나요? 어떤 색깔이었나요?

<table>
<tr><td>식생활</td><td>활동명</td><td>유채꽃은 어떻게 생겼을까?</td></tr>
<tr><td>목표</td><td colspan="2">- 봄에 볼 수 있는 식물의 이름을 말할 수 있다.
- 유채꽃의 생김새와 모양, 색깔을 설명할 수 있다.
- 유채꽃을 활용한 음식들을 말할 수 있다.</td></tr>
<tr><td colspan="3">

1

2

3

4

5

6

7

8
</td></tr>
<tr><td>활동방법</td><td colspan="2">1. 봄에 볼 수 있는 꽃은 무엇일까요?
2. 어떻게 생겼나요?
3. 꽃잎, 줄기, 봉우리
4. 유채꽃으로 무엇을 할 수 있을까요?
5~6. 유채잎으로 무엇을 할 수 있을까요?
7~8. 유채 줄기로 무엇을 할 수 있을까요?</td></tr>
</table>

식생활	활동명	빗물은 어디로 갈까?
목표	- 돌 틈으로 물이 흘러 고인다는 것을 말할 수 있다. - 마시는 물이 어디에서 오는지 이야기할 수 있다. - 바닷물과 마시는 물을 구별할 수 있다. - 물을 아껴 쓰고 절약하는 마음을 가질 수 있다.	

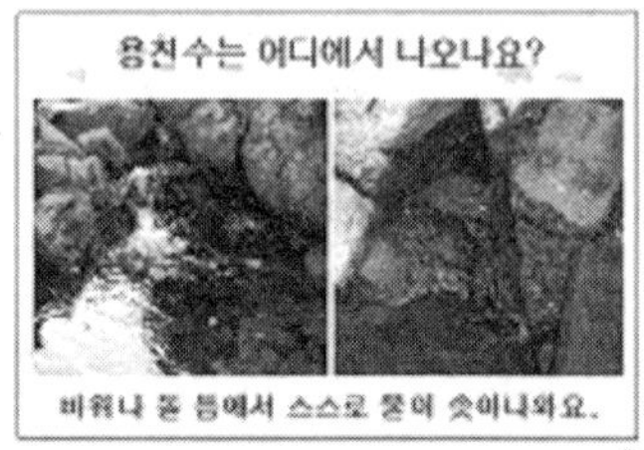

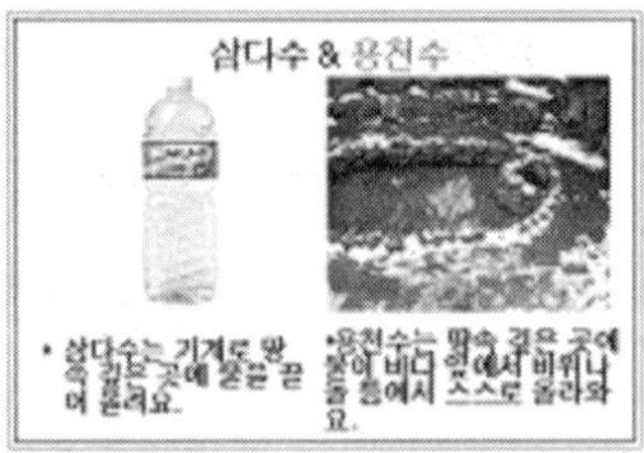

활동방법	
	1. 바위틈에 고인 물을 본 적이 있니? 2. 바위틈으로 흘러 땅속에 고인물이 솟아나는 모습을 보자. 3. 현무암은 구멍이 뚫려서 땅속으로 물이 스며든다. 4. 빗물은 현무암 구멍사이로 스며들어 땅속 깊은 곳으로 간다. 5. 스며든 물은 낮은 곳으로 흘러 바닷가 근처에 모인다. 6. 용천수는 바위틈에서 솟아나온다. 7. 우리가 먹는 물은 바닷물일까? 8. 우리가 먹는 물은 바닷물이 아니고 땅속 깊은 곳에 깨끗하게 걸러진 물이다.

	9. 옛날사람들은 집에 수도가 없어서 물가에 와서 빨래도 하고 10. 목욕도 하고 11. 물을 항아리에 담아서 집에 가져가 먹기도 하였다. 12. 지금은 물이 솟아나지 않는데 왜 그럴까?

<table>
<tr><td>식생활</td><td>활동명</td><td>깨끗한 바다를 만들어요</td></tr>
<tr><td>목표</td><td colspan="2">- 바다의 소중함을 알 수 있다.
- 바다 오염에 대해 이야기를 나눈다.
- 바다를 깨끗이 만들기 위해 무엇을 해야 하는지 알 수 있다.</td></tr>
<tr><td colspan="3">

</td></tr>
<tr><td>활동방법</td><td colspan="2">1. 바다는 우리에게 무엇을 줄까?
2. 우리 마을은 바다로 둘러싸여 있는 섬이다.
3. 바닷가에서 무엇을 해보았니?
4. 바닷가에서 무엇을 보았니?
5. 바다생물이 왜 줄어들까?
6.~9. 오염된 바다의 모습을 보자.
10. 바다를 깨끗하게 하려면 어떻게 해야할까?
11. 깨끗한 바다를 만들어보자.</td></tr>
</table>

식생활	활동명	제주 바다 속에는 무엇이 살까?
목표	- 제주 바다 속에 사는 생물의 이름을 말할 수 있다. - 제주 바다에서 나는 재료로 만들어진 음식을 말할 수 있다.	

1

2

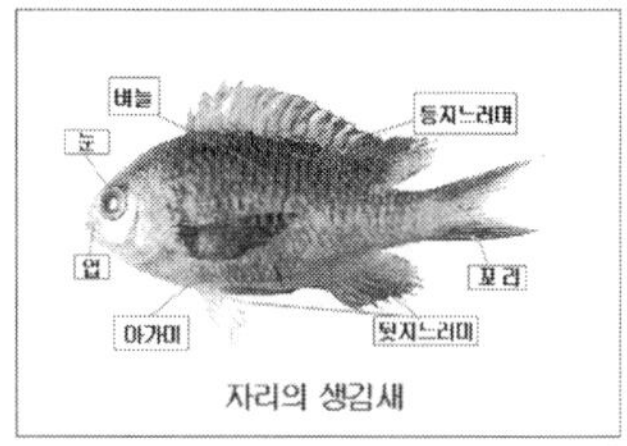

3

4

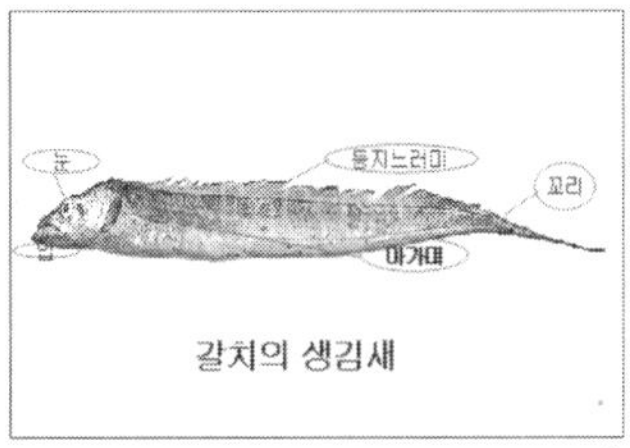

5

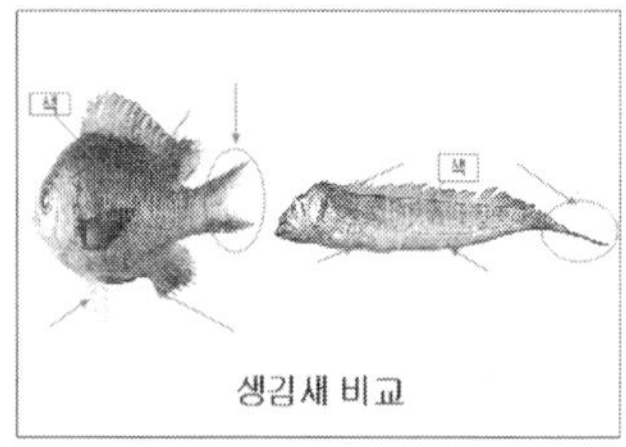

6

7

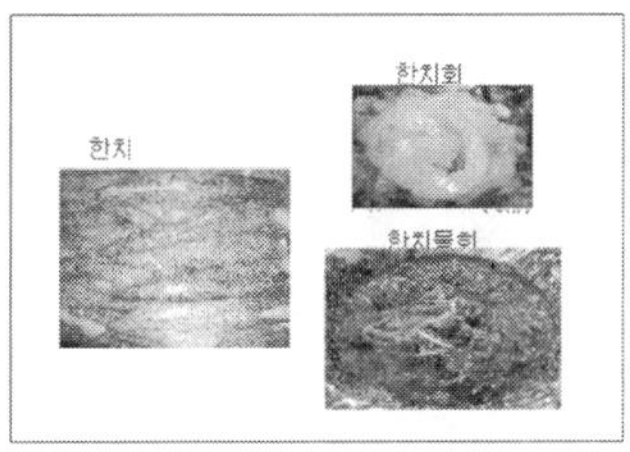

8

9

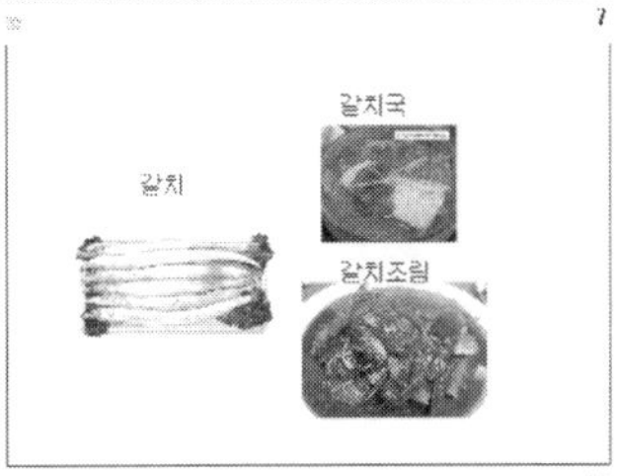

10

11

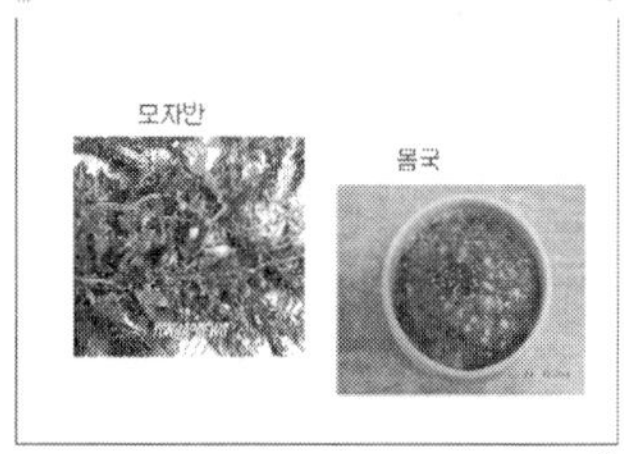

12

13

활동방법	1. 제주 바다에는 무엇이 살까? 2~3. 자리돔은 어떻게 생겼을까? 4~5. 갈치는 어떻게 생겼을까?

	6. 자리돔과 갈치는 어떤 점이 같은가, 다른가? 7~11. 제주 바다에서 나는 재료로 만든 음식은 무엇이 있을까?

식생활	활동명	제주의 귤은 어떻게 생겼을까?
목표	- 귤의 모양을 구별 할 수 있다. - 귤을 활용한 음식들을 말할 수 있다.	

1

2

3

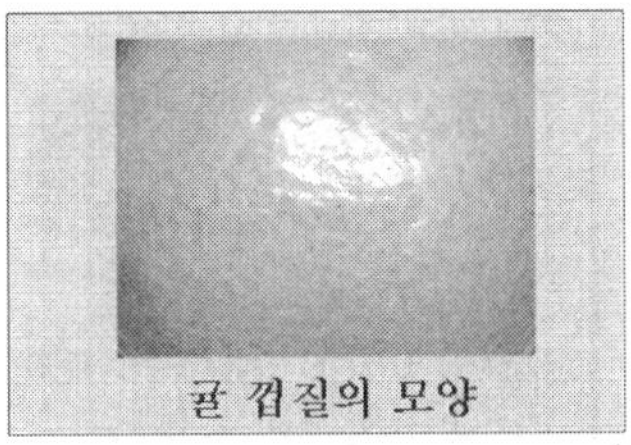

4

5

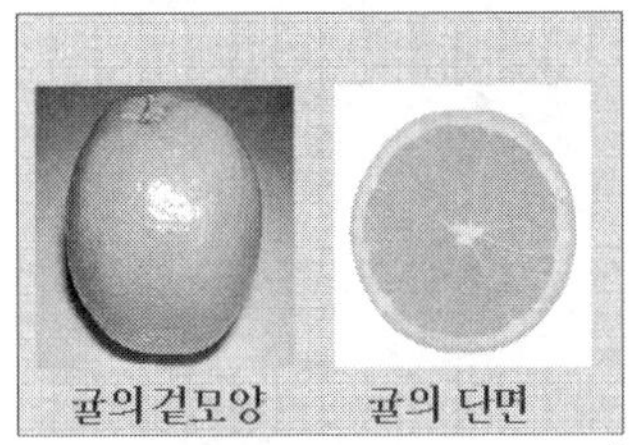

6

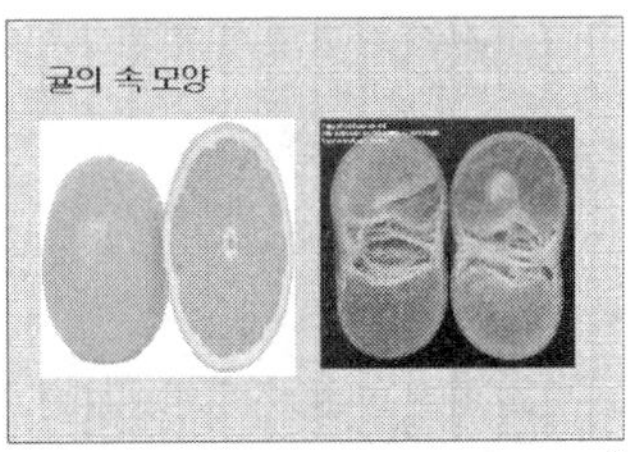

7

8

9

10

11

12

활동방법	1~2. 나는 무엇일까요? 3~11. 귤의 생김새와 모양을 관찰한다. 12. 귤을 이용한 음식들을 알아본다.

<table>
<tr><td>참고</td><td>활동명</td><td>도새기 축제에 함께 가요</td></tr>
<tr><td>목표</td><td colspan="2">- 도새기 축제에 대해 알고 관심을 가진다.
- 축제에서 지켜야 할 예절을 알고 지킨다.</td></tr>
<tr><td colspan="3"> 1
 2
 3
 4
 5
 6</td></tr>
<tr><td>활동방법</td><td colspan="2">1. 우리 마을 축제는 어떤 것이 있을까?
2. 돼지와 잡기놀이를 한 적이 있니?
3. 돼지들이 달리기시합을 할 수 있을까?
4. 축구공이 없던 옛날에는 무엇으로 공놀이를 했을까?
5~6. 축제에서 우리는 무엇을 할 수 있을까? 우리는 어떤 약속을 잘 지켜야 할까?</td></tr>
</table>

<table>
<tr><td>참고</td><td>활동명</td><td>조랑말은 어떤 도움을 줄까?</td></tr>
<tr><td>목표</td><td colspan="2">- 조랑말의 생긴 모습과 특징을 말할 수 있다.
- 생활 속에서 말이 사라들에게 어떤 도움을 주는지 말할 수 있다.
- 동물을 사랑하고 보호하는 태도를 가질 수 있다.</td></tr>
<tr><td colspan="3">
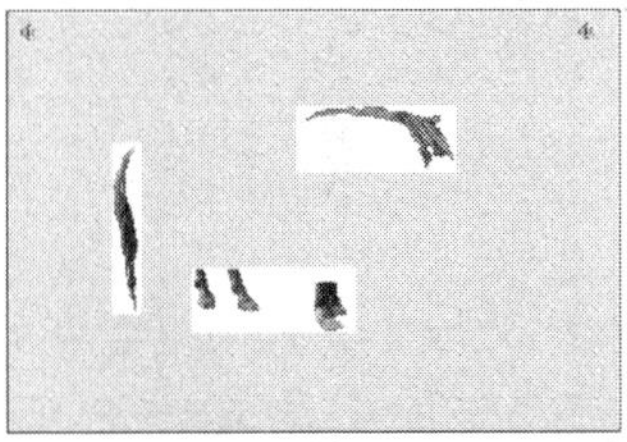

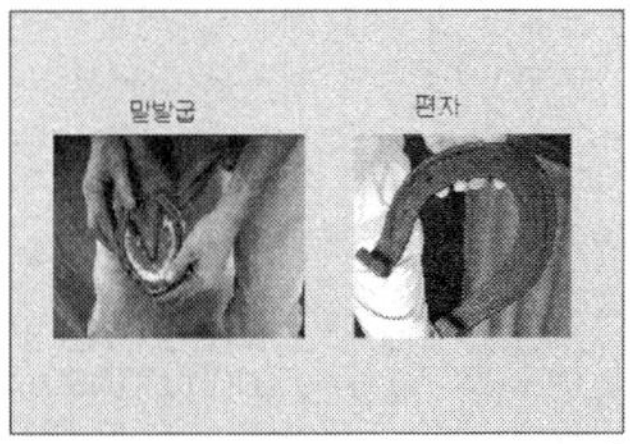

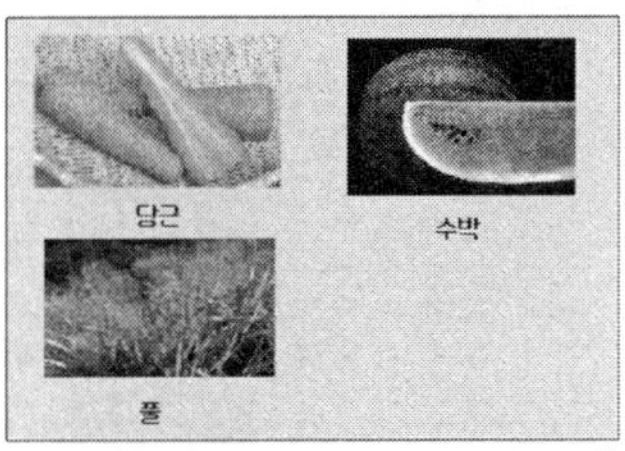

</td></tr>
<tr><td>활동방법</td><td colspan="2">1~2. 나는 누구일까요?
3. 제주도의 말은 무엇이라고 부를까요?
4. 다른 지방의 말과 어떤 점이 같나요?
5. 말의 발바닥에는 무엇이 있나요?
왜 달아 두었을까요?
6~7. 말은 무엇을 먹고 살까요?
8~11. 말은 어떤 일을 할까요?</td></tr>
</table>

식생활 1	교구명	가마솥을 가져가요
목표	• 음식을 만드는 도구인 가마솥을 안다. • 규칙을 지키며 수 세기를 할 수 있다.	
준비물	하드보드지, 한지(노랑 등), 시트지, 마스킹테이프(노랑, 빨강, 파랑), '솥을 가져가요'가 적힌 종이, 솥 그림자료 23개, 게임방법이 적힌 종이, 말로 쓸 그림자료,, 찍찍이, 할핀, 자, 칼, 가위, 목공용풀	
제작과정	〈활동판〉 ① 하드보드지를 30cm, 70cm정도로 자르고 3등분하여 칼집을 낸다. ② 하드보드지를 노란색 등의 한지로 싼 다음 3등분한 하드보드지 오른쪽칸에 할핀을 이용한 정사각형의 주사위를 여러 가지 색의 한지(분홍, 보라 등)로 만들어서 각 칸마다 1, 2, 3, -1를 적고 왼쪽에는 게임방법이 적힌 종이를 붙인다. ③ 3등분한 하드보드지 양옆을 접었을 때 보이는 앞면에는 '솥을 가져가요'라는 글자와 가마솥 그림을 붙여서 주위에 초록색등의 한지로 꾸며준다. ④ 그리고나서 하드보드지 전체를 시트지로 싸고 3등분한 하드보드지 오른쪽에 만든 주사위 가운데에 칼로 구멍을 내는데 회전시킬 때 쓸 하드보드지에 빨간색 마스킹테이프를 붙여서 만든 화살표 끝에도 구멍을 내어서 할핀으로 화살표와 원 가운데 구멍을 통과시켜서 고정시킨다. ⑤ 활동판을 마스킹테이프로 처리하고 활동판 위에 붙일 찍찍이들을 붙이고 나서 말이 움직일 방향을 따라서 빨간색 마스킹 테이프를 가늘게 잘라서 붙인다. 〈말〉 ① 하드보드지를 4cm, 6.5cm 정도로 두 개를 자른다. ② 그리고 2:1길이로 해서 칼집을 내어 한지를 빨간색, 파랑색 한지를 각각 붙인다. ③ 그리고나서 말로 쓸 그림자료 두 개를 잘라서 붙인 다음 시트지를 싸서 마스킹테이프로 처리하고 찍찍이를 붙인다. 〈가마솥〉 ① 가마솥 그림자료들을 잘라서 코팅하고 뒤에 찍찍이를 붙인다.	
활용방법	① 주사위를 돌려서 나온 수만큼 앞으로 가는데 출발지에서 -1이 나오면 다시 돌린다. ② 솥으로 할 수 있는 내용의 글이 쓰여 있으면 그 솥 그림을 떼 어서 갖고 그 자리에 글이 없는 솥 그림을 붙여 놓는데 만약 -1이 나와서 글이 적힌 솥이 나오면 갖지 않는다. ③ 4개 이상의 솥을 가지고 먼저 도착하게 되면 이기게 되는데 만약 4개의 솥을 갖고 있지 않으면 다시 출발지로 돌아간다.	

교구사진	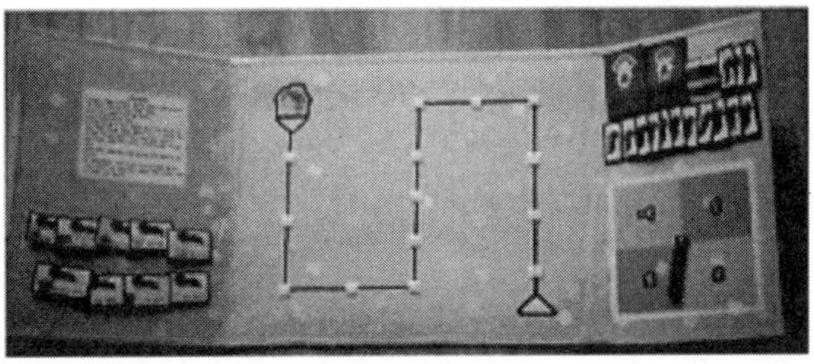

<table>
<tr><td>식생활 2</td><td>교구명</td><td>좋은 음식을 낚아 보아요</td></tr>
<tr><td>목표</td><td colspan="2">• 몸에 좋은 음식을 안다.
• 몸에 좋은 음식과 나쁜 음식을 비교할 수 있다.</td></tr>
<tr><td>준비물</td><td colspan="2">상자3개, 여러 가지 그림카드, 색지, 한지, 클립, 자석, 나무젓가락, 마스킹 테이프</td></tr>
<tr><td>제작과정</td><td colspan="2">〈상자만들기〉
① 큰 상자 1개, 작은 상자 2개에 한지를 붙인다.
② 큰 상자에는 활동명을 프린터하여 코팅한 후 붙인다.
③ 작은 상자에는 모루로 마무리를 한 후 "몸에 좋은 음식", "몸에 나쁜 음식"을 붙인다.

〈낚싯대 만들기〉
① 자석에 낚싯줄을 여유 있게 연결한다.
② 나무젓가락에 마스킹 테이프를 붙이고 거의 다 감았으면 낚싯줄을 넣고 같이 감는다.

〈그림카드 만들기〉
① 색지를 알맞은 크기로 자른 후 프린터 한 그림카드를 붙인다.
② 그림카드 뒷면에 음식 이름을 붙여준다.
③ 코팅을 하고 모서리를 둥글게 하여 자른 후 클립을 끼워준다.</td></tr>
<tr><td>활용방법</td><td colspan="2">① 가위, 바위, 보를 하여 두 편으로 나눈다.
② 자석 낚싯대로 전통 음식을 많이 가져 온 편이 이긴다.</td></tr>
<tr><td>교구사진</td><td colspan="2"></td></tr>
</table>

식생활 3	교구명	시장에서 무엇을 살까요?
목표	• 제주도 특산물을 안다. • 제주도 음식의 종류를 안다. • 음식에 들어갈 재료를 고를 수 있다.	
준비물	포맥스, 강력본드, 칼, 자, 하드보드지, 마스킹 테이프, 색지, 콩, EVA, 음식카드, 재료그림, 나무막대, 양면테이프 등	
제작과정	〈게임 틀 만들기〉 ① 포맥스를 가로 48cm, 높이 8cm로 자른다. ② 3cm 정도의 공간을 남기고 주사위를 끼워 넣을 수 있도록 6cm 높이에 구멍을 뚫는다. ③ 포맥스의 날카로운 부분을 칼이나 사포로 다듬어 주고 틀이 밀려 나지 않도록 바닥에 EVA를 붙여 준다. 〈위에서 본모습〉 〈구멍을 뚫은 면〉 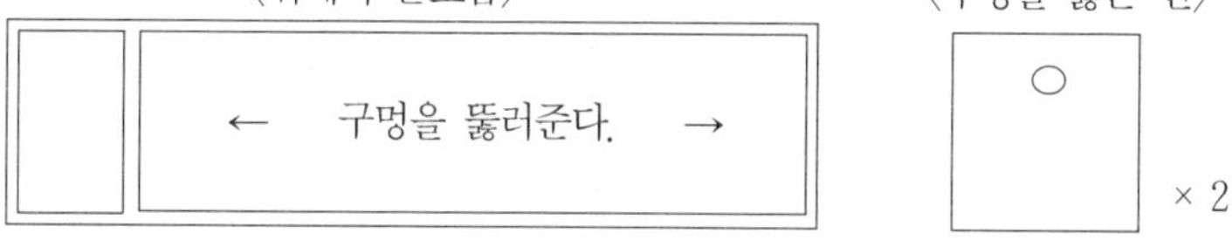 〈주사위 만들기〉 ① 하드 보드지를 이용하여 5개의 정사각형 주사위를 만든다. ② 주사위 안에 완두콩을 집어넣고 3면에 색지를 붙인 후 마주보는 양쪽 면에 나무막대가 들어갈 수 있도록 구멍을 뚫는다. ③ 나머지 3면은 음식 재료로 쓰일 사진을 양면테이프를 이용하여 붙이고 시트지로 싸준다. ④ 주사위와 틀이 다 완성되면 나무막대를 이용하여 구멍에 연결시킨다.	
활용방법	① 제주도 향토 음식 사진이 들어간 카드를 고른다. ② 카드에 그려진 음식을 만들 때 필요한 재료를 생각한다. ③ 장바구니 안에 들어간 주사위를 돌려가며 필요한 재료 고른다. ④ 주사위에 해당하는 재료가 없을 시에는 사진이 안 붙여진 색깔 면으로 돌려놓는다. ⑤ 카드 뒷면에 쓰인 재료와 일치하는지를 확인 해본다. ⑥ 추후 활동으로 카드를 보면서 음식이름 알아맞히기를 하거나 반대로 재료를 골라서 무엇을 만들 수 있을지를 카드를 골라 볼 수 있다.	
교구사진		

<table>
<tr><td>식생활 4</td><td>교구명</td><td>내짝은 어디에</td></tr>
<tr><td>목표</td><td colspan="2">• 제주의 산 · 바다 · 들에서 나는 먹거리에 관심을 갖는다.
• 제주도 전통 음식의 이름을 안다.</td></tr>
<tr><td>준비물</td><td colspan="2">계란판, 락카, 뽕뽕이, 글루건, 눈알, 스티로폼공, 압정, 색시트지, 여러 가지 음식사진, 색지, 가위, 풀, 칼</td></tr>
<tr><td>제작과정</td><td colspan="2">〈아랫판〉
① 계란 판을 락카로 칠한다.
② 뽕뽕이를 3개씩 붙이고, 눈알을 붙여서 애벌레를 만든다.
③ 색지로 나뭇잎을 만든다.
④ 애벌레와 나뭇잎을 계란 판에 붙인다.

〈윗뚜껑〉
① 스티로폼 공을 반으로 자른다.
② 아래 평평한 부분을 색 시트지로 붙인다.
③ 음식 사진들을 붙여준다.
④ 작은 글씨로 이름도 붙여준다.
⑤ 스티로폼 공 위 둥근 부분 가운데는 글루건으로 압정을 넣는다.

- 계란판을 라카 칠한 후, 나뭇잎과 애벌레를 만들어서 붙여준다.
- 스티로폼 공을 반으로 잘라서 손잡이로 압정을 넣은 후, 아랫부분에 사진을 붙인다.</td></tr>
</table>

활용방법	① 완성된 반달 공을 계란판 위에 넣어준다. ② 음식 종류의 이야기 나누기 할 때 사용한 사진자료   ③ 2개를 뒤집었을 때, 다른 그림이 나오면 갖지 않는다. ④ 2개를 뒤집었을 때, 같은 그림이 나오면 갖는다.
교구사진	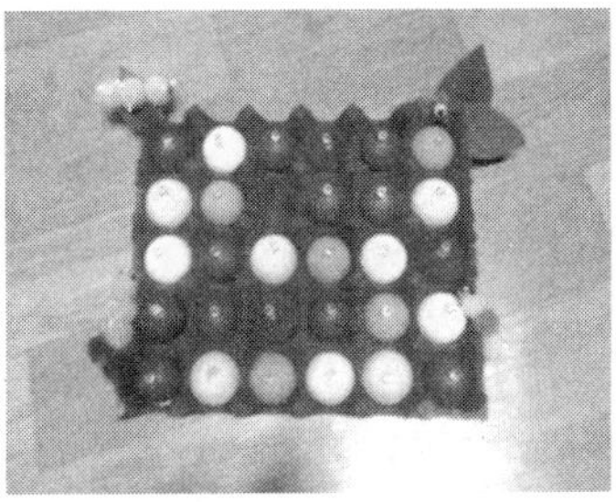

식생활 5	교구명	내 이름을 찾아 주세요
목표	• 관계있는 것끼리 짝을 지을 수 있다. • 제주도 바다속 생물에 대해 말할 수 있다.	
준비물	색하드보지, 음식사진, 음식이름, 음식설명, 색지, 투명시트지, 할핀16, 고무줄8, 까슬이, 보슬이, 마스킹테이프, 가위, 칼, 풀	
제작과정	① 4절 색하드보지를 4등분으로 자른다. ② 교구의 안쪽이 될 부분에 투명 시트지를 붙인다. ③ 사진을 붙일 면에는 왼쪽에서 12cm를 재고, 할핀을 4곳에 7cm간격으로 꽂아준다. ④ 왼쪽에서 1cm를 재고, 4곳에 7cm간격으로 할핀을 꽂아준다. ⑤ 설명을 붙일 면에도 12cm를 재고, 7cm간격으로 할핀을 4개 꽂아준다. ⑥ 뒷면에 할핀이 나오는 곳에 테이프로 튀어나오지 않게 다 붙여 주고 그 위에 색지를 붙인다. ⑦ 색지를 붙인 후 투명시트지를 붙여 주고, 테두리를 마스킹테이프로 깔끔하게 붙여준다. ⑧ 겉표지에는 색지를 붙이고, 이름을 붙이고, 투명시트지를 붙여주고, 마스킹테이프로 마무리를 한다. ⑨ 음식사진, 음식이름, 음식설명을 뽑아 색지에 붙이고 코팅을 한다. ⑩ 음식사진, 음식이름, 음식설명이 붙여질 면에 보슬이를 붙여준다. ⑪ 코팅된 음식사진, 음식이름, 음식설명에는 까슬이를 붙여준다. ⑫ 오른쪽 할핀을 꽂은 곳에 고무줄을 끼운다. ⑬ 마스킹테이프로 서로 연결하며 책을 만든다.	
활용방법	① 음식에 대한 이름을 찾고, 고무줄로 연결한다. ② 이름을 다 찾은 유아는 설명을 찾아 고무줄로 연결한다. ③ 잘 모르는 유아들도 있기 때문에 "작은책"을 보면서 알게 한다.	
교구사진	 	

<table>
<tr><td>식생활 6</td><td>교구명</td><td>나도 건강 밥상을 차릴 수 있어요</td></tr>
<tr><td>목표</td><td colspan="2">• 제주도 음식의 종류를 안다.
• 전통 음식의 좋은 점을 안다.</td></tr>
<tr><td>준비물</td><td colspan="2">하드보드지, 한지, 부직포, 글루건, 마스킹테이프, 고리, 음식사진</td></tr>
<tr><td>제작과정</td><td colspan="2">〈밀판〉
① 4절 하드보지 2장을 준비한다.
② 2장의 하드보드지를 한지로 꼼꼼히 붙인다.
③ 하드보드지 테두리를 마스킹테이프로 두르고 2장의 하드보드지를 고리로 연결한다.
④ 각각의 하드보드지 위에 부직포로 만든 밥상을 붙인다.
⑤ 여러 장의 음식 사진을 코팅하고, 그 뒤에 찍찍이를 붙인 후 밥상위에 놓는다.

〈주사위〉
① 하드보드지를 8cm씩 정사각형을 모양을 만든다.
② 글루건을 이용해서 각각의 면을 붙여서 만든다.
③ 정사각형에 한지를 이용해서 꼼꼼히 붙인다.
④ 4면에는 ‘전통음식’, ‘인스턴트’,라는 글자 와 2면에는 ‘꽝’, ‘찬스’라는 글자를 붙인다.
⑤ 시트지를 각면마다 붙이고 마스킹 테이프를 이용해서 모서리에 붙인다.</td></tr>
<tr><td>활용방법</td><td colspan="2">① 우선 편을 두 편으로 나눈다.
② 가위바위보를 한 후, 순서를 정한다.
③ 순서를 정한 후 주사위를 돌려 전통이란 단어가 나오면 전통음식을 그리고 인스턴트라는 글자가 나면 인스턴트음식을 그리고 꽝이 나왔을 경우에는 주사위를 상대편으로 넘어가게 되고 찬스일 경우에는 다시 한번 주사위를 던질 수 있는 기회를 가질 수 있다.
④ 밑에 있는 그림이 다 없어지면 밥상위에 전통음식이 더 많이 붙여진 팀이 이긴다.</td></tr>
<tr><td>교구사진</td><td colspan="2">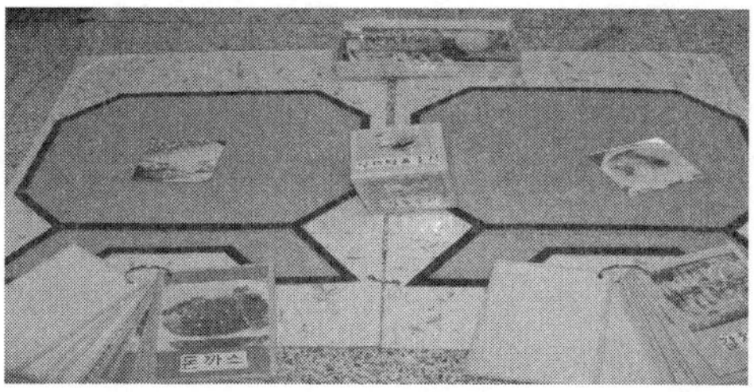</td></tr>
</table>

제 6 장

제주의 주생활

1. 가옥의 구조

바람이 많은 제주에는 자연재해로부터 보호하기 위해서 주변에 많이 있는 돌을 이용하였다. 먼 옛날 화산 폭발로 이루어진 제주도는 대부분 현무암으로 이루어져 있어 주위에서 흔히 구할 수 있는 돌을 사용하여 집을 지었다. 큰 돌부터 작은 돌을 쌓아 올려 사이사이에 흙으로 메워 만든 초가와 초가 벽은 불규칙해 보이지만 계획에 의한 구성이라 할 수 있다. 태풍으로 초가지붕이 날아가는 경우가 있어도 돌로 쌓은 벽은 그대로 남아 있을 때가 많다.

또한 험난한 환경 속에서 제주사람들은 신들이 인간 생활을 관장한다고 생각했다. 신들은 산에도 바다에도 들판에도 있었고, 마을마다에 자리 잡고 앉아 사는 신들도 있었다. 집안 곳곳 고팡(창고), 정지(부엌), 장팡뒤(장독대), 통시(변소)에까지 신들이 있다고 믿었다.

따라서 제주도의 주택은 그 형성 배경인 자연 환경과 문화의 특이성으로 인해 육지의 주택과는 전혀 다른 유형을 보이고 있다. 특히 뚜렷한 차이점은 배치 형식이 마당을 중심으로 한 구심적 대칭형과 별동 배치 형식을 취하고 있다는 것이다. 여기에는 무속 신앙과 풍수지리, 환경에 대한 요구, 제주도에만 있는 특이한 가족 제도 등 여러 가지 문화적 요인이 작용했다.

집의 구조를 살펴보면 3칸으로 한쪽은 구들(침실, 온돌 때는 방)과 고팡을, 가운데 칸은 마루방을, 다른 한쪽은 부엌으로 했으며, 여유 있는 집안에서는 주채를 4칸으로 하고, 모커

제주도형

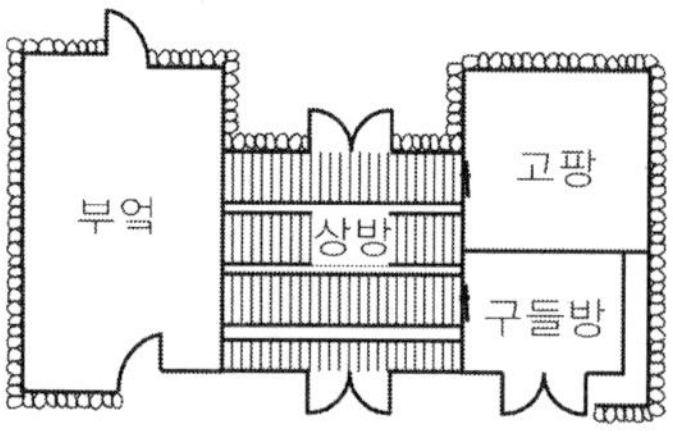

(한국 민가 연구 : 장보웅)

리(모에 있는 집)라 하여 3칸 집을 지어 사랑채로 이용하기도 했다. 빈곤한 집안에서는 2칸 집을 지어 한 쪽은 구들과 고팡을, 한쪽은 부엌으로 사용했다. 대부분 밧집(헛간)을 지어 중간에 나무를 이용한 칸막이를 하여 우막과 방앗간으로 이용했고, 방에는 벽장이 있어서 이불 등 큰 물건을 올려놓을 수 있다.

제주도 주택의 평면은 ㅡ자형의 겹집으로 곱은집이 없는 것이 특징이다. 겹집은 홑집에 비해 동선이 짧아 사역인이 없는 자영농민이 생활하는데 편리하도록 되어 있으며, 바람이 많은 제주 지역에서 방풍의 효과도 겸할 수 있는 이점이 있다. 또한 육지의 겹집과는 달리 취사와 난방용 아궁이가 분리되어 있고 굴뚝이 없어서 자유로운 공간구성 뿐만 아니라 공간분화가 뚜렷하다.

상방을 중심으로 하여 큰 구들은 하나의 계열공간으로 정지와는 맞은편에 위치하며 난방을 위한 공간인 굴묵이 붙어 있고, 큰 구들 뒤쪽에는 수납공간인 고팡이 있다. 정지공간은 비교적 계획상 가변성이 많은 공간으로 세 칸집의 경우 정지 내부에 작은 구들이 덧붙여지기도 하며 네 칸 집은 작은 구들과 챗방이 추가된다.

- 될 수 있는 한 연결 부분에 못을 쓰지 않았고 기초는 목재가 주를 이룬다.
- 벽면은 흙과 보리 지푸라기를 썰어 섞어서 칠을 했는데, 흙벽이 단열재 역할을 하였다.
- 지붕은 제주 산야들판에서 자라는 "새"라는 풀로서 덮고 새끼를 꼬아서 엮었다.
- 집의 구조는 중간에 마루, 양옆으로 방, 한쪽 방뒤로 "고팡"(곡식 창고), 그 맞은편으로 "정지"(부엌)가 있다.
- 집의 구조 상 마루가 중간에 위치하고 벽면이 흙벽으로 되어 있어 여름에는 시원하고, 겨울에는 따뜻한 특징이 있다.
- 모든 방은 온돌로 되어 있으며, "굴묵"이라는 곳에서 불을 지펴 추운 겨울을 지냈다.
- 제주의 초가는 대체로 지붕이 낮은데, 연 중 태풍이 지나는 길목에 위치하여 센 바람으로부터 가옥을 보호하고 피해를 줄이려 했다.

-외커리집/두커리집/세커리집/네커리집: 울타리 내의 건물 수에 따라 부르는 명칭
-막살이집: 전면에서 보아 2칸으로 이루어진 집. 대부분 정지와 구들의 2칸 구성
-세칸집: 전면에서 보아 3칸으로 이루어진 집. 중앙에 상방, 좌우에 정지와 구들의 3칸 구성
-네칸집: 전면에서 보아 4칸으로 이루어진 집. 세칸집에서 구들칸 1칸이 더해진 4칸 구성
-올래: 한질 또는 거릿길에서 주택으로 진입하기 위한 진입로. 여러 세대가 공유함
-이문간: 주택의 울타리 경계에 위치한 대문 또는 그 공간
-이문거리: 이문간이 설치된 건물
-안거리/밖거리/모커리: 주 건물과 상대되는 건물/ 안팎거리와는 구별되는 부속동
-정지거리: 정지를 별도로 설치한 건물, 이 경우 안팎거리에는 정지가 없는 것이 일반적임
-낭간: 건물전면의 툇마루에 해당하는 마루공간
-상방: 주택중앙의 마루방, 마리・상방 등의 별칭이 있음
-생기기둥, 상기둥: 상방에서 큰 구들과 고팡 사이에 위치한 기둥. 상징적 의미가 강함.
-상방대문: 마당에서 낭간을 거쳐 상방으로 출입하는 문. 무속신앙으로 상징성이 강한 문.
-제창문, 호령창, 생깃문: 상방대문 옆에 설치한 창문
-봉덥화로: 상방의 바닥에 설치한 붙박이 돌화로

1) 안거리-밖거리

제주도 가옥의 특징은 배치형식이 마당을 중심으로 한 구심적 대칭형과 별동 배치형식을 취하고 있는 것이다. 즉 안거리, 밖거리, 목거리 등은 마당을 중심으로 ㅁ자로 구성해 나간다. 제주도 초가의 기본구조는 기둥, 귀틀, 보, 보짓, 내도리, 중보, 중마루, 상마루 등 뼈대를 나무로 만든 후 주위 벽을 굵은 돌로 쌓아 두르고 띠로 지붕을 덮은 것이다.

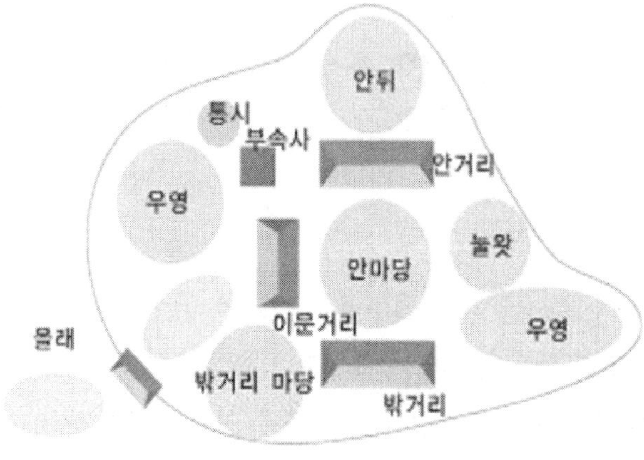

〈그림 2〉 제주의 전통가옥구조

제주도는 육지와는 구별되는 가족제도로 아들이 결혼하면 안거리는 부모세대가, 밖거리는 아들세대가 산다. 또 일정기간이 되면 부모세대가 밖거리로, 자식세대가 안거리로 들어간다. 두 세대에는 정지, 장독대 등이 따로 마련되어 있어 침식과 생산경영을 독립적으로 운영할 수 있도록 되어 있다. 주거단위를 보면 한 가족이나, 경제적 단위로는 두 가족인 셈이다.

안거리 한 채와 부속채로만 이루어진 집을 외거리집이라 하고, 안·밖거리를 갖춘 두 채의 집을 두거리집이라 한다. 이 때 안거리와 밖거리는 마당을 중심으로 二자로 마주보기도 하고, 때로는 ㄱ자로 배치되기도 한다. 제주도는 육지와 구별되는 특유의 가족제도를 지니고 있어서 아들이 결혼하면 안거리에서는 부모의 세대가, 밖거리에서는 아들의 세대가 산다. 또 일정기간이 되면 부모세대가 밖거리로, 자식세대가 안거리로 들어간다. 두 세대에는 정지, 장독대 등이 따로 마련되어 침식과 생산경영을 두 단위로 할 수 있도록 되어 있다. 주거단위로 보면 한 가족이지만 경제적 단위로는 두 가족인 셈이다.

안거리와 밖거리에는 각각 상방, 구들, 정지, 고팡이 자리하는데, 안거리에서만 조상의 제사를 지내는 일(상방 - 문전신), 제사를 준비하는 일(정지 - 조왕신), 제사용 제수의 보관(고팡 - 안칠성) 등이 존재한다. 또한 안거리에 속한 안뒤에만 칠성눌(밧칠성)이 있다.

(1) 안거리

제주도 주택의 기본은 3칸 집의 안거리이다. 위치는 올레에서 가장 앞쪽에 배치되며 앞에는 마당, 뒤에는 안뒤가 마련된다. 안거리가 오래되고 집이 낡아서 새로 지을 때는 원래 자리보다 물러나지 않게 짓는다.

(2) 모커리(목거리)

마당 모서리에 헛간채로 보통은 2칸, 많은 집은 3칸(규모는 작음)으로 지어진다. 보통 모커리에는 농사일을 위한 쇠왕(외양간)과 헛간으로 이루어지는데 '이문'이라는 대문을 시설하는 경우도 있다.

(3) 밖거리

안거리집에서 주인이 나이가 들고 식구가 늘어나면 맞은편에 자식들이 기거할 밖거리를 짓는다. 밖거리도 기준은 3칸 집인데 경제력에 따라 2칸 집도 짓는다. 보통 아들 세대 또는 물러난 부모 세대가 기거하기 때문에 부자간에 거의 비슷하게 농사일을 하는 부자집을 제외하고 밖거리는 안거리에 비해 작게 짓는다.

2) 지붕

제주도는 지질이 현무암으로 되어 있어 땅에 물이 고이지 않아 예로부터 논농사를 할 수 없어 볏짚 대신 새(띠)를 이어 덮었다. 현재는 구하기 어려운 풀이지만 예전에는 제주 곳곳에 널려 있어 지붕을 덮고 강한 바람에 날리지 않도록 '호랭이(새를 꼬는 도구)'로 '새(띠)'를 꼬아 만든 '집줄(새끼줄)'을 격자로 탄탄히 묶고 그 끝을 '거왕대(대나무)'에 고정시켜 지붕을 완성 시켰다고 한다.

바다로 둘러싸여 있는 제주는 강한 바람을 피하기 위해 집을 낮게 짓고, 비가 많이 오는 탓에 처마 끝의 물매(경사도)를 60~65도로 만들어 빗물이 잘 흘러내리게 하였다. 초가의 지붕은 음력 10월에서 12월 사이에 새로이 새(띠)를 덮게 되는데 비가 많이 내리는 동쪽에는 1년에 한번씩, 비교적 비가 적게 내리는 서쪽은 2년에 한 번씩 주기적으로 작업을 했다. 또한 새를 몇 가닥으로 꼬아 만든 '집줄'로 지붕 전체를 바둑판 모양으로 얽어매어 아무리 강한 돌풍에도 날아가거나 뒤집어지지 않게 했다. 특히 지붕을 잇는 데는 '천화일(화재가 난다고 하여 꺼리는 흉일)'을 피하는 풍속이 있다. 이 시기가 되면 마을의 장정들과 아낙들이 모여 협동심을 발휘하고 집주인은 그 대가로 맛있는 음식을 대접했다.

3) 풍채

초가를 들어가는 입구에는 풍채(천막)가 있다. 풍채는 햇빛을 막아주고 태풍을 막아주어 현관의 역할을 했다고 한다. 풍채는 날씨가 좋을 때 막대 기둥을 세우고 위로 올리며, 비바람이 치는 날은 막대를 빼고 내려 방안으로 비바람이 치는 것을 막았다. 창호나 벽체에 널문과 빈지벽을 설치하고 난간 위에 풍채를 다는 것은 바람을 고려한 구조라 할 수 있다.

4) 툇마루

다른 지역과 다르게 제주의 초가는 툇마루가 바닥에서 9cm 정도 띄어져 오르기 높은 편이데 이는 습기가 많은 기후조건을 고려한 때문이다.

5) 벽

가옥에는 많은 벽을 설치하여 강한 바람의 차단효과를 높이고자 겹집을 지었다. 방안의 벽은 흙벽으로 제주에는 나무기둥 사이에 우물정자 모양의 대나무를 얼기설기 엮어 뼈대를 만들고 여기에 흙을 발랐다. 흙벽의 두께는 대략 10cm정도이며, 천장을 처리하는 방식도 상방이나 정지는 연등찬장으로 진흙을 발라 마감했다. 흙은 집안의 습기를 빨아들이고 건조할 때면 습기를 내보내는 천연 습도조절기능을 했다.

6) 방

초가마루에 보면 기둥이 보인다. 이 기둥에 따라 상방(대청, 마루)의 수가 나뉘는데 기둥이 하나일 때에는 상방이 1개, 기둥이 두 개일 때에는 상방이 2개로 본다. 자신이 생활하는 방은 비교적으로 작고, 마루가 큰 형태가 오늘날 현대식 주거 유형과 유사하다.

7) 굴묵

구들은 구운 돌이라는 우리말에서 '구돌', '구들'로 불리다가 일제강점기부터 한자어 사용에 의해 온돌이라고 하였다. 실제적으로 구들의 크기는 차이가 없지만 큰 구들이라 부르는 것은 가장이 쓰는 방으로 고팡 옆에 있는 방에 구들을 두었다. 큰 구들에는 굴묵 쪽으로 벽 윗부분에 문이 없는 벽장이 있고, 벽장에는 궤를 놓고 이불을 개어 올려놓았다. 우리나라 전역에서 살림집에 부엌 온돌 아궁이가 난방과 취사를 담당하는 것과 달리 제주도에는 난방을 담당하는 '굴묵'이 따로 설치되고 취사를 담당하는 '정지'가 구분되어 있다.

지형특성상 바람이 많고 습기가 많아서 굴뚝이 없다고 한다. 그 대신 공기를 최대한 차단한 난방용 아궁이인 '굴묵'을 설치해 난방연료인 마소똥이나 짚단이 밤새 천천히 타들어가도록 했다. 과거에는 외세 침입이 많은 이유로 굴뚝에 연기가 나오면 사람이 살고 있음을 알리게 되어 생존이 위태로워서 굴뚝을 안 만들었다는 이야기도 있으며, 바람이 센 제주지형에 역풍이 불 경우에 대비하여 굴뚝을 만들지 않았다는 이야기도 있다. 한편에서는 통풍이 잘 되면 연료가 금방 타므로 밤새 따뜻한 구들을 유지하기 위해 공기를 차단하고자 굴뚝을 설치하지 않았다는 견해도 있다.

8) 정지

제주도에는 안거리 옆에 목거리를 두어 정지가 독립되어 있다. 이는 제두도의 화덕구조가 난방과 취사를 분리하였으므로 부엌이 식사공간까지 함께 했다. 과중한 외부노동과 가중되는 가사노동을 모두 주부가 담당하므로 자연히 기능적인 공간을 마련하게 되었다.

예로부터 제주는 외세의 침입이 잦아 부엌 속에 통로 이외에는 다른 창문을 만들지 않았고, 연기가 밖으로 나가게 되면 사람이 사는 것을 알 수 있었기 때문에 창문을 만들지 않아서 천장과 벽 주변이 검은 연기에 그을린 흔적을 쉽게 볼 수 있다. 살림채에는 주로 부인 부부가 사용하고, 부속채에는 아들 부부가 생활하면서 부엌을 분리하여 사용했다. 이는 고부간의 갈등을 완화하기 위한 방법이었으며 분가하지 않고도 세대별로 독립된 생활을 하였다.

9) 통시

통시는 화장실과 돗통(돼지우리)의 기능을 갖고 있다. 전통변소는 열린 구조로 되어 공기가 잘 통하고 인간이 배출한 유기물을 미생물과 벌레들이 분해하여 농사에 필요한 거름으로 재생산하는 역할을 하였다. 온화한 기후가 계속되는 남방은 파충류의 서식이 왕성했으므로 사람들은 이를 퇴치할 방법을 강구하게 되었다

오랜 관찰 끝에 뱀이 돼지에게 꼼짝 못한다는 사실을 알게 되고 풀숲에서 수시로 습격하는 뱀을 피하기 위해 돼지를 키우게 되었다고 한다. 그러나 뱀의 습격이 줄면서 돼지를

통시에서 살도록 하였다. 제주 전통 주거에는 부엌에서 멀리 떨어진 밖거리에 위치한 변소와 돗통(돼지우리)을 통시 또는 칫간이라고 한다. 돼지를 사육하여 인분을 처리하고 돼지가 배출하는 유기 폐기물은 다시 퇴비로 재활용한다. 제주의 통시는 인간주거와 자연환경 사이의 공생과 순환의 원리를 그대로 보여주고 있으며, 폐기물을 자원화하는 친환경적인 원리는 현대 건축에서도 시사하는 바가 크다.

통시에서 변을 보는 장소는 지상에서 2~3계단 위에 두 개의 넓고 긴 돌을 배치하고 시설 차단을 위해 담을 얕게 쌓았으나 지붕은 만들지 않았다. 돈분에는 보리짚이나 풀, 해조류 등의 탄소질 재료를 추가하여 자연적으로 탄질율이 적정하게 유지되어 냄새가 거의 나지 않는다. 퇴비화가 진행되는 통시지면은 마당보다 낮기 때문에 오염될 염려가 없으며, 통시가 안거리 벽면 옆에 배치되어 마당에서 직접 보이지 않도록 하였다.

집에 들어서면 부엌과 반대 방향에 위치하여 한두 마리씩 키우는 것이 일반적이었다. 원래는 마당에서 직접 보이지는 않았지만 열린 공간으로서 이웃이 방문해도 통시 가까이에서 돼지를 보며 잡담을 주고받을 정도로 친숙한 곳이었다. 사람이 급할 때 찾는 화장실의 디딜팡(일을 보기 위해 양쪽 발을 딛는 곳) 위에는 지붕이 없지만 돼지만큼은 지붕을 만들어 안락하게 쉴 공간을 마련 해 주었다.

10) 고팡

집안에는 식재료를 보관하는 작은 창고를 두었는데, 집안 살림 등의 보관을 목적으로 만들어진 것이다. 고팡은 주로 안채인 경우 큰방의 뒷쪽에 만든다. 기능상 밀접한 정지와 떨어져 큰 구들 옆에 위치한 것은 살림을 하는 물건을 저장하는 곳이기에 재산을 지킨다는 상징적 기능이 있음을 의미한다. 옛날 제주는 풍족하지 못했기 때문에 많은 곡식을 저장할 수 없었지만 음식물을 저장하게 되면 살레나 고팡에 두었다.

11) 눌굽

탈곡하기 전의 농작물을 단으로 묶어 쌓아 두거나 탈곡하고 난 짚을 낟가리로 쐬어 쌓

아 놓은 조형물을 '눌'이라 한다. 이를 만드는 행위를 '눌을 눈다'고 한다. 눌굽은 마당 바로 옆에 바닥에 자갈로 깐 후 그 위에 보리지푸라기나 소의 사료인 꼴을 쌓아두는 공간이며 보리 짚은 밥을 지을 때 연료로 사용된다.

12) 우영

집 주위를 두르고 있는 텃밭이다. 우영은 집의 양측면 또는 마당 외진 곳에 위치한다. 우영밭 뒤에 자기 밭이 계속 되어도 반드시 사이에 담을 쌓고 채소를 심어 매일 필요한 부식을 공급받는 공간으로 활용했다.

13) 돌담

다른 지방의 초가는 '토담집'이지만 제주초가는 '돌담집'이다. 바람을 동반한 비는 하늘에서 내리는 게 아니라 옆에서 들이치기 때문에 이를 제주에서는 '우친다'고 한다. 비바람에 견디기 위해서는 흙 대신 돌을 사용해 외벽을 만들었고, 집을 둘러싸는 울담은 집의 높이 만큼 쌓아 바람이 통할 수 있도록 했다. 그 구멍들은 바람길이 되어 돌담이 바람에 무너지는 것을 막았다.

14) 올래

올래는 완만한 경사의 지형을 이용해 쌓아진 밭담이나 이웃집 울담을 이용하기 때문에 곡선을 이루는 형태를 갖게 된다. 곡선으로 이루어진 올래는 골목에서 집 안을 바로 들여다볼 수 없을 뿐만 아니라, 바람으로부터 마당의 먼지나 널어놓은 곡식이 날려버리는 것을

막을 수 있다.

15) 정낭

길에서 마당으로 이어지는 좁은 진입로가 '올래' 이고, 올래의 바깥 끝인 출입구 양 옆 입구에 돌기둥(정주목)과 통나무(정낭)를 '정낭'이라고 한다. 제주도에 대문이 없었던 가장 큰 이유는 사람과 가축을 해치는 맹수가 없었기 때문이다. 대문 대신 정낭이 필요했던 이유는 말과 소들이 집 마당 안으로 들어오지 못하게 하기 위해서였다. 대문이 없는 제주의 민가에는 입구에 정주석을 세워 주인이 있고 없음을 알린다. 하나가 걸쳐 있을 때에는 가까운 곳에 있으며, 두 개가 걸쳐 있으면 한참 있다가 돌아오며, 세 개가 걸쳐 있으면 저녁 무렵에야 주인이 돌아온다는 표시로 동네사람들과 항상 소통하는 생활을 하였다.

2. 성읍민속마을의 가옥

성읍민속마을은 조선조 제주 상간 마을의 기본 형태를 잘 보여주고 있어 문화재로 지정되어 있다. 여기서는 조일훈 가옥(도시형 거주지 객주집)과 고평오 가옥(관원 하숙집)을 중심으로 살펴보겠다.

1) 고평오 가옥 – 관원하숙집 (중요민속자료 第69호)

남문을 들어서면 왼쪽 길가에 고평오(高平五) 가옥이 자리하고 있다. 고평오 가옥의 특

징은 ㄷ자 형의 집이며, 정낭이 있는 대부분의 초가와 달리 대문이 있다.

이 집은 1829년 순조 29년에 고평오 씨의 증조부가 지은 것으로 옛 정의 고을의 관원들이 지내던 곳이다. 대문간을 들어서면 마당의 북쪽으로 안채가 남향하여 있으며, 그 맞은편에 바깥채가 있고 동쪽에 모커리가 있어 'ㄷ'자형의 배치 구조를 하고 있다.

안채 : 안거리라고도 하며 3칸으로 가운데에 상방인 대청마루가 있고 왼쪽에 앞뒤로 안방과 곡물을 보관하는 고팡이 있으며, 오른쪽에는 부엌이 있다. 전면의 툇마루 위에는 비바람과 땡볕을 막아 주는 시설물인 풍채가 달려 있으며, 이를 3개의 장대가 받치고 있다.

모커리 : 안채와 바깥채에 대하여 모로 배치되어 있는 모커리는 서쪽을 향하고 있으며 수레간과 제주도 특유의 절구인 남방애를 보관하는 헛간과 외양간으로 구성되어 있다.

호령창 : 상방 즉 대청마루 앞에 있는 쌍여닫이 널문으로 방안에 앉아서 문을 사람을 부르거나 밖을 보는 창으로 사용되었다.

2) 조일훈 가옥 – 도시형 거주지 객주집(중요민속자료 第68호)

성읍 마을의 중심부에 위치한 전형적인 민가로서 1901년에 조일훈(趙一訓)의 할아버지가 지은 집이다. 안채, 바깥채, 모커리, 대문간이 마당을 중심으로 ㅁ자의 배치를 보이며 안채의 동쪽에는 통시가 있다.

대문간 : 이문간이라고도 부르는 대문간은 3칸으로 되어 있다. 중앙은 출입구로 이용하고 양쪽 칸은 마굿간인 쇠막과 헛간으로 사용하였다. 대문은 중앙에 중턱을 설치하여 문을 달았다.

안채 : 안채는 제주도 민가의 전형인 3칸이며 중앙 대청마루를 중심으로 왼편에 부엌과 작은방이 있고 오른편에 안방과 고팡이 있다. 안방과 작은 방에는 난방을 위해 불을 때는 굴묵이 있다. 대청마루와 안방의 앞에는 툇마루가 있으며 툇마루 위로 풍채를 설치하였다.

정지 : 정지는 곧 부엌이다. 정지의 내부로 들어서면 사각의 돌을 나란히 놓고 그 사이에 솥을 얹어 놓아 음식물을 끓일 수 있게 설치하고 있다. 오른쪽 벽에는 대청마루와 연결되는 문이 있으며 왼쪽 벽에도 밖으로 나갈 수 있는 문이 있는데, 예전에는 이 문 밖에 장독대가 있었다.

창고 : 창고는 2칸 구조로 소를 키우는 쇠막과 헛간으로 구성되어 있으며 헛간에는 연자매가 있었으나 지금은 헐어 버렸다. 이 가옥은 창고 외에 바깥채와 대문간 등에도 쇠막이 있어 말과 소를 많이 키웠었다는 것을 알 수 있다.

통시 : 안채의 오른쪽에는 제주도의 재래식 변소인 통시가 있다. 통시는 돌을 쌓아 변소를 만들고 다시 둥그렇게 쌓아 돼지우리를 만들었다.

빗물 받는 항아리 : 지하수가 개발되지 않았던 옛날에는 물이 부족하여 빗물을 받아 생활하였다. 억새를 꼬아 나무에 묶어 두고 끝을 항아리 입구에 넣어 비가 오면 나무를 타고 흘러내리는 물이 항아리에 고이도록 하였다.

3) 연자매간

연자매는 농사를 짓는 인류가 거의 대부분 활용해 오던 규모가 큰 농기구의 하나이다.

제주도는 건천이라서 수력을 이용하는 물방아가 없다. 또한 농토가 거의 밭이므로 생산되는 곡식도 주로 보리와 조 등 잡곡이 주였다. 이런 곡식은 쌀과 달리 도정이 힘들었으므로 연자매의 사용이 더 높을 수밖에 없었다.

연자매는 마을단위로 설치할 터를 사고, 집을 짓고, 연자매에 쓰일 돌을 찾고 마을 주민 전원이 동원되는 일이었다. 설치 후에도 연자맷간 초가지붕을 다시 인다거나, 닳아 못쓰게 된 중수리나 틀목을 교체하는 일, 마모된 방앗돌에 요철을 내는 일 등 연자매의 유지를 위해 마을 사람들의 협력은 계속 필요했다. 연자매계는 방아의 설치운용 뿐 아니라 계원들간의 대·소사 때 쌀이나 현금을 모아서 서로 돕는 등 상부상조 기능이 자연스럽게 이루어졌다. 연자매는 거친 농사일을 제주 품앗이 방식으로 돕고, 경조사를 함께 하며 어려운 환경을 돕는 기능을 제공하였다.

4) 물팡

제주의 마을 안에는 돌로 만든 '쉼팡(팡돌)'이 있었다. 땔감이나 곡식 수확물을 등짐으로 운반하면서 쉴 수 있는 '대'라 할 수 있다. 우물가에는 별도의 '물팡'이 있었다. '물팡'이란 '물허벅'(물동이)을 담은 '구덕'(대바구니)을 질 때 사용하는 돌 받침대로, 선 채로 물허벅을 질 수 있게 축조한 구조물이다.

제주는 화산섬으로 지표가 투수성이 높은 다공질 현무암으로 덮여 있어 하천은 비가 올 때만 흐르고 대부분 시기엔 말라 있다. 그래서 제주 여성들은 물을 얻기 위해 물허벅을 지고 멀리 용천수나 봉천수를 찾아가 물을 길어다 집안에 있는 '물항'(물 보관하는 항아리)을 채워야 안심할 수 있었다. 물항에 물이 없는 것은 그 집안 여자들이 게으름을 드러내는 일로 여겼다. 그래서 밭일, 바닷일에 바쁘고 고되더라도 물이 떨어지기 전에 물을 길으러 갔다.

물허벅은 '물구덕'에 담아 흔들리지 않게 고정하고 '물배'라는 끈으로 져서 날랐는데, 돌에 채이거나 허벅이 바람에 쓰러지지 않아서 등짐을 지어 물을 날랐다. 물팡은 물을 긷는 '물통'과 집안 '정지간'(부엌) 입구는 물론, 물 허벅이 이동하는 통행로를 따라 설치해 무거운 물허벅을 지고 벗기 쉽게 해주었다. 물팡은 보리를 찧기 전에 보리를 물에 축여야 하기 때문에 '몰방엣간'(연자매 방앗간)에도 설치됐다. 제주에선 이웃에 큰일이 나면 동네 부녀자들이 물을 한 허벅씩 길어다 주는 '물부조' 풍속이 있었다. 쉼팡과 물팡은 힘든 짐을 지고 나르는 여인들에게 잠깐 동안 휴식의 공간이었다.

3. 생활가구

제주도의 가구들은 장식하기 위한 요소는 거의 없었으며 꼭 필요한 실용성, 단순간결성, 무장식성을 특징으로 한다. 다음에서는 방에서 사용하던 가구들과 부엌에서 사용하던 가구와 사무용으로 사용하던 가구를 살펴보겠다.

1) 안방에서 쓰는 가구

(1) 궤

'궤'는 물건을 넣도록 직사각형으로 만든 상자이다. 나무로 짜는데 앞면이나 윗면을 두 쪽으로 나누어 반쪽만 여닫게 된다. 흔히 '받닫이'와 혼용하여 불리는데 제주도에서는 궤라는 명칭이 오래전부터 쓰여 왔다. 재료는 느티나무와 벚나무를 가장 많이 사용하였으며 소나무나 멀구슬나무, 구실잣밤나무, 참나무도 많이 이용되었다.

- 옷궤 : 가장 일반적인 궤이다. 방안의 벽장에 놓이며 옷을 보관한다.
- 책궤 : 서책이나 집안의 족보, 문서 등을 보관한다. 보통 위쪽으로 여닫게 되어 있으며 집안의 남성들이 관리한다.
- 돈궤 : 크기가 옷궤의 반 정도로 작다. 돈, 귀중품을 넣는 궤로 급한 때는 갖고 다닐 수 있는 소형이다. 위쪽으로 여닫는다.
- 제기궤 : 제사, 명절 때 쓰이는 제기를 간수하는 궤이다. 제사나 명절을 물려줄 때 이것도 함께 준다.

(2) 머릿장

머리맡에 두고 생활에 필요한 속옷이나 버선 같은 것을 넣어두는 장이다. 단층으로 위에는 이불도 얹고 함이나 고리짝도 얹는다. 서민 가정에서는 보기 힘들 정도의 고급스러운 가구이다. 짜임새가 궤와는 달리 투박하지 않고 세련되었다.

(3) 횃대

궤를 마련하지 못하는 집안에서는 대나무나 칡으로 얽어 긴 나뭇가지를 적당한 높이에 수평으로 매달거나 끈을 늘어뜨려서 방 벽에 설치했는데 주로 외출복이나 일상복을 걸어 두었다. 굵은 대나무를 1m쯤 잘라서 양쪽 끝에 끈을 매어 방안의 한쪽 벽에 걸어 두고 옷을 걸 수 있게 만든 옷걸이이다. 이것을 가리기 위해서 포를 만들어서 덮었는데 횃대포라고 한다.

(4) 빗접과 경대

빗과 머리 치장도구들(나무로 만든 빗과, 참빗 가리마를 가르거나 빗의 대를 소재하는 빗치개, 비녀 등)을 넣었다. 남자들도 빗접을 하나씩 가지고 있었으며, 상투를 매일 아침 빗거나 수염을 가다듬을 때 사용했다. 지금으로 치면 화장 세면도구인 셈이다. 남성용은 간단하게 작은 상자이나 여성용은 서랍이 두 개쯤 달려 있다. 그러나 제주도 여성의 경우 바다에 잠수하러 갈 때 가지고 다니는 휴대용 빗접이 따로 있다. 이것은 물안경을 보관하는 '눈뚜갑'과 함께 사용되기도 한다. 거울이 들어와 일반이 사용할 수 있게 된 것은 일제시대이며 경대는 이때부터 모든 여자들이 선망하는 것이 되었다.

(5) 등잔

흔히 '등경'이라고 하며 나무로 만드는데, 위에는 기름접시나 호롱을 놓을 수 있게 받침을 만들고 밑에는 재떨이로 사용할 수 있게 만들었다. 경우에 따라서는 벽에 걸기도 하고 방바닥에 놓을 수도 있다.

2) 부엌에서 쓰는 가구

(1) 살레

찬장을 말하며, 발이 달린 것은 '발살레'라고 하며 2층 또는 3층으로 칸이 나누어져 있고 굵은 각목으로 기둥을 삼아 장의 형태를 갖추었다. 각 장의 바닥은 간살을 엉글게 놓아 그 위에 대나무발이나 갈대로 엮은 발을 깐다. 그릇을 씻어서 엎으면 그대로 물이 빠지게 된 구조이므로 행주로 그릇을 닦을 필요가 없어 위생적이고 시간이 절약된다. 소나무를 주로 사용하며, 쇠붙이 장식은 녹이 슬게 되므로 대나무 못을 사용하였다.

(2) 창방

'창방'은 붙박이 찬장이다. 그냥 살레라는 명칭을 사용하는 곳도 있다. 찬장의 구조와 같이 세 칸으로 되어 있으나 칸과 칸 사이에는 널판을 깔았다. 이곳에는 제사 명절에 사용하는 제기와 그에 따른 그릇들을 보관한다. 향로, 촛대, 나무, 쟁반, 적꽂이, 놋수저, 대나무로 만든 떡차롱 등이다. 그래서 이 곳의 관리자는 주부이기도 하지만 그 집의 가장일 수도 있다. 제주도에서 1920년대 이전에는 제사에 쓰이는 음식과 제수를 남자들이 만들었다고 한다.

(3) 뒤주

튼튼한 굴무기(느티나무)나 사오기(벚나무)를 사용하여 곡식을 간수하는 것이다. 일반 서민의 집에서는 곡식 갈무리를 항아리에 한다. 육지에서는 뒤주를 마루에 놓아두고 그 위에 백자 단지로 장식한다. 제주도에서 뒤주를 가졌던 집은 양반 계층이라는 자부심을 가진 집으로 마루에 놓기보다는 고팡이나 창고에 놓았다. 짜임은 굵은 네 기둥에 홈을 파서 널판을 끼어 물리도록 하고 위쪽으로 여닫는다. 제주도의 독특한 뒤주로 '발뒤주'가 있다. 습기가 많은 제주도의 형편에 맞게 발이 높이 달려 있는 조립식 뒤주이다. 장방형의 관을 한쪽에서 두 발씩, 양 옆으로 네 개의 발이 떠받치는 형태이다. 쓰임이 끝나면 해체하여 널빤지와 기둥으로 간수하므로 공간이 절약되고 습기에 썩을 염려가 없었다. 비와 습기가 많은 남제주군 쪽에서 발달하였으며, 뒤주는 가구보다는 농사용구로 분류될 수도 있다.

(4) 도고리함지

큰 나무를 통째로 속을 파내서 만들며 느티나무로 만든 것이 제일 좋고 멀구슬나무나 구실잣밤나무, 참나무로 만든 것도 많다. 가장 큰 것을 '고렛도고리'라고 하는 맷돌을 속에 들여놓고 맷돌질을 할 수 있을 만큼 큰 것이다. 직경이 70cm~90cm 정도로 쓰임에 따라 떡 반죽할 때 사용하는 떡도고리, 밥을 담아 먹는 밥도고리 등이 있다.

(5) 밥상 소반과 교자상

소반은 '개다리소반'이라고 하며 상판은 느티나무, 멀구슬나무, 소나무 등을 사용하고, 두르는 재료는 잘 휘어지는 좋나무를 사용했다. 상에는 옻칠을 하는 것이나 서민들은 구하기도 어렵고 비싸서 그냥 사용하였다. 형태로는 둥근 원형인 '원반'과 8각이 진 '팔각반', 12각이 진 '열두모반'이 있다. 여유있는 집 안에서는 여러 가지 크기의 상을 마련해 두고 알맞게 사용했지만 대개의 서민들은 집안의 어른인 가장이나 어르신 또는 손님이 왔을 때에만 사용했다. 교자상은 잔치나 손님 초대에 사용되는데 보통 집에는 없었고, 잔치를 할 때 빌려서 사용하였다. 일반 서민은 마루바닥에서 밥도고리에 둘러 앉아 먹는 것이 일상이었으므로, 상을 차린다는 것은 반찬이 있고 없고를 떠나서 매우 정성스러운 대접이었다.

3) 사무용 가구

(1) 책상

예전에는 '책상이 있는 집'이라고 하면 선비의 집을 뜻하며, 책상이 가지는 상징은 대단한 것이었다. 규격은 보통 가로 60cm, 세로 30cm 내외로, 책을 펴놓고 읽을 수 있을 정도의 크기이다. 양 옆을 말아 올리는 장식을 한 것도 있으나 대부분 일직선 그대로 아무 장식 없는 책상이 많으며, 서랍을 많이 두어 필기도구나 종이 등을 간수하기 좋게 하였다.

(2) 문갑

여러 가지 필기도구와 책, 서류 등을 보관하는 가구로 문구갑의 준말이다. 앞을 4개의 문짝으로 달아서 여닫을 수 있게 하거나 문 없이 서랍이나 칸으로 구획짓는 등 쓰임에 따라 다양한 디자인을 하고 있다. 무늬가 아름다워 느티나무를 최고로 여기며, 배나무와 감나무 등도 재료로 사용되었다. 문갑의 특징은 장식을 천연의 나무결을 그대로 잘 살려서 이용했다는 점이며, 자잘한 일상용품을 방안 여기저기에 흩어지지 않도록 하고 정갈하게 실내를 정리정돈하는데 사용하였다.

(3) 연갑

벼루를 담는 나무 상자로 보통 2중으로 되어 있다. 윗단에는 벼루를 놓고 아랫단에는 붓, 연적, 먹, 종이를 넣는다. 느티나무, 벚나무로 나무의 무늬를 살려서 만들며, 책상 옆에 놓아두고 사용하지 않을 때는 뚜껑을 닫아 두었다.

교수자료

화산폭발과 제주도
화산폭발 실험을 해보아요
제주도의 돌로 무엇을 할까?
바람은 왜 불까?
제주도에 많았던 세 가지는 무엇일까?
제주도에 없었던 세 가지는 무엇일까?
안거리와 밖거리
돌담은 왜 생겼을까요?
느영나영

교재교구

제주의 초가집을 알 수 있어요
고팡을 찾아서
통시와 깨끗한 자연환경
제주의 초가집을 알 수 있어요
제주도 빙고 게임

주생활	활동명	화산폭발과 제주도
목표	- 우리가 살고 있는 제주도에 관심을 갖는다. - 화산폭발로 인해 제주도가 생겨났음을 알 수 있다. - 화산폭발로 인해 한라산과 오름이 생겼음을 알 수 있다.	

1

2

3

4

5

6

7

8

9

10

11

12

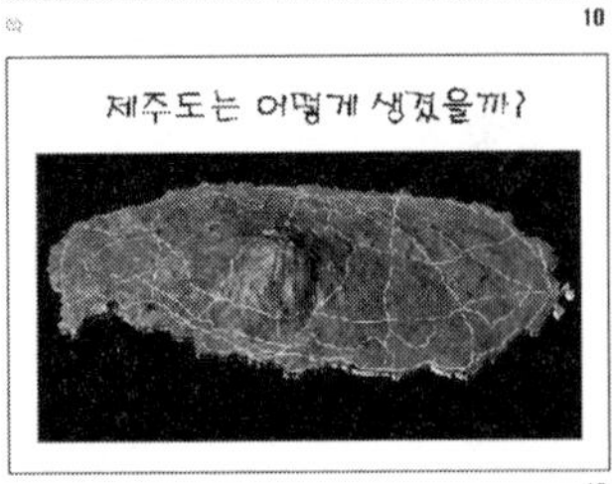

13

14

활동방법	1. 2. 제주도는 어떻게 생겼을까? 3. 땅속 깊은 곳에서 불처럼 뜨거운 용암이 흘렀다. 4. 5. 6. 뜨거운 용암이 솟아 올라서 차가운 땅위에 흐르면 어떻게 될까? 7. 8. 9. 차가운 땅위에 굳어진 용암 위로 다시 한번 더 화산이 폭발하면 어떻게 될까? 10. 지금 우리가 살고 있는 제주도는 화산폭발에 의해 만들어졌다는 것을 어떻게 알 수 있을까? 11~12. 한라산 꼭대기는 폭발에 의해 뾰족한 모양이 아님을 볼 수 있다. 13~14. 낮은 산들은 화산폭발에 의해 이루어진 오름이다.

주생활	활동명	화산폭발 실험을 해보아요
목표	- 제주도가 생성되는 과정에 대해 알 수 있다. - 화산폭발이 일어나는 과정을 쉽게 이해할 수 있다.	

1

2

3

4

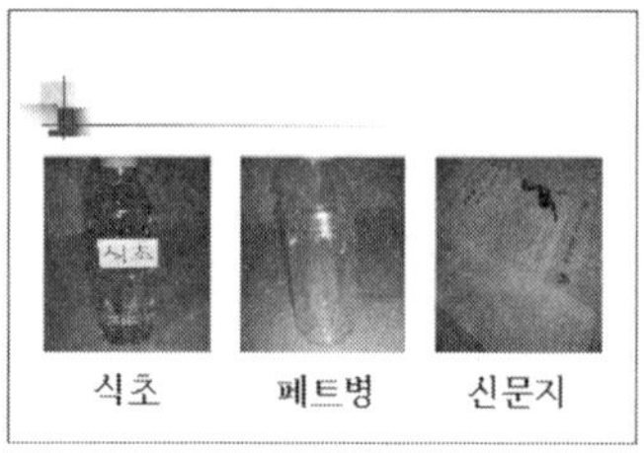

5

6

7

8

9

10

11

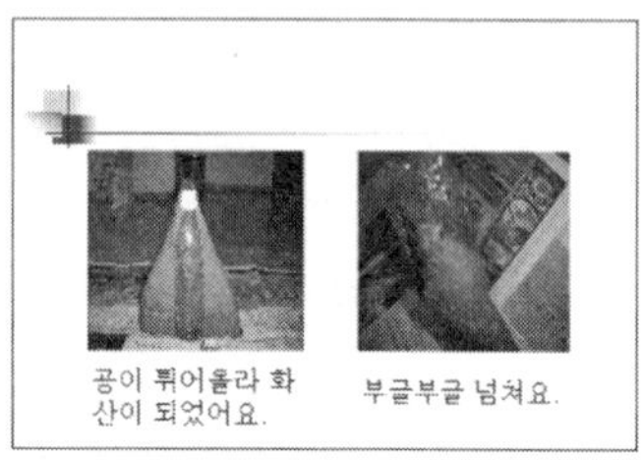

12

13

활동방법	화산폭발이 어떻게 이루어지는지 이해할 수 있도록 설명자료를 바탕으로 직접 실험해 본다.

주생활	활동명	제주도의 돌로 무엇을 할까?
목표	- 현무암이 생긴 이유를 설명 할 수 있다. - 돌이 생활 속에서 어떻게 사용되었는지 말할 수 있다.	

1

2

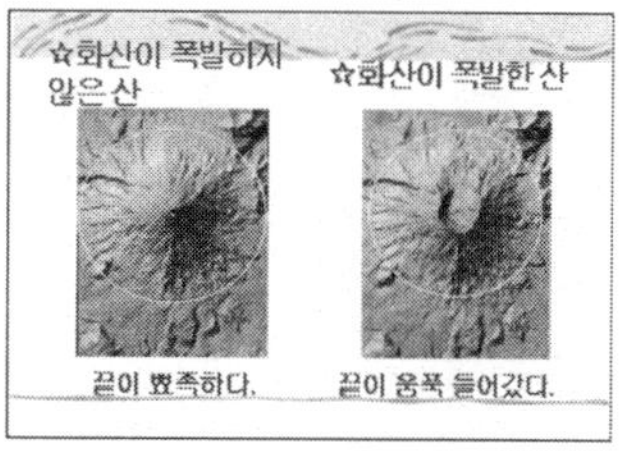

3

4

5

6

7

8

9

10

11

12

13

14

15

활동방법	1. 제주도에서 많이 볼 수 있는 것은 무엇일까? 2~4. 화산이 폭발 했다는 것을 어떻게 알 수 있나?

	5. 현무암은 어떻게 생겼나? 6~15. 돌로 만든 것은 무엇이 있을까?

<table>
<tr><td>주생활</td><td>활동명</td><td>바람은 왜 불까?</td></tr>
<tr><td>목표</td><td colspan="2">- 더운 공기와 찬 공기가 있음을 안다.
- 공기가 움직인다는 것을 안다.</td></tr>
<tr><td colspan="3">

참고 : http://www.jejusamda.com/common/c__dataView.php?id=B01030100</td></tr>
<tr><td>활동방법</td><td colspan="2">1. 어떤 소리일까?
보이지 않는데 어떻게 바람이 부는 것을 알 수 있을까?
2. 더운 공기와 차가운 공기가 서로 움직인다.
3. 바람이 불어도 무너지지 않도록 쌓아놓은 구멍이 뚫린 낮은 담을 살펴본다.
4. 육지와 제주도의 건물 중 어느 곳이 더 높을까?
5. 해가 떠있는 낮과 해가 없는 밤에 공기는 어떻게 움직일까?
6. 산꼭대기로 갈수록 온도는 어떻게 될까?
7. 바닷가에서 바람이 불면 어떻게 될까?
8. 9. 바람부는 모습을 살펴본다.
10. 바람부는 날에는 어떻게 해야 할까?</td></tr>
</table>

주생활	활동명	제주도에 많았던 세가지는 무엇일까?
목표	- 제주 삼다에 대해 알 수 있다. - 제주도에 많은 세 가지에 대해 이야기 할 수 있다.	

활동방법	1. 옛날 제주도에 많았던 세 가지는 무엇일까? 2. 4. 7. 수수께끼를 낸다. 3. 5. 8. 힌트를 듣고 맞춘다. 9. 돌, 바람, 여자를 확인한다. 10. 지금 제주도에 많은 세 가지, 우리 반에 많이 있는 세 가지, 나에게 많이 있는 것은 세 가지 등으로 바꾸어 활동한다.

주생활	활동명	제주도에 없었던 세 가지는 무엇일까?
목표	- 서로 돕고 사이좋게 지내는 방법을 익힌다. - 내 주위의 이웃들에게 고마운 마음을 갖는다.	

활동방법	
활동방법	3. 옛날 제주도에 없었던 세 가지는 무엇일까? 4. 도둑이 왜 없었을까? 도둑이 없으면 어떻게 될까? 5. 거지가 왜 없었을까? 거지가 없으면 어떻게 될까? 6~8. 대문이 왜 없었을까? 대문이 없으면 어떻게 될까? 9. 도둑, 거지, 대문이 없었던 때는 살기 좋았을까? 나빴을까? 10~11. 우리반에 없는 세 가지, 우리 집에 없는 세 가지, 나에게 없는 세 가지는 무엇일까? 12. 이웃과 함께 잘 지내려면 나는 어떻게 해야 할까?

<table>
<tr><td>주생활</td><td>활동명</td><td>안거리와 밖거리</td></tr>
<tr><td>목표</td><td colspan="2">- 가족의 의미에 대해 알아본다.
- 가족의 구성원과 역할을 안다.
- 제주의 고유문화와 풍습 등에 대해 알아본다.
- 가족의 소중함과 고마움을 느낄 수 있다.</td></tr>
<tr><td colspan="3">

1

2

3

4

5
</td></tr>
<tr><td>활동방법</td><td colspan="2">1. 옛날 가족들은 어디에서 살았을까요?
2. 여러 가족들이 함께 살려면 어떤 집을 지어야 할까요?
3. 안거리와 밖거리에는 누가 살았을까요?
4. 집에는 방이 몇 개 있었을까요? 각 방에서는 어떤 일을 했을까요?
5. 앞의 그림과 다른 점은 무엇일까요? 왜 이렇게 바꾸었을까요?
6. 우리가족은 누가 있나요? 어디에서 살고 있나요? 다른 가족들과 함께 산다면 어떤 점이 좋을까요?</td></tr>
</table>

주생활	활동명	돌담은 왜 생겼을까요?
목표	- 현무암의 생긴 모양을 살펴본다. - 돌담이 만들어진 이유와 여러 가지 쓰임에 대해 알 수 있다.	

1

2

3

4

5

6

7

8

활동방법	
	1. 이 돌은 어디서 왔을까? 2. 우리 주변에 있는 돌을 살펴보자. 3. 땅 속의 돌을 꺼내 담을 쌓은 모습을 본다. 4. 담장을 쌓는 것은 어떤 표시일까? 5. 바람이 많이 부는 곳에 구멍이 뚫린 담을 쌓으면 어떤 점이 좋을까? 6. 밭에다가 돌담을 왜 쌓았을까? 7. 집 만들 때 벽은 무엇으로 만들었을까? 8. 집을 보호하기 위해 무엇으로 구분해 두었을까?

<table>
<tr><td>주생활</td><td>활동명</td><td>느영나영</td></tr>
<tr><td>목표</td><td colspan="2">- 옛 가족의 모습과 지금 가족의 모습을 비교해 볼 수 있다.
- 가족 구성원의 역할에 대해 알 수 있다.</td></tr>
<tr><td colspan="3">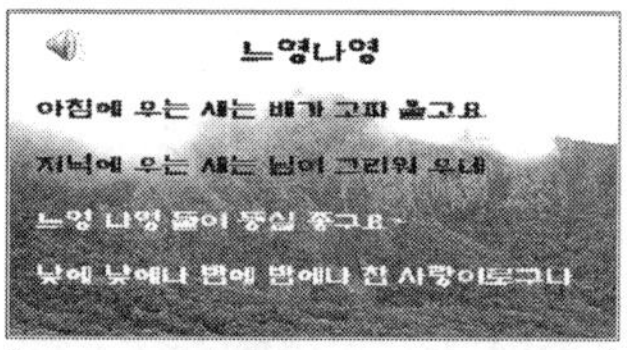

</td></tr>
<tr><td>활동방법</td><td colspan="2">1. 느영나영이 무슨 뜻일까요?
2. 우리는 교실에서 함께 어떤 일을 할 수 있나요?
3. 옛날 가족들과 요즘 가족들 중 어느 쪽이 더 많나요?
4. 옛날에는 아빠들이 어떻게 돈을 벌었을까요?
집에서 엄마와 함께 아빠가 일하는 것을 본 적이 있나요?
5. 옛날에는 엄마들이 어떻게 돈을 벌었을까요?
돈 벌기 위해 아빠와 함께 엄마가 일하는 것을 본 적이 있나요?
6. 옛날에는 아이들이 무엇을 하고 놀았을까요?
집안에서 친구들 없이 혼자 놀았던 적이 있나요?
7. 가족들이 함께 즐거운 시간을 보내려면 나는 어떻게 해야 할까요? 부모님을 돕기 위해 나는 어떤 일을 할 수 있을까요?</td></tr>
</table>

주생활 1	교구명	제주의 초가집을 알 수 있어요
목표	• 제주도의 초가모형의 형태를 알 수 있다. • 제주도의 주생활 문화를 이해할 수 있다.	
준비물	하드보드지, 폼보드지, 지점토, 한지, 물감	
제작과정	① 적당한 크기의 밑판을 깔아준다. ② 집모형을 하드보드지로 제작을 한 후, 지붕 - 억새를 이용제작 벽 - 지점토를 동그랗게 만든 후 쌓아준다 ③ 울타리 돌담을 쌓아준다. ④ 통시, 텃밭, 감나무 등등 소품 등을 제작한다. ⑤ 물감을 이용 색칠해 준다.	
활용방법	• 집의 구조를 관찰한다. • 정낭을 조작하여 대문에 신호가 있음을 안다.	
교구사진		

주생활 2	교구명	고팡을 찾아서
목표	• 고팡의 쓰임새을 안다. • 고팡이 무엇인지 안다.	
준비물	게임판: 우두락, 하드보지, 본드, 색 테이프 주사위 : 하드보지, 풀 색 테이프	
제작과정	〈그림판 제작 방법〉 ① 하드보지와 우드락을 4절지 크기로 자르다. ② 자른 하드보지와 우드락을 본드로 붙이다. ③ - ②과 같이 한 판을 싸인펜으로 여러 칸 만든다. 색 테이프로 모서리 주변을 마무리하고 시트지를 붙인다. 〈주사위 제작〉 ① 색 하드보지를 가로 세로 5센티미터 정도 직사각형으로 그린다. ② 직사각형으로 그린 하드보지를 자른다. ③ 자른 하드보지를 글루건으로 서로 붙인다. ④ 주사위 위에 숫자를 오려 붙인 후 투명시트지를 붙이고 색 테이프로 마무리 한다.	
활용방법	① 가위바위보를 해서 주사위을 먼저 굴릴 친구를 정한다. ② 주사위에 나오는 숫자만큼 인형을 움직이고 ③ 게임을 하면서 고팡을 찾아간다.	
교구사진	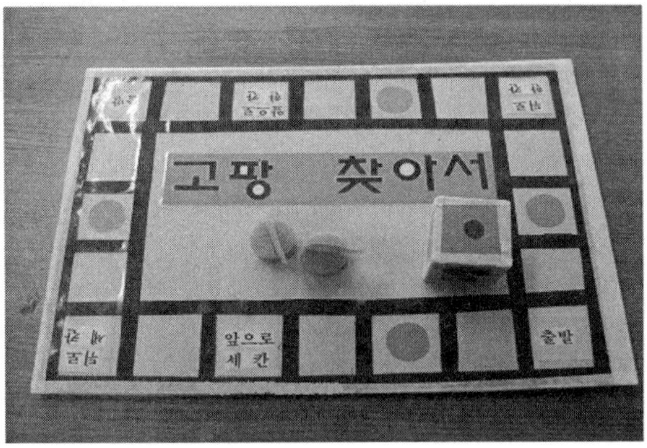	

주생활 3	교구명	통시와 깨끗한 자연환경
목표	• 제주도 전통 화장실 '통시'에 대해 알 수 있다 • 깨끗한 자연환경을 위해 우리가 할 수 있는 일에 대해 알 수 있다.	
준비물	하드보드지, 한지, 사진 · 그림자료, 나무집게, 칼, 자, 가위, 풀	
제작과정	〈활동판 만들기〉 ① 하드보드지를 가로 65.6cm 세로 11cm로 자른다. (2장) ② 길게 자른 하드보드지를 가로 8.2cm 씩 8장으로 나누어 그린다. ③ 자른 두 개의 하드보드지에 한지를 붙인다.(색깔을 달리해서) ④ 앞면에는 통시의 순환 내용에 관한 글자 표를 붙인다. ⑤ 뒷면에는 깨끗한 자연환경을 위해 우리가 할 수 있는 일에 관한 글자 표를 그림 (색이 없는…)과 함께 붙인다. 〈그림카드 집게 만들기〉 ① 앞면(통시의 순환)에 붙일 그림카드를 하나씩 집게에 붙인다. ② 뒷면(깨끗한 자연환경을 위해 우리가 할 수 있는 일)에 붙인 그림카드를 1번의 그림과 순서에 맞게 붙인다.	
활용방법	① 가위, 바위, 보를 하여 순서를 정한다. ② 이긴 사람은 주머니 안에서 집게를 꺼내어 자신의 활동판의 그림에 맞게 꽂는다. (통시의 순환을 자신의 앞으로 둔 채로..) ③ 모를 경우 뒤를 보고 같은 그림을 찾으면 앞면도 맞게 꽂을 수 있다. ④ 한번씩 가위, 바위, 보를 하며 그림을 알맞게 꽂는다. ⑤ 먼저 다 꽂은 사람이 이긴다.	
교구사진		

주생활 4	교구명	제주의 대문을 알 수 있어요
목표	• 정낭의 구조와 역할을 말할 수 있다. • 정낭의 의미와 쓰임새를 알 수 있다.	
준비물	가위, 칼, 풀, 자, 에바지, 코팅지, 합석판, 고무자석, 양면테이프, 색지 등	
제작과정	〈작은 책〉 ① 우선 컴퓨터로 정낭과 정주목에 대한 내용을 작업한다. ② 색지에 붙여서 코팅을 하고 고리를 끼운다. 〈언어 교구〉 ① 판을 미리 컴퓨터로 작업해서 색지에 뽑는다. ② 그림을 잘라 칸에 알맞게 붙인다. ③ 정주석과 나무 그림을 뽑아 코팅을 한 후 뒤에 고무자석을 붙인다 ④ 판도 코팅을 해서 합석판을 붙인 뒤 에바지를 붙인다. ⑤ 글자도 뽑아서 색지에 붙이고 코팅을 해서 자른다.	
활용방법	자유선택활동시간에 정낭사진을 보면서 정주석과 나무를 직접 판에 붙여보고, 그에 맞는 의미의 낱말카드를 붙여봄으로써 정낭의 의미를 다시 한 번 생각해보는 언어교구로 활용할 수 있다.	
교구사진	 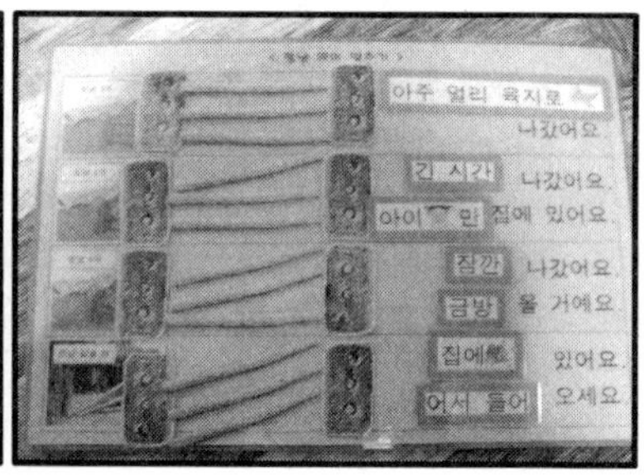	

<table>
<tr><td>주생활 5</td><td>교구명</td><td>제주도 빙고 게임</td></tr>
<tr><td>목표</td><td colspan="2">• 빙고카드를 한가지 준거에 따라 순서대로 놓아 본다.
• 빙고카드를 분류하여 비교할 수 있다.</td></tr>
<tr><td>준비물</td><td colspan="2">(빙고판) 하드보드지 4장, 노란색 색지 4장, 연두색 색지 2장, 하얀 색 마스킹 테이프, 보슬이, 시트지, 활동명 표지
(빙고상자) 하드보드지 2장, 우드락, 연두색 색지2장, 노란색 색지 1장, 하얀 색 마스킹 테이프, 시트지, '제주도주생활' 표지
(노란카드 - 제주도 카드) 하드보드지 2장, 노란색 색지1장, 노란색 마스킹 테이프, 시트지, 까슬이, 제주도 전통 사진(돌하르방4개, 돌담2개, 우영3개, 정낭3개, 올래3개, 통시3개, 초가집3개)과 명칭
(현대 카드) 하드보드지 2장, 연두색 색지1장, 하얀색 마스킹 테이프, 시트지, 까슬이, 현대 사진(아파트2개, 비닐하우스2개, 벽돌담2개, 변기2개, 초인종2개, 골목길2개)과 명칭</td></tr>
<tr><td>제작과정</td><td colspan="2">〈빙고판〉
① 하드보드지 가로 38.8cm, 세로 44.6cm로 총 4장을 만든 후 2장 씩 겹쳐 붙인다.
② 하드보드지 양면에 노란색 색지를 붙인다.
③ 하드보드지 윗쪽에 활동명을 붙인다.
④ 양 면에 시트지를 붙인다.
⑤ 마스킹 테이프로 빙고 칸을 만든다. (가로 4칸, 세로 4칸 각 6cm씩)
⑥ 빙고 칸 안에 둥글게 자른 보슬이를 붙인다.
⑦ 빙고 판 테두리에 마스킹 테이프를 둘러 마무리 한다.
⑧ 위와 같은 방법으로 빙고판을 하나 더 만든다.

〈빙고상자〉
① 하드보드지로 가로 15.5cm, 세로 15.5cm 정사각형모양의 상자를 만든다.
② 한 면에만 3cm 안쪽에 네모난 구멍을 뚫고 그 사이에 십자가 모양을 낸 부직포를 상자 안으로 붙여 준다.
③ 상자 제목을 각 면에 붙인다.
④ 시트지를 붙인다.
⑤ 하얀색 마스킹 테이프로 테두리를 둘러 마무리한다.

〈노란 카드 - 제주도 카드〉
① 하드보드지를 가로 6cm, 세로 6cm크기의 정사각형으로 총 개를 만든다.
② 1번을 2장씩 겹친다.
③ 하드보드지 한 쪽면에만 노란색색지를 붙인다.
④ 다른 한 쪽 면에는 제주도 전통사진과 명칭을 붙인다.
⑤ 양 면에 시트지를 붙인다.
⑥ 노란색 색지를 붙인 면에 까슬이를 동그랗게 잘라 붙인다.</td></tr>
</table>

	⑦ 노란색 마스킹 테이프로 테두리를 둘러 마무리한다. 〈현대 카드〉 ① 하드보드지를 가로 6cm, 세로 6cm크기의 정사각형으로 만든다. ② 1번을 2장씩 겹친다. ③ 하드보드지 한 쪽면에만 연두색 색지를 붙인다. ④ 다른 한 쪽 면에는 현대사진과 명칭을 붙인다. ⑤ 양면에 시트지를 붙인다. ⑥ 연두색 색지를 붙인 면에 까슬이를 동그랗게 잘라 붙인다. ⑦ 하얀색 마스킹 테이프로 테두리를 둘러 마무리한다.
활용방법	① 활동 판을 나누어 갖는다. ② 가위, 바위, 보를 한 후 게임 순서를 정한다. ③ 이긴 친구 먼저 '제주도 주생활' 이라고 적힌 빙고 상자 안에 있는 카드를 꺼낸다. (이때 카드는 노란색 제주전통 카드와 연두색 현대 생활 카드 2종류가 있다.) ④ 꺼낸 카드에 적힌 글을 읽으며 활동 판에 붙인다. ⑤ 노란 카드를 4칸 이어서 붙여 빙고 줄을 만든다. (이때 빙고 줄은 가로, 세로, 대각선 등 방향에 상관없이 만들 수 있다.) ⑥ 빙고 줄을 2줄 만든 친구가 먼저 '빙고!'라고 외치면 이기게 되는 게임이다.
교구사진	

제7장

제주의 여성과 일

1. 육아

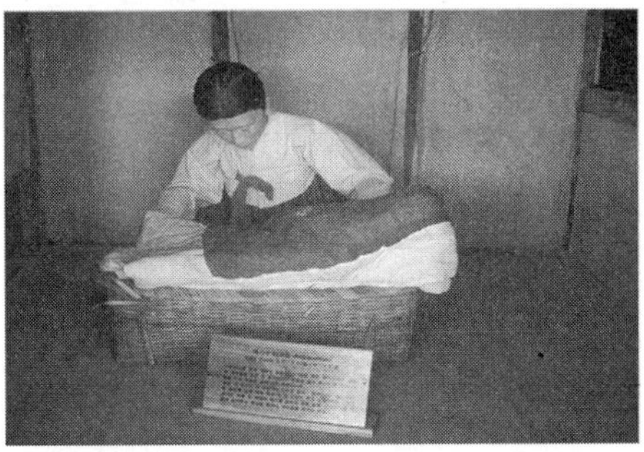

지리적 특성으로 제주도에서는 일찍부터 여자가 밭농사와 잠수 등으로 생산 활동을 주도하였다. 한울타리 두 살림과 같은 분가제도, 마을내혼, 외가친족 및 처가친족과 긴밀한 관계, 본토와 다른 혼례문화와 고부관계, 첩 제도 등이 여성문화를 형성하였다. 노인이 되어서도 생활단위를 분리함으로써 간섭과 통제를 줄여 고부간의 갈등을 최소화하였으며, 자신의 문제를 스스로 해결하여 자녀에게 부담을 주려 하지 않았다.

제주는 각성바지[1] 마을이 많아 마을혼사가 많이 이루어지고, 부찌사돈[2]이 생기고, 사돈에 팔촌으로 걸린 궨당[3]이 많다. 제주의 혼인문화에는 청혼과 중매과정에서 부친이 부인과 의논하며 일을 처리하였으며 집단의 대표로서 사돈집에 참석할 때는 남성과 여성이 함께 참여하였으므로 여성의 지위와 역할이 유교적 문화인 육지와 차이가 있었다. 특히 외삼촌을 비롯한 이모 등 외가 쪽에서 동행하는 것도 부계와 모계간에 큰 차별이 없었음을 보

1) 각성(各姓) 바지 : 어머니는 같고 아버지는 다른 형제
2) 부찌(査頓) 사돈 : 사돈관계에 있는 집안끼리 또 다시 사돈이 되는 관계로 겹사돈.
3) 궨당(眷黨) : 친인척

여준다.

육지와 같이 사주를 주는 것은 제주에서도 같았으나, 혼례식은 신랑집에서 했다. 신랑은 함을 상객들과 같이 신부집에 가지고 가서 신부측 안내를 받아 방에 들어가 상을 받는다. 신부집은 이날 잔치를 하며 신부는 부모님께 작별인사를 드린다. 결혼 다음날 신랑과 신부는 시아버지와 함께 친정집을 찾아가 인사를 나누고 신랑은 신부집에서 하룻밤을 지낸 후 집으로 돌아온다. 제주에서 치뤄지는 결혼식은 타 지방에 비해 다른 점이 많다. 우선, 신랑과 신부는 결혼 날짜가 정해지면 친구 중 한사람을 각각 부신랑, 부신부로 정하는데 이들은 신랑 신부가 신혼여행을 떠나기 전까지의 모든 잡무를 도와주는 일종의 비서 역할을 수행했다.

제주도에서는 결혼피로연에 반드시 돼지고기를 사용하기 때문에 혼례 2,3년 전부터 돼지를 기르는 관례가 있었으나, 지금은 돼지를 직접 사육하는 집은 거의 없고 양돈하는 곳에서 돼지를 사서 쓴다. 보통 5~7마리의 돼지를 잡았으며 동네 사람들과 많은 친지, 친구들이 모여 남자는 돼지를 잡고 여자들은 음식을 장만하였다. 결혼식 전날은 전날 마련한 음식을 친지와 하객들에게 접대하는 날로 결혼 당일보다 이날에 더 축하객이 많고 분주하였다. 대부분의 부조도 이때 하며 결혼식에 참가하지 못하는 마을 주민들도 이날만은 꼭 찾아와 축하와 함께 부조를 한다. 이때 신랑과 신부측에서 마련한 음식을 대접 받으므로 하객들은 이날이 되면 '잔치 먹으레 간다' 또는 '먹을 일 있다.'라는 표현을 쓴다. 워낙 많은 사람들이 찾아오므로 이날은 동네 사람들이 여럿 모여서 바쁜 일손을 도와준다. 또한 웬만한 규모의 집에서도 이들 하객들을 다 수용하기 어려운데 이때는 이웃에서 자진하여 자신들의 집을 하객의 접대장소로 제공해 주었다. 이날을 가리켜 '가문잔치날'이라 하였는데 부계와 모계의 친지들이 모두 참석하여 전체적인 결혼일정을 검토하였다.

결혼식 당일날 예식장에서는 타지와 꼭 같은 절차의 예식이 행해지고 전날(가문잔치날) 참석하지 못한 사람들은 결혼식날 신랑과 신부에게 직접 부조를 한다. 이미 전날에 큰 잔치를 벌였으므로 결혼식 날은 육지처럼 많은 하객들이 붐비지는 않는다. 제주도의 결혼식은 육지에 비해 상당히 성대하게 치뤄진다. 이렇듯 결혼식 전날에 하객들을 정중히 접대하므로 예식이 끝난 후 식장이나 근처에 마련된 식당에서의 피로연은 따로 하지 않는다.

한편 과거에는 혼수라고 해야 겨우 이불한 채 정도였고, 새 살림이 시작된 후 본인들의 힘으로 살림을 하나하나 마련하였다. 성인 남녀가 양가 협의 하에 혼례를 치르면 아기를 낳게 된다. 결혼해서 아기가 없으면 여성인 어머니가 삼승할망에게 기원하며, 아들을 잘 낳은 사람의 옷을 빌려다 입는 방법이 민간에 전해지기도 했다. 태교방법이 문헌으로 기록된 것을 없으나 좋은 것을 보고, 마음을 편안하게 하고, 남을 도와주고, 모양 좋은 음식을 섭취하는 전통적인 태교 방법이 전해지고 있다.

옛날에는 아기를 낳을 때 병원이 아니라 대부분 집에서 낳았으므로 출산을 하면 안에 있는 대문을 비롯해서 솥뚜껑, 곳간문, 벽장문, 뒤주의 문 등 문이란 문을 다 열어두었다. 우리 몸에 있는 열두 대문이 다 열려야 아기가 나온다고 생각했기 때문이다. 사람 몸에 있는 열두 구멍(눈, 귀, 입, 코, 배꼽, 항문, 자궁 등)을 열어 놓으면 아기를 점지해 주는 삼승할망이 문을 열어준다고 믿어 임신부에게 심리적 위안을 주었다.

산모가 산기를 느끼면 산파에게 알렸고, 출산 도우미로 동네 삼신할머니, 친정어머니, 시어머니 등 출산경험이 있는 나이든 여성이 오늘날 산부인과 의사의 역할을 했다. 아기가 태어나면 태반을 정갈하게 포장하고, 아이를 낳은 후 태반을 산모 머리맡이나 방에 잘 보관해 두었다가 3일째 되는 날 아침에 좋은 방향으로 가서 땅에 묻거나 태우기도 하고, 비닐에 포장해서 바다에 던지기도 했다. 또한 굴묵(제주도의 전통적인 난방 공간)에서 태우는 마을도 있었고, 깡통 속에 넣고 불순물이 들어가지 못하게 단단히 묶어서 바다 속에 던지기도 했다. 태반을 잘 처리하지 않으면 다음에 아기를 낳을 수 없다고 믿었으므로 남편이나 시어머니 등이 태반을 처리했다(문순덕, 2007).

첫아기는 주로 친정에서 출산했는데, 산후 몸조리를 잘하고 심리적 안정에도 도움이 될 것이라고 생각하였다. 며느리가 친정에 가서 아기를 낳으면 시어머니는 쌀, 고기, 봇뒤창옷(배냇저고리), 아기구덕(아기요람)을 마련해서 친정으로 온다. 아기를 낳은 지 3일이 되면 시어머니가 가지고 온 재료로 3일밥을 만들어서 먹었다. 아기를 낳은 후에 3・7일(21일)간은 정성을 다하여 가족모두가 행동을 조심하였다. 제주도 전통사회에서 태교에 대한 관심이나 임산부의 보호에 대해서는 소극적이었다.

임신을 하면 산모를 위해 미리 쑥을 구해 그늘에 말려두었다가 3일째 되는 날에 아기와 산모가 쑥물로 목욕을 하였다. 3일째 되는 날에는 생선미역국과 쌀밥을 먹고 초유를 먹이며 양육했다. 출산 후 산모는 미역국과 메밀국수를 먹고 모유수유를 통해 아기를 키웠다. 아기가 태어나면 주변사람들에게 알리는 차원에서 금줄(왼쪽으로 꼰 새끼줄)을 쳤다. 금줄은 마을에 장례식이 있으면 함부로 드나들지 말라는 경고이기도 하고, 아기를 보호하려는 의례이기도 하다. 금줄치기는 마을에 따라 다르지만 밀감가지를 꽂기도 하고, 숯을 꽂기도 하고 아들이면 빨간 고추를 끼워 일주일 정도 쳤다가 밭에 던지거나 태웠다. 아기는 태어난 후 탯줄을 정리하여 사흘 동안은 아무 옷도 입히지 않고 목욕도 시키지 않은 상태에서 헌 갈중이에 싸 가만히 눕혀 두었다. 왜냐하면 자식을 귀하게 다루면, 귀신이 시샘한다고 해서 흔하고 거친 것으로 아기를 싸 두었다. 이때는 젖도 먹이지 않고 다만 꿀물이나 설탕물을 명주솜에 묻혀 입에 발라주는 정도였다.

부모들은 아기가 태어나서 3·7(21일), 백일, 돌 등의 의식을 치러 주는데, 아기가 아무 탈 없이 잘 견뎌 주길 바라며 그동안 잘 지켜 준 삼신할망(아기를 보호하고 돌보는 여신)에게 감사하였다. 아기가 태어나서 사흘이 되면 그때서야 산모와 아기는 쑥물로 목욕을 하고 삼신할망의 밥을 차리고 아기에게는 봇뒤창옷을 입힌 후 젖을 물렸다.

사람이 태어나서 맨 처음 입는 의복을 봇뒤창옷·봇뒤적삼·베옷·베창옷이라 하는데 보통은 봇뒤창옷이라 한다. 봇뒤창옷은 태어나서 사흘 후 3·7일(21일) 동안 입는 옷으로 봇은 태반을 뜻하는 제주어로써 '아기집에서 떨어져 나온 다음 입는 큰 옷'이라는 뜻을 담고 있다. 이 옷은 언제부터 무슨 연유로 입혀졌는지 알 수는 없지만 제주에서 태어난 사람들은 존비, 빈부에 상관없이 누구에게나 입혔다. 가난하여 준비하지 못하면 빌려서라도 꼭 입혔었다.

아기행사로는 아기가 태어나자마자 삼승할망에게 감사드리는 치셋매와 삼일상을 차리는 사흘메가 중시되었으며, 칠일이나 백일, 돌을 기념하는 행사는 생략되거나 간소화하는 경우가 많았다. 3일행사는 3일 할망상을 차렸고, 칠일행사 때는 칠일밥을 하고 일반 옷을 입혔으며, 삼신할망상을 차리기도 하였다. 백일에는 밥을 차려먹이고 봇뒤창옷을 입혔으며, 돌과 행사 때에는 쌀밥과 떡을 해서 나눠먹고 한복을 입혔다. 봇뒤창옷은 손이 귀하거나 아기가 건강하게 잘 자라지 못하는 집안에서는 그 마을에서 무병장수하고 복덕이 있는 할머니에게 속옷을 지어드리고 나중에 그 속옷을 얻어 와서 아기 옷을 해 입히면 잘 자란다고도 했다.

그러나 이렇게 옷을 만드는 사람을 고르는 것은 대개 첫 아이이거나 장남, 장손일 경우이며 그 밑에 동생들은 물려 입었고, 봇뒤창옷은 태어난 아기가 무사하다고 해야만 만들었다. 아기는 적어도 100일이 지나야 집 밖 출입을 할 수 있었고, 예전에는 어머니나 딸들이 아이를 돌보며 농사일과 가사 일을 했기 때문에 아기를 업고 일하거나 밭일을 할 때는 아기를 구덕에 눕히고 일을 했다. 여아는 자라면서 10살쯤 되면 대배기(어린이용 물동이)로 물을 긷다가 15세가 되면 물허벅(물동이)을 이용해서 물 긷는 일을 담당하였다. 우물에 가서 빨래도 하고 어린동생도 돌보며 하루를 보냈다. 어린 시절부터 집안 일을 거들다보니 교육기회는 거의 없었고 노동이 곧 삶이요 놀이가 되었다. 농사철에는 주로 새벽 5시쯤에 일어나 무쇠 솥에 불을 지펴 밥을 지었으며, 아침을 먹고 밭에 가져갈 점심을 챙겨서 구덕(바구니)에 새참을 넣고 지어 날랐다. 하루 종일 밭에서 일을 하다가 해가지면 집에 돌아와 저녁을 짓고 설겆이를 하고 물을 길어오며 빨랫감을 가져가서 빨래를 하였고, 비가 와서 일을 할 수 없는 날에는 옷을 만들었으며, 나무, 솔잎, 소똥 등을 주어서 땔감으로 사용했다.

주로 10살 전후에 바닷물에서 물놀이를 하다가 어린이용 태왁으로 물질을 배웠으며, 19세가 되면 해녀가 되어 미역을 채취해서 가계살림을 도왔다. 제주의 전통사회에서는 오늘날과 같은 특별한 성인식은 없었지만 15세가 되면 노동의 강도도 달라지고 혼인을 할 수 있다는 점에서 성인의 시점을 15세로 보았음을 알 수 있다.

1) 봇뒤창옷

제주에서는 아이들을 위한 의례는 거의 생략되었다. 생활이 여의치 못한 점도 있지만, 어른들에 대한 눈치와 "백일이나 돌 때에 상을 차리거나 좋은 옷을 입혀서 호사시키면 질병에 걸리거나 단명한다"는 속설 때문에 생략되었다. 대개 남아의 경우 보통 바지·저고리를 입히는 정도였지만, 여유가 있거나 육지와 왕래가 있는 사람들은 바지·저고리·복건·전복(戰服)·버선 등을 갖추기도 했다. 아기가 태어나면 탯줄을 정리한 다음에 갈중이에 싸서 방 아랫목에 눕혀둔다. 사흘째 되는 날 처음으로 목욕을 시키고 옷을 입히며 모유를 먹인다. '초생아'라 함은 출생 직후부터 '일곱이레'(7·7일) 동안의 어린 아기이며, 신생아복은 이 기간에 입히는 옷을 말한다. 출생 직후부터 사흘 동안의 옷은 남자의 '헌 갈중이'에 싸 두었는데 여자의 갈중이는 사용하지 않았다.

초생아의 옷은 '봇뒤창옷'·'봇뒤적삼'·'베옷'·'삼칠이옷'·'베창옷'이라고 했는데, 대부분 봇뒤창옷으로 통칭되었다. 봇뒤창옷이란 '봇'은 자궁이며, '창옷'은 홑옷이라는 뜻이다. 옷 모양은 한복 적삼과 비슷하지만, 동정이나 옷섶·옷깃을 달지 않은 약식형태이다. 남아용은 온소매로 하였고, 여아용은 반소매로 했으며, 옷고름은 장수를 상징하는 실을 달았다. 옷은 미리 만들어 두면 삼신할머니가 해꼬지해서 흉이 나기 때문에 해산 후에 만들었는데 육지와 달리 삼베로 만드는 이유는 강인성과 인내심, 피부병을 예방하는 데 효험이 있기 때문이라고 한다.

또한 목욕을 자주 시키지 못하고 병원에도 자주 갈 수 없으므로 삼베옷을 입힘으로써 피부를 강하게 단련시키려고 하였다. 삼베는 아기들의 사타구니나 목살이 짓물렀을 때, 또는 손을 베었을 때 삼베올을 잘게 풀어서 붙이면 치료가 되었다고 한다. 보통 뒤 중심선을 터서 엉덩이 부분에 옷이 닿지 않도록 하여 대소변으로 옷이 젖거나 더럽혀지지 않는 길이로 만들었다. 옷고름은 반드시 무명실로 하였는데 실은 명을 길게 한다는 의미로 겉고름은 가슴을 한바퀴 돌려 맬 수 있을 정도로 길게 하였다. 시접은 될 수 있는 한 적게 하여 몸에 배기지 않도록 하였으며, 소매는 통 폭으로 길게 하여 배래 부분은 손이 나오지 않을 정도만 꿰맸다. 필요한 옷감의 양은 삼베 석자면 베개까지 만들 수 있었다고 한다.

'물애기'(젖먹이)일 때는 아래에 입히는 옷이 없었다. 아기옷이나 '지성귀'(기저귀)는 어른들 헌옷이나 갈옷 헌 것으로 만드는 정도였고, 여름엔 발가벗겨 키웠으며 옷 한 벌을 만들면 다 떨어질 때까지 입혔다. 기저귀 외에 가장 많이 입힌 것은 '지성치매'(두렁치마: 배두렁이)였으며, 조금 자라면 '강알터진 바지'(십자바지)를 입혔는데 대소변 훈련을 위해 신생아의 옷은 어머니나 할머니의 낡은 옷으로 지어 입혔다. 주술적인 의미와 연약한 갓난아기의 살을 보호하려는 의도를 알 수 있다. 대소변을 가릴 즈음에는 대소변 보는 부분이 열려진 하의로 앉으면 저절로 아래 부분이 열리게 되어 있었다. 남녀유아가 똑같이 이런 바지를 입고 배변훈련을 하였고, 추운 계절에는 바지에 솜을 넣거나 겹으로 지어 입혔다. 4~5세가 되면 남녀 구별해서 남아는 '중이'나 바지 · 저고리를 입히고, 여아는 치마 · 저고리를 입혔다. 또한 잔치 때에는 까치두루마기나 오방장 두루마기를 입혔는데, 소매를 색색으로 한 줄 한 줄 이어붙인 데다 길, 깃, 무 등을 각각 다른 색으로 하고, 깃 둘레에 색동으로 잣을 물렸고, 앞섶은 색동 조각 천을 이어 붙여 아이에게 정성을 쏟은 옷을 만들어 입혔다.

• 아기가 태어나면 입혀주는 첫 의례복의 재료는 삼베였다.

태어나서 사흗날 아침 목욕을 하고 첫 의복으로, 육지의 배냇저고리가 무명이나 융인 것에 비해 제주는 일반적으로 삼베를 사시사철 사용했다. 어떤 이유에서 삼베를 사용했는지는 정확히 알 수 없지만, 삼베를 이용하면 등이 가렵지 않거나 피부병을 예방할 수 있었기 때문에 비롯되었을 것으로 추정된다.

• 복이 깃든 옷이므로 다른 사람에게 빌려 주었다가도 반드시 돌려받는다.

아기가 무병장수한 집의 것을 빌렸고 반드시 돌려주었으며, 장남이나 장손이 입었던 옷을 빌려 입거나 다음에 태어난 아기에게 물려 입혔다. 빌리거나 물려 입히는 것은 좋은 재수가 전해지라는 의미에서 행해졌고, 첫 아이가 아들인 경우 특히 주변의 잘된 사람이나 건강하게 자란 아이의 것을 얻어 입혔다.

• 남자 아이의 옷만 대를 물려 입혔다.

아기가 죽으면 이 옷을 그 아이와 함께 묻었고, 병치레가 잦은 아이인 경우는 동생에게 물려주지 않았다. 그리고 아무리 옷감이 귀하여도 봇뒤창옷을 다른 용도로 사용하지 않았고 정결한 곳에 묻거나 태웠다. 첫 아이가 아들일 때는 봇뒤창옷을 한 번 만들면 그 밑의 동생들을 계속해서 대물려 입었지만, 딸인 경우 다음에 아들을 낳으면 새로 만들어 입혔다.

2) 아기구덕

여성의 노동력이 중요한 제주에서 여성은 일하며 아기를 돌보아야만 했다. 아기가 태어나면 시어머니가 아기구덕을 사오거나 건강하게 잘 자란 아기의 것을 빌려오기도 했다. '구덕'이란 제주방언으로서 '바구니'라는 뜻으로 제주의 어머니들은 한가하게 집에 앉아 아기를 돌 볼 여유가 없었으므로 집에 있을 때 손으로는 일하고 발로는 애기구덕을 흔들었으며, 밭에 나갔을 땐 애기구덕을 발 언저리에 놓아두고 아기가 울면 달려가 젖을 먹였다. 애기구덕은 대나무를 얇게 쪼개어 직사각형으로 엮어 만든 오늘날의 아기침대로, 보통 아이를 낳아 사흘 뒤부터 구덕에 눕히기 시작하여 3세까지 키운다.

밑바닥은 삼동나무로 둥그스름하게 만들고 애기구덕에 눕힌 뒤 구덕을 흔들어 아기를 재운다. 내부는 높이 중간 정도에 질긴 끈을 그물처럼 엮어놓고 그 위에 보릿대와 요를 깔아 아기를 눕힌다. 요람의 길이는 세 살 전후의 아기의 키를 감안하여 좀 여유있게 마련하는 것이 보통이고, 너비는 아기의 몸집에서 좌우가 충분하게 여유가 있도록 만든다. 구덕의 너비가 좁으면 아기의 몸에 압박을 주게 되며, 너무 넓으면 아기의 몸을 감싸 놓은 덮개가 아기의 움직임으로 흐트러지게 된다. 구덕의 높이 중간 부분을 끈으로 얽어매어 그물을 만들고, 그 위에 보릿대를 깔고, 그 위에 헝겊을 깐 다음 아기를 눕힌다. 보릿대를 깐 것으로 아기의 체온이 조절되며 오줌을 싸도 아래로 새어나오며 오래 누워 있어도 등에 바람이 통할 수 있다. 보통 대바구니와는 달리, 구덕의 둘레 가장자리는 너비 두 치 정도로 넓적하여 애기구덕을 흔들 때 손잡이가 될 수 있도록 알맞게 되어 있다. 구덕의 밑은

구덕을 흔들기 좋게 삼동나무 따위를 깎아 구부려 앞뒤에 받침을 해 주기도 한다.

제주도에서 아기구덕이 사용된 것은 밭일을 하던 어머니들이 들고 다니기 쉽고, 손일을 하면서도 발로 흔들 수도 있어서 아기구덕이 사용되었다. 아기구덕은 원래 대나무를 엮어서 타원형으로 만드는데 아기의 키보다 조금 크고 깊어서 들판에서 아기가 자는 동안 벌레들의 침입을 막는 울타리가 되기도 했다. 양육의 중요한 수단이었던 아기구덕은 아들을 키웠던 아기구덕일 경우 30년 넘게 잘 보관했다가 손자에게 물려주는 집안도 있다.

아기구덕

아기침대

한편, 제주 민요 '애기 재우는 노래'의 한 대목을 보면 '혼저 자라게, 무사 영 안잠시니게, 혼저 자부러사 촘 고래 골아사 보리쏠 골랑 밥허곡게~'라는 가사를 볼 수 있다. 즉 아이에게 빨리 잠을 자라고 윽박지르는 것이 자장가의 내용이다. 단 하루라도 밭을 갈고 물질을 하지 못하면 생활을 영위할 수 없는 제주의 척박한 생활환경은 한편의 노래와 도구를 통해서도 여성의 육아어려움을 볼 수 있다.

2. 해녀

해녀는 전 세계에서 일본과 우리나라에만 있는데 우리나라는 제주도에서부터 시작되었다. 해녀들은 나잠업의 특수성으로 인해 전 세계적으로 주목 받고 있으며 단시간에 물에 잠수하여 전복과 같은 해산물을 채취했던 것을 기록을 통해 볼 수 있다. 이건의 '제주풍토기'와 이익태의 '지영록', 김춘택의 '북헌거사첩'에는 '잠녀'로 나타나 있고 1795년 위백규의 '존재선서'에는 '해녀'라고 기록된 것을 볼 수 있다.

한편, 조선시대에는 '포작인'이라는 해물을 캐는 남자들이 있었는데 남자들은 소라 전복

등 해산물은 캐고 여자들은 원래 미역만 수확했는데 포작인이 점차 줄어들어 이 일을 여자들이 모두 하게 되었다고 한다. 또한 일제시대에는 '머구리' 또는 '잠수기'라고 불리는 잠수부가 있었는데 머구리는 배에 산소통을 연결하고 호흡을 할 수 있어 상대적으로 맨몸으로 작업하는 해녀보다 물속에서 작업하는 시간이 길어 많은 물량을 채취할 수 있었다. 이로 인해 일본 어민들의 제주어장 침탈로 해산물 채취량이 현저히 줄어들어 생활이 어렵게 되자 타 지역으로 출가물질을 가는 우리나라 해녀의 수가 늘어나게 되었다. 출가해녀들은 한반도 연안 곳곳과 일본, 중국, 러시아 등 동북아시아 일대의 바다에서 물질을 하였다.

해녀들은 6~7살 때부터 물질을 배우게 되는데 물질을 하는 어머니를 따라 다니다 보면 자연스럽게 여자아이들은 물질을 보고 배우게 되었다. 제주의 해녀들은 날이 좋지 않을 때는 밭에서 일을 하고 날이 좋을 때는 물질을 하며 부지런히 살았다. 파도가 세기 때문에 1달에 10일 정도만 물질을 할 수 있었고, 바다의 안녕을 기원하며 한 해가 시작되면 뱃고사나 잠수굿, 영등할매제 등을 지냈다.

해녀들에게는 서열이 있었는데 상군, 중군, 하군으로 구분한다. 상군은 테우를 타고 깊은 바다로 나가 잠수를 한 후 물질을 했고, 하군은 바닷가 인근에 낮은 바다에서 물질을 하게 되어있었다. 해녀들이 물질을 마치고 몸을 녹이며 회의도 하고 옷도 갈아입는 돌로 둘러싸인 곳을 불턱이라 하는데, 그곳에서도 서열이 높은 상군들이 가장 불 가까운 곳에 있었다. 불턱은 여자만 갈수 있는 곳으로, 아이를 돌보며 일해야 하는 상황에서 물질을 마치고 나면 남편들이 어린 아기를 업고 불턱 근처에서 아기 엄마의 이름을 부르면 해녀가 나와 아기를 안고 불턱으로 가서 아기에서 젖을 먹이고 잠을 재우고 남편에게 아이를 돌려보낸 후 다시 물속으로 들어가곤 했다.

제주의 해녀들은 주로 3월에는 미역, 6월에는 자리, 7월에는 톳을 수확하고 7~9월에는 소라, 9월에는 옥돔, 10~ 12월에는 전복을 수확한다. 해녀들은 물에 뜨기 위해 짚는 테왁과 채취한 해산물을 담기 위한 망시리, 그리고 전복을 뗄 때 쓰는 빗창, 호미 등을 가지고 잠수를 한다. 해녀물질 작업에 입는 전통적인 옷은 물소중기(소중의, 속곳), 물적삼, 물수건이 있다. 1700년대 '탐라순력도'에 의하면 소중기를 입은 그림을 볼 수 있고, 1950년대부터 직물공장이 생기면서는 무명으로 만들던 물적삼과 물수건을 광목으로 만들어 입게 되었으며, 1970년대부터는 합성 고무옷을 입고 오리발을 신고서 물질을 할 수 있게 되었다. 즉 '물옷'은 무명이나 광목으로 만든 재래 해녀복이며, '고무옷'은 다이버들이 입는 개량 해녀복이다. 1970년대 초 일본에서 개량 해녀복인 '고무옷'을 들여와서 널리 쓰이게 되자, 해녀의 물질에는 커다란 변화를 일으키게 되었다. 대표적인 변화로는 깊은 물 속에서도 추위를 막아주므로 작업시간이 훨씬 길어지게 됨으로써 잠수병이 기하급수로 늘어나게 되었다.

1) 물소중이

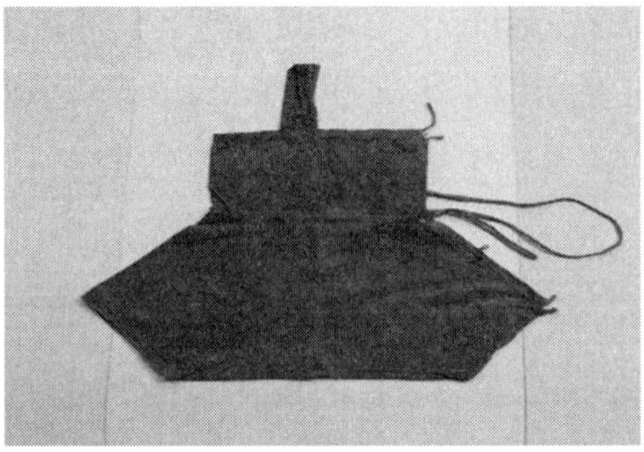

물질할 때 입는 '소중이', '물옷', '속곳', '해녀복' 등으로 불리운다. '소중이'란 제주 특유의 여자용 하의(팬티)를 말하며 해녀 뿐 아니라 농가의 부녀자들도 속곳으로 입었다. 물소중의(물소중기, 물속곳)는 언제부터 처음 입었는지는 확실하지 않지만, 1960년대 이전에는 허리와 가슴을 감싸주기 때문에 따뜻하여 물옷을 속곳으로 입는 사람이 많았다. 초기에는 흰 무명천이 주로 사용되었으나 전복을 따는 빗창의 녹이나 해조류의 얼룩 등 여성의 생리에도 옷이 쉽게 더러워졌으므로 곤색 물감으로 염색해서 입었다고 한다. 해방 후 미군정의 원조물자인 밀가루 부대를 이용해서 만든 소중기는 당시의 옷감이 귀하였음을 보여준다.

2) 물적삼

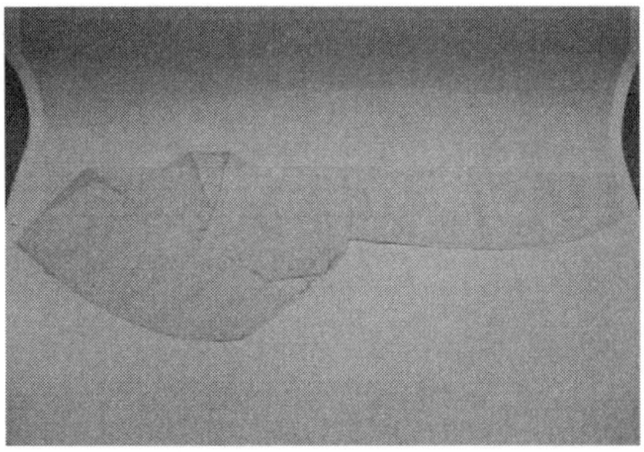

잠수할 때 물소중이 위에 입는 흰 무명옷으로 적삼이나 블라우스의 형태와 비슷하다. 우리나라에 블라우스가 보급된 것이 1930년이기 때문에 물적삼이 해녀복으로 등장한 것은 1935년 이후로 추측이 되고, 1960년경에야 일반화되었다. 그 이전까지는 옷감이나 옷이 귀해서 물옷만 입고 작업했으며 추운 겨울에는 물옷 속에 내의류나 적삼을 입고 작업하였다. 자맥질할 때에 물이 들어가는 것을 막기 위해 소매나 도련에 끈이나 고무를 놓아 조이기도 하고 깃마다 스티치를 놓아 한껏 멋을 내기도 했다. 입는 방법은 소중의 안에 입기도 하고 소중의 밖에 입기도 했다.

3) 이멍거리

이마에 두르는 머리띠로 머리카락 흩어짐을 막고, 상어와 같은 위험한 동물을 물리치는 데도 쓰였다. 상어들은 길고 하얀 물건에 놀래서 달아난다고 한다.

4) 물수건

뭍에서는 햇빛을 가리는 모자로 땀을 닦는 수건도 되지만, 물질할 때 쓰면 머리카락의 흩어짐을 막고 머리를 따뜻하게 감싸주는 다양한 기능이 있다. 대체적으로 나비는 30센티, 길이는 80센티 정도로 1920년대 이후 많이 썼다고 한다.

5) 까부리

까부리는 '물모자'라고도 하며, 머리에서 목덜미까지 내려온 모자의 일종이다. 햇빛가리게 용으로, 그리고 미용으로 썼는데, 주로 1960년대 고무옷과 함께 등장해서 일시적으로 쓰다가 고무모자로 바뀌었다.

6) 뚜데기

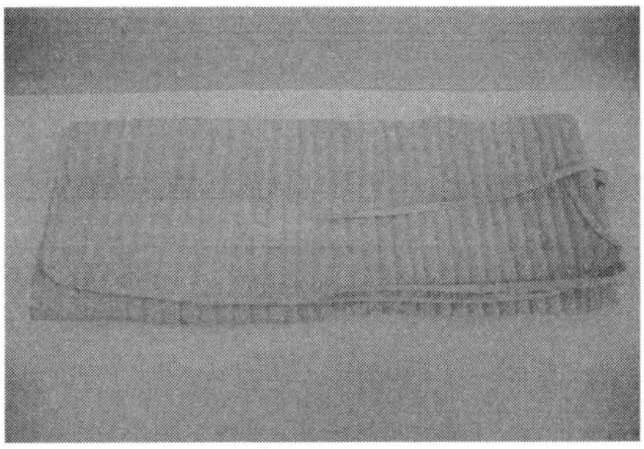

더러움이 잘 타지 않는 빛깔의 두터운 옷감에 솜을 넣어 누빈 보온용 솔이다. 방한용의 솔로 물질 갔다 온 후 추위를 막는데 사용했다. 불턱에서 둘러쓰기도 하고, 육지물질 갔을 때는 이불로도 사용했다.

7) 물체

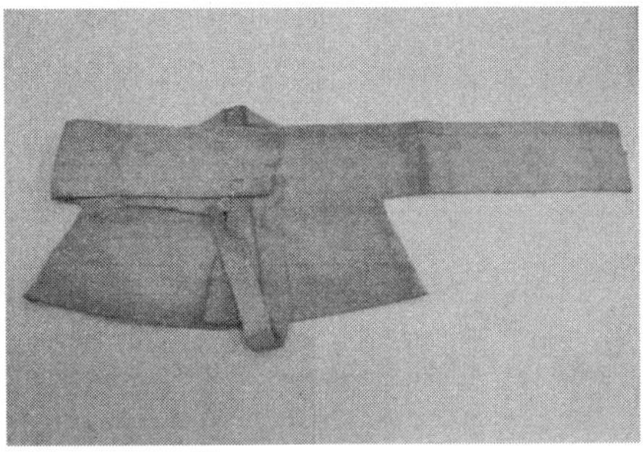

방한용 누비옷으로 윗옷이다. 물질 갔다 온 후 추위를 덜기 위해 입는다.

8) 손복딱

광목으로 만든 손장갑의 일종으로 우뭇가사리를 채취할 때 손가락 끝은 노출시킨 장갑이다. 우뭇가사리는 손으로 잡아 뜯어야 하므로 맨손으로 하면 손이 상하는 경우가 많았기 때문에 각자 자기 손에 맞게 제작하여 장갑을 끼고 물질하였다.

9) 눈과 눈곽

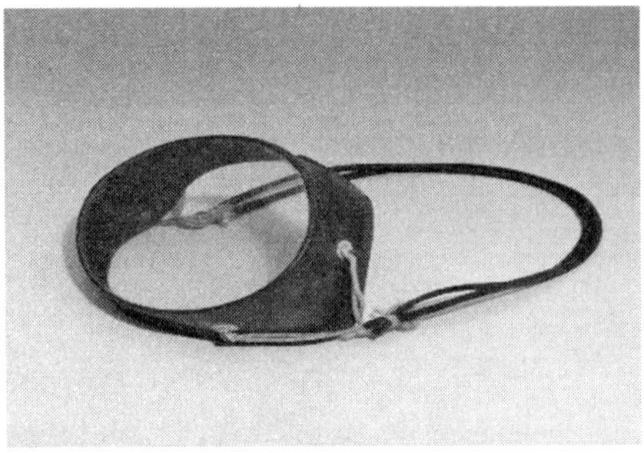

바다 밑을 들여다보기 위해 쓰는 안경을 '눈'이라고 한다. 처음에는 테두리가 구리로 된 작은 소형 쌍안경인 '족세눈'을 주로 사용하다가 1960년대부터는 테두리가 구리로 된 '왕눈'의 둥근 대형 단안경 '쉐눈'을 쓰다가, 1970년경부터는 고무로 된 대형 단안경을 사용했다. 눈을 넣고 다니거나 보관하기 위한 나무상자를 '눈곽'이라고 했는데 눈을 깨끗이 닦기 위해 바닷가에 흔히 있던 쑥을 사용했다고 한다. 쑥은 눈에 뿌옇게 서리가 끼는 것을 방지한다.

10) 개량 해녀복

검정색 고무로 제작된 잠수복은 물의 저항을 고려하여 몸에 찰싹 달라붙는 형태이다. 오래 입을수록 고무가 굳어져서 입고 벗기가 힘들며 통기성이 없어 피부가 가렵다.

개량해녀복은 작업시에 추위를 막아주어 작업시간이 예전의 30분에서 1시간 내외이던 것이 이제는 3시간에서 5시간을 훨씬 넘어 소득면에서는 월등하지만 그에 비해 해녀의 건

강은 심각할 정도로 나빠지고 있다. 이 옷을 착용하면 몸을 신축성 있게 조여주어 공복감을 느끼지 않는다고 한다. 그리고 식사를 하고 바로 조업에 임했을 때는 구토 증세를 일으키는 일이 있어 해녀들은 식사를 하지 않고 물질을 시작하는가 하면 중식을 건너뛰기 예사이다. 그러므로 예전에 두통을 앓는 정도에 머물렀던 잠수병이 이제는 위장장애와 혈압상승 등 범위가 넓어지고 있다고 한다.

11) 빗창

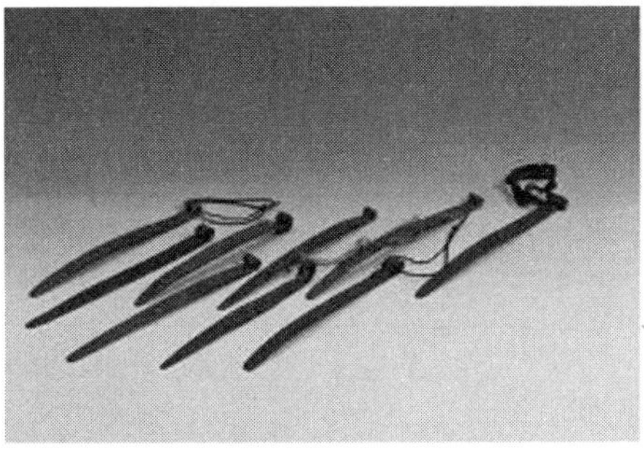

빗창은 전복을 뗄 때 사용하는 30cm 정도의 날카로운 철제 도구이다. 이 빗창에 노란 녹이 슬어 있으면 그 날은 재수가 좋아 전복을 뗄 수 있다고 여긴다. 요즘은 전복이 너무도 귀해서 하군이 되면 빗창은 아예 가지고 다니지 않는다.

12) 테왁과 망사리

햇빛에 잘 익은 박의 속을 내어 텅 비게 한 후 구멍낸 부분으로 물이 들어가지 않게 낡은 고무신을 녹여 막아서 사용한다. 이를 '콕테왁'이라고 하는데 지금은 스티로폴을 사용하여 둥근 테왁 크기로 자르고 헝겊이나 포를 이용하여 부서지지 않도록 싼 테왁을 많이 볼 수 있다. 또한 망사리는 '망아리'라고도 하며 억새풀의 속껍질로 그물모양으로 짠 망으로 채취한 해산물이 새어 나오지 않게 담는다.

13) 절게호미

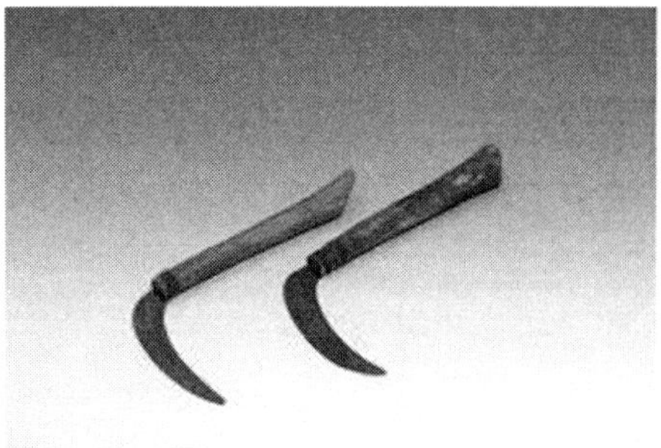

모자반이나 톳, 또는 미역을 채취할 때 쓰는 낫처럼 생긴 호미로 증게호미라고도 한다. 미역채취가 이루어지는 날은 바다에 수 많은 테왁이 떠 있고 망사리 가득 담아 온 미역을 갯가에 널어 햇볕에 말렸다.

14) 호멩이

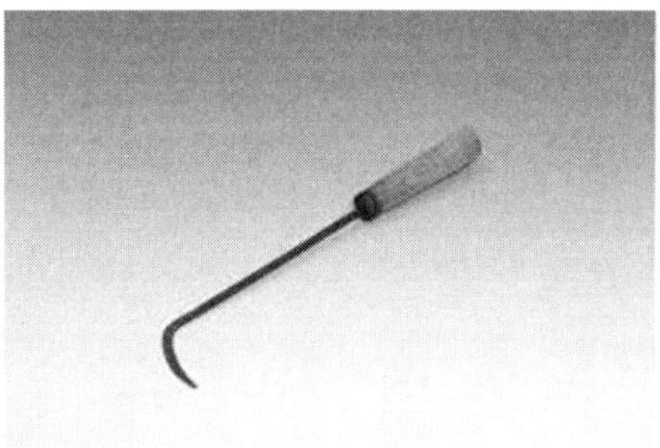

성게나 문어를 채취할 때 사용하는데 김을 맬 때 사용하는 호미와 비슷하다.

3. 테우

테우는 원시적으로 자리 돔을 잡을 때 쓰는 작은 뗏목 배로 통나무를 7~12개를 엮고 뒷부분에 노를 달아 무게가 가볍고 단단한 한라산 구상나무로 만들었다. 테우는 수면과 맞닿아 있어 어떠한 물길이나 파도에도 전복되지 않는다. 그러나 선미에서 두 손을 이용하여 좌우로 180도 회전을 반복하여 젓는 노가 동력의 전부여서 속력이 배 중에서 가장 느리다. 경우에 따라서는 띠로 엮은 '초석'과 감물 먹인 광목 등을 이용한 돛을 달기도 한다.

테우의 형태는 앞의 폭이 좁고 뒤쪽이 유선형을 띠고 있다. 테우는 주로 남정네들이 타고 다니면서 자리를 건져 올렸다. 국자같이 생긴 '국자사둘(쪽바지)'로 잡았다. 대개 3명이 자리잡이를 하는데 1명이 수경으로 물밑을 감시하면 2명이 그물을 드리워 조류 따라 들어오는 자리를 포획하거나 감태나 멜 잡이에도 이용되었다. 테우를 이용한 물질은 화학비료가 대량 보급되기 이전인 1960년대 말까지 절정을 이뤘으며 그 이후로 쇠퇴했다.

제주도에서 유일하게 남자들이 하는 작업은 자리돔잡이와 멸치잡이가 있다. 멸치잡이는 삼양, 이호, 협재, 곽지, 함덕, 김녕, 신양, 화순 등지의 모래사장과 암반이 발달된 지역에서 실행했다. 제주도에서는 멸치 분기초망을 사용해서 잡았는데 분기초망은 큰 배 1척과 보조선 2척이 그물을 펼쳐 고기를 잡는 방식인데, 분기초망방식은 큰 배에 보조선 2척을 싣고 가 현장에서 보조선을 내려 조업을 하는 것이다. 테우 5~6척이 커다란 그물로 멸치를 한 곳에 모아 들망으로 떠서 멸치를 잡으면 바닷가에서 여자들은 잡은 멸치를 삶아서 햇빛에 말렸다.

• **테우** : 테우(터배, 떼배)는 선사시대 인류문명의 발상지인 강 유역에서 부족간의 물자이동에 이용해 온 원시배이다. 이 배는 제주 연안에서 고기잡이, 해조류 채취뿐만 아니라 해녀들의 이동수단으로 사용했던 전통 배이다.

• **멸치잡이** : 먼저 망선이 출항해서 수경으로 멸치떼를 확인한 후, 그물로 멸치떼를 에워싼다. 4~6척의 테우에 탄 어부들이 그물을 잡아당겨 멸치들이 모아지면 족바지로 멸치를 멜고리(바구니)에 담아 테우로 실어 나른다. 해안가에서는 양철솥에 멸치를 삶아 마른멸치로 만들었다.

• **구엄 돌소금** : 애월읍 구엄리 속칭 '빌레뜨르'는 돌소금을 만드는 곳이다. 구엄주민들은 대략 17세기부터 바닷가에 광범위하게 펼쳐져 있는 암반에 바닷물을 끌어들여 돌소금

을 만들기 시작했다. 돌염전의 길이는 100m이고 폭은 50m로 500평에 이른다. 해방 후까지 이어져 왔으나 생활개선과 의식구조의 변화로 1950년경에 와서 자취를 감추었다고 한다.

교수자료

해녀는 무엇을 할까요?
옛날에는 어떤 물건을 사용했을까?
애기구덕이 무엇일까?

교재교구

해녀 옷을 입어 보아요
해녀도구를 알아 보아요

여성과 바다	활동명	해녀는 무엇을 할까요?
목표	- 해녀가 하는 일을 말할 수 있다. - 해녀가 사용하는 도구를 말할 수 있다.	

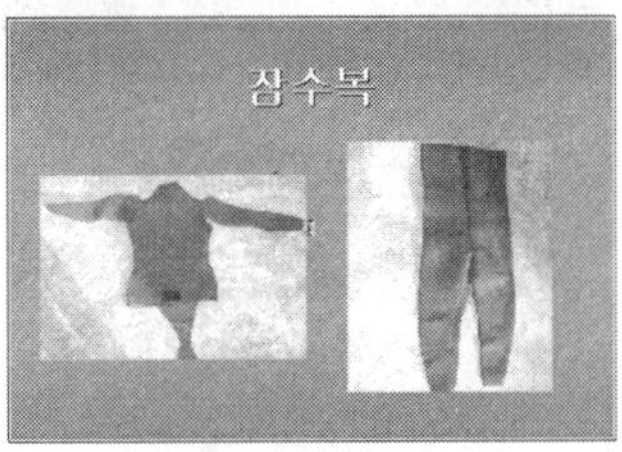

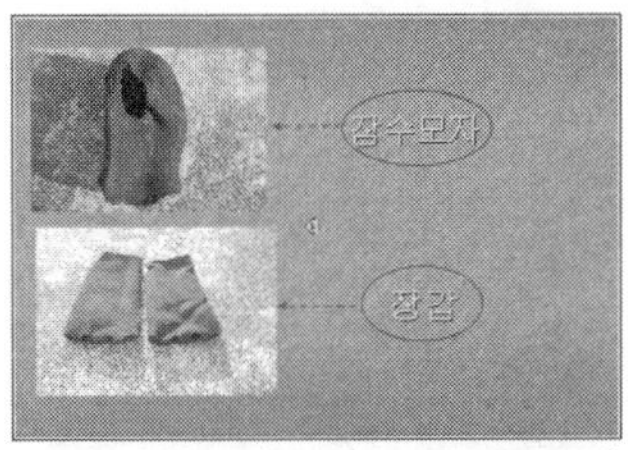

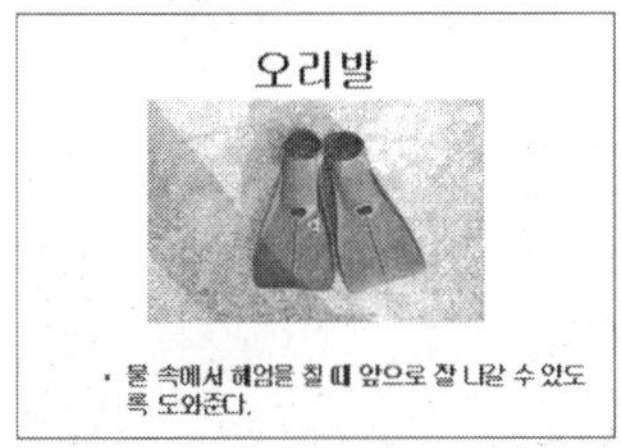

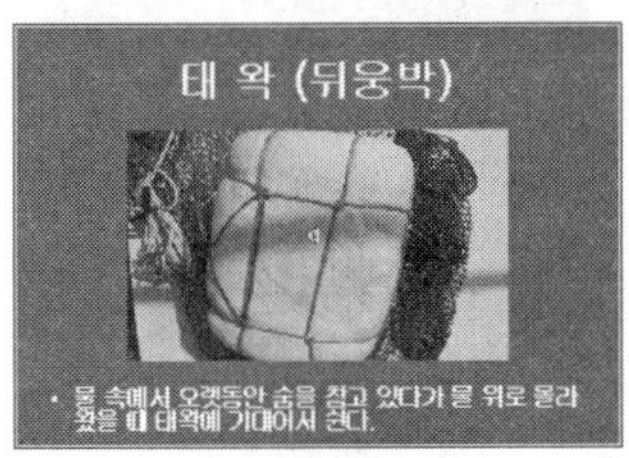

16

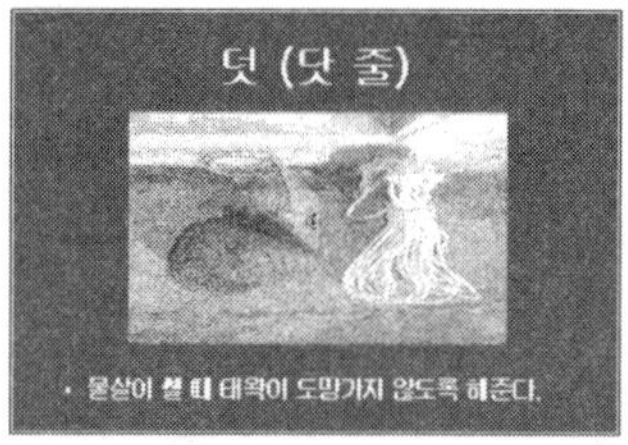

17

18

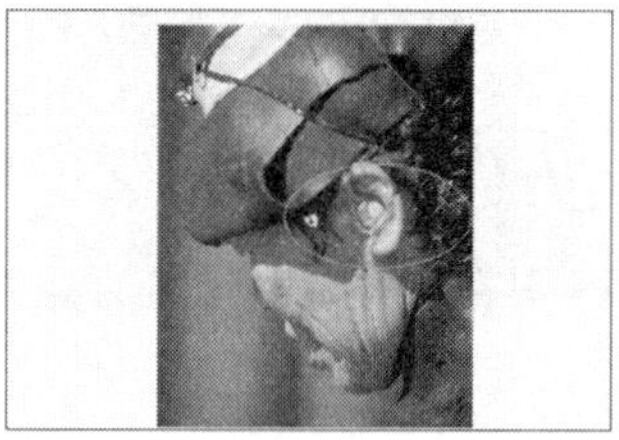

19

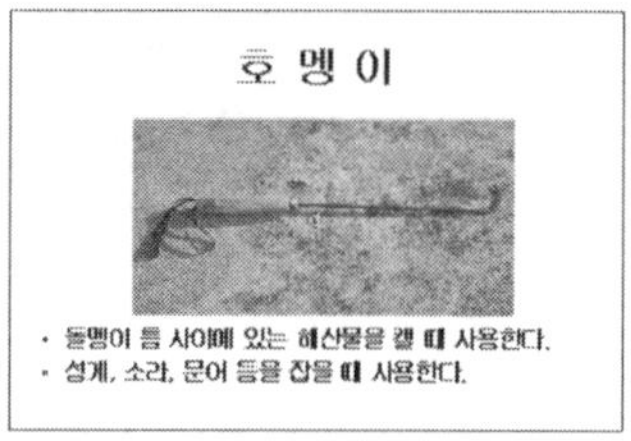

20

21

22

23

24

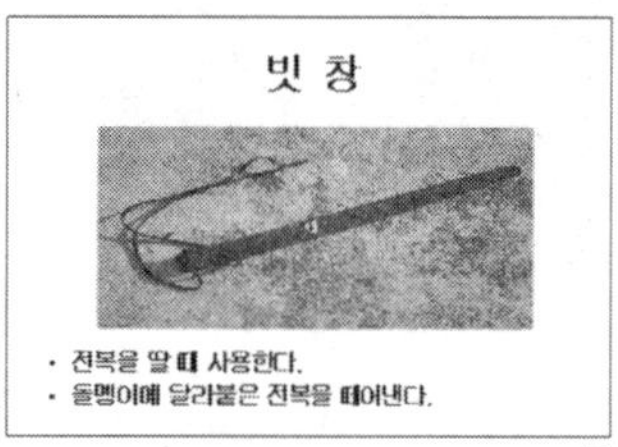

25

26

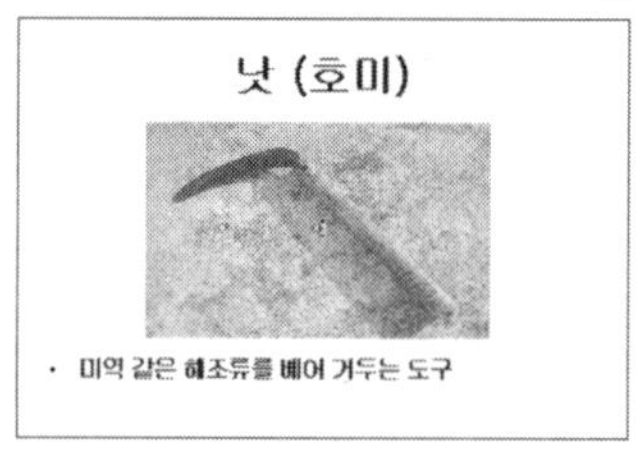

27

28

29

<table>
<tr><td>활동방법</td><td>1~3. 바다에서 일하는 여성을 무엇이라 불렀을까?
4. 해녀는 어떤 옷을 입을까?
7~12. 물속에 들어가서 잡은 것들을 어디에 둘까?
13. 물 속에서 있을 때 눈에 물이 들어가면 어떻게 될까?
14. 무엇을 사용할까?
15. 물 속 깊은 곳에 가려면 무엇을 사용할까?
16. 왜 사용했을까?</td></tr>
</table>

	17. 바다 위에 담아 둔 바구니가 멀리 가지 않도록 어떻게 해두었을까? 18. 귀에 물이 들어가면 어떻게 될까? 19. 무엇을 사용하면 될까? 20. 바위에 붙어 있는 것을 손으로 뗄 때 안 떨어지면 어떻게 할까? 21. 무엇을 사용하여 떼었을까? 22~23. 전복을 잡는 모습을 보자. 24. 해녀는 어떤 것을 잡을까? 25. 무엇을 사용할까? 26. 잡는 모습을 보자. 27. 미역이나 톳은 어떻게 가져올까? 28. 무엇을 사용할까? 29. 바다에서 일하는 멋진 여자들의 모습을 보자. 바다에서 일하는 아저씨도 있고 바다에서 일하는 아줌마도 있다.

여성과 바다	활동명	옛날에는 어떤 물건을 사용했을까?
목표	- 제주도의 옛날 사람들이 사용한 도구를 알아본다. - 옛날에 사용한 물건과 오늘날 사용하는 물건을 비교해 본다.	

1

2

3

4

5

6

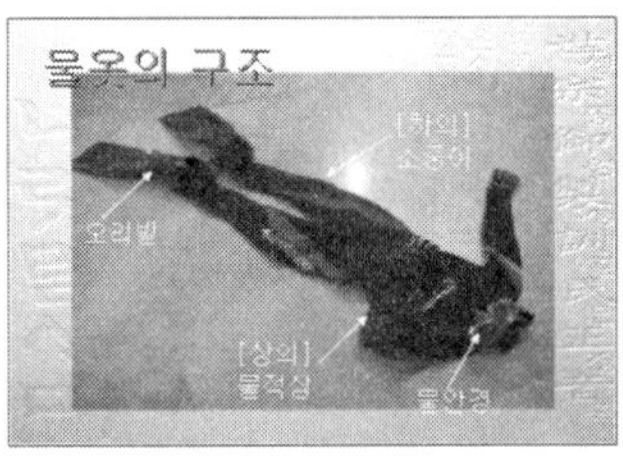

7

8

9

10

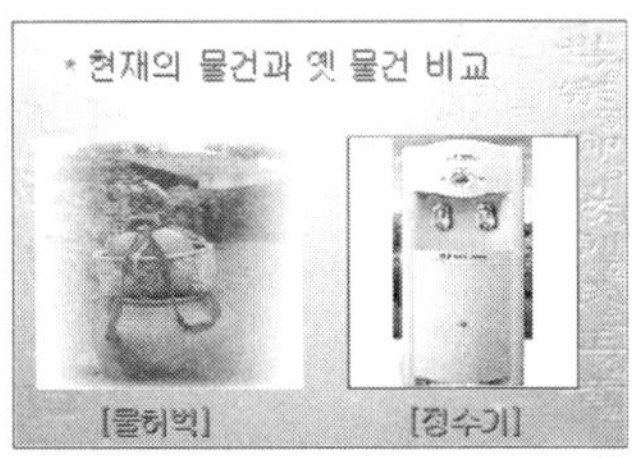

11

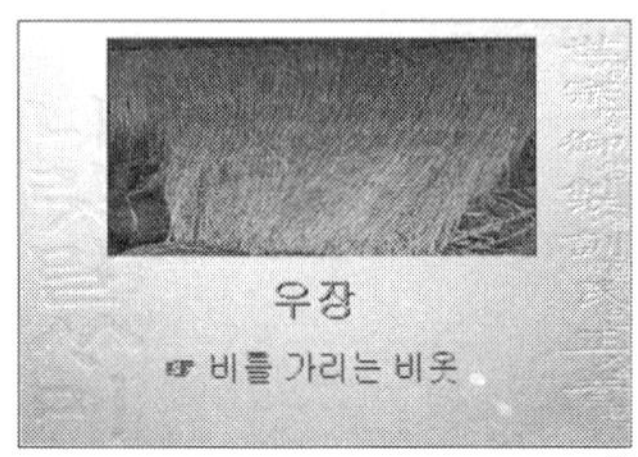

12

13

14

15

<table>
<tr><td colspan="2">

16

17

18

19
</td></tr>
<tr><td>활동방법</td><td>1. 제주 엄마들이 사용한 물건들은 무엇일까?
2~3. 옛날 곡식의 껍질은 어떻게 벗기고 갈았을까?
4. 오늘날 사용하는 물건은 어떤 것이 있을까?
5~6. 바다에서 일하는 해녀는 어떤 옷을 입었을까?
7~10. 물이 귀한 제주에는 어떻게 물을 가져와 먹었을까?
12~14. 비가 올 때는 어떤 옷을 입었을까?
16. 아기들은 어디에서 잠을 잤을까?</td></tr>
</table>

여성과 바다	활동명	애기구덕이 무엇일까?
목표	- 아기를 돌보는 도구의 명칭을 말할 수 있다. - 아기구덕의 모양과 특징, 용도를 말할 수 있다.	
 1 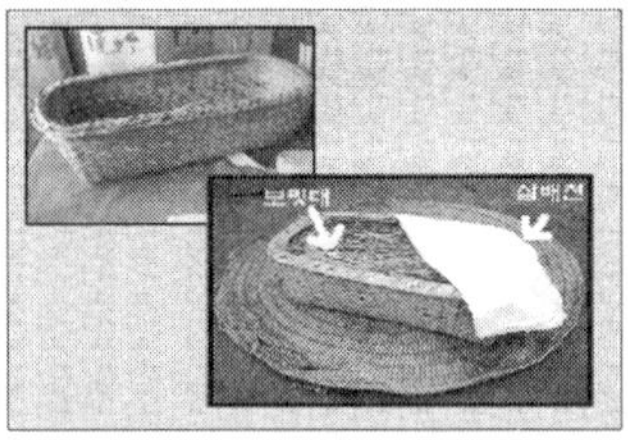 2 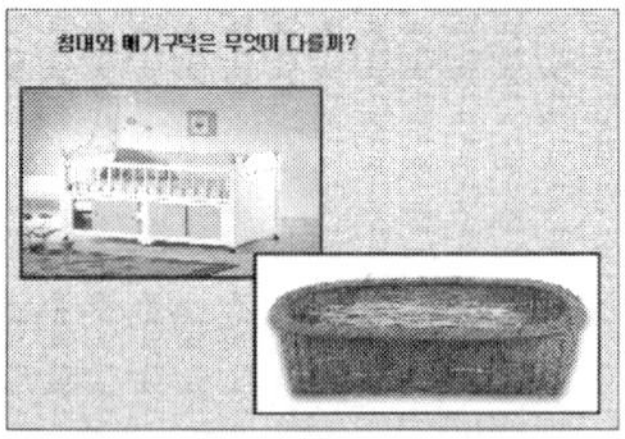 3  4 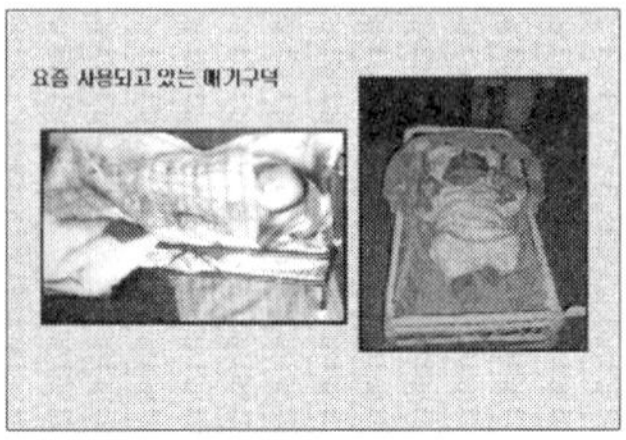 5  6		
활동방법	1. 무엇일까요? 2. 무엇으로 만들었을까요? 3. 무엇을 담았을까요? 4. 옛날 제주의 어머니들은 왜 이 바구니를 사용했을까요? 5. 오늘날 어떤 물건과 비슷할까요?	

<table>
<tr><td>여성과 바다 1</td><td>교구명</td><td>해녀 옷을 입어 보아요</td></tr>
<tr><td>목표</td><td colspan="2">• 해녀복의 특징을 안다.
• 신체 각 부분에 무엇을 착용했는지 안다.</td></tr>
<tr><td>준비물</td><td colspan="2">EVA, 함석판, 자석, 시트지, 가위, 해녀사진, 색지, 펀치, 고리</td></tr>
<tr><td>제작과정</td><td colspan="2">〈책 만들기〉
① EVA를 알맞은 크기로 자른다.
② EVA안에 함석판을 알맞게 붙여주고 그 위에 양면테이프를 붙여서 한 면에는 옛날 해녀 복의 사진을 붙여주고 해녀 옷과 여러 가지 도구를 붙여준다.
③ 그 위에 시트지를 붙여서 마무리를 해준다.
④ 옆 면에는 같은 방법으로 EVA위에 함석판을 붙이고 바다배경에 사람모양을 그린 후 오려붙인 것을 코팅하고 함석판 위에 붙여준다.
⑤ 차례대로 놓고 끝 부분을 펀치를 이용해서 구멍을 4개를 뚫은 다음 고리를 이용해서 끼워준다.
⑥ 마스킹 테이프로 마무리한다.

〈옷 만들기〉
① 해녀 복과 해녀 도구 사진을 준비한다.
② 오린 사진을 코팅해 양면테이프를 이용해 자석을 붙인다.</td></tr>
<tr><td>활용방법</td><td colspan="2">① 첫 장을 넘기면 옛날의 해녀 복 사진과 해녀 복과 도구들이 붙여져 있다.
② 사진을 보면서 사진과 똑같이 현대 해녀 복 사진과 사람모양에다가 옷을 입혀준다.</td></tr>
<tr><td>교구사진</td><td colspan="2"> </td></tr>
</table>

<table>
<tr><td>여성과 바다 2</td><td>교구명</td><td>해녀도구를 알아보아요</td></tr>
<tr><td>목표</td><td colspan="2">• 해녀들이 쓰는 도구에 대해 안다.
• 우리가 쓰는 도구와 해녀들이 쓰는 도구에 대해서 구분할 수 있다.</td></tr>
<tr><td>준비물</td><td colspan="2">하드보드지 4장, 마스킹테이프, 시트지, 여러 해녀도구 사진들, 우리가 쓰고 있는 도구 사진</td></tr>
<tr><td>제작과정</td><td colspan="2">① 4절지 크기의 하드보드지를 4등분 한다.
② 우리들이 쓰는 도구를 붙이고 (테왁망사리->바구니)
해녀들이 쓰는 도구에 대한 설명을 붙인다.
③ 해녀들이 쓰는 도구는 사진크기로 하드보드지에 붙여 뒤에 까슬이를 붙인다.
④ 우리가 쓰는 도구 옆에 보슬이를 붙여 해녀들이 쓰는 도구와 우리가 쓰는 도구를 연결시킬 수 있게 한다.</td></tr>
<tr><td>활용방법</td><td colspan="2">① 유아들과 먼저 사전활동으로 해녀박물관에 갖다온다.
-해녀박물관에서 무얼 보았니?
-해녀들이 쓰는 도구에는 어떤 도구들이 있었니?
② 교사가 해녀들이 쓰는 도구에 대해 유아들이 다시 인식할 수 있도록 한 번 더 설명해 준다.
③ 해녀들이 쓰는 도구에서 비슷한 우리들이 쓰는 도구에는 어떤 도구들이 있는지 물어본다.
④ 유아들에게 해녀들이 쓰는 도구와 우리가 쓰는 도구를 연결시켜 주어 유아들이 해녀들이 쓰는 도구에 대해 어떻게 쓰이는지 알 수 있게 한다.</td></tr>
<tr><td>교구사진</td><td colspan="2"></td></tr>
</table>

제 8 장

제주의 이야기

1. 제주이야기의 교육적 가치

전래동화는 설화의 형태 속에서 그 상징적·심리적 의미를 포착하여 동심의 수준에 맞게 개작하여 문학작품으로 유아들에게 줄 수 있는 보편적 삶의 가치와 의미를 담고 있다(장혜순, 1997). 유아들의 교육 자료로 활용되는 전래동화는 유아들에게 경험의 폭을 확산시켜 주며, 사고력과 창의력을 길러주고 이야기를 통해 즐거움 속에서 주변세계를 이해하게 되며, 독서에 대한 좋은 태도와 함께 언어능력, 심미적 감상능력을 다룰 수 있다. 따라서 가정에서는 물론, 유아교육기관에서도 의도적인 계획 하에 유아들의 전래동화 경험 기회를 풍부하게 제공하여 전래동화를 즐기면서 이해하고 감상하는 태도를 기를 수 있다. 그 중에서도 제주의 이야기는 단순한 옛날이야기가 아니라 제주인의 삶을 통해 생각, 사상, 감정, 지혜, 용기, 가치관을 이해할 수 있는 교육자료로써 활용할 수 있을 것이다.

제주의 이야기 속에는 우리 이웃에서 흔히 접할 수 있는 평범한 인물이 등장한다. 그중에서도 동물과 가족의 이야기는 유아기 발달에 적합한 주제이며, 하늘과 땅을 오가는 이야기는 유아들의 창의력을 길러줄 뿐 아니라 이야기 속에 등장하는 할머니 또는 여신을 통해 진취적이고 도전적인 여성성을 획득할 수 있을 것이다. 여기서는 제주의 이야기를 통해 옛날 사람들의 생활모습을 이해하고 착한 사람은 벌을 받고 나쁜 사람을 벌을 받는 이야기를 통해 도덕적 가치관을 내면화할 수 있으므로 유아들에게 재미있고 유익하게 활용하고자 한다.

2. 제주 전래 이야기의 구분

제주도는 신화의 섬 또는 환상의 섬이라 할 만큼 많은 이야기가 있는 곳이다. 그 수는 한라산의 곳곳에 얽힌 신화에서부터 조상에 대한 신화에 이르기까지 이루 헤아릴 수 없을 정도로 많다. 여기서는 입에서 입으로 전해지는 설화를 신화, 전설, 민담으로 구분하는 일반적 구분에 의해 살펴보고자 한다.

1) 신화

신화란 자연현상이나 사회현상의 기원이나 그 질서의 형성 등 태초적인 사실을 신을 중심으로 하여 설명하는 본풀이다. 본풀이는 심방이 굿을 할 때 제상 앞에서 신을 향해 노래하는 설화이다. 이 설화는 대개 신의 출생으로부터 신으로서의 직능을 차지하여 모셔질 때까지의 내력담으로 되어 있다. 이들 이야기에는 태초적인 우주개벽에 관한 이야기나 자연현상 또는 사회 질서의 형성에 관한 이야기가 있는가 하면 그리 오래지 않은 과거의 사실을 설명하는 이야기도 있다.

신화의 신성성은 난생, 기아, 용출과 같은 특이한 사실에서 발견되며 전승자들은 이러한 사실을 진실로 믿고, 증거를 제시함으로써 신성성을 강화한다. 이러한 관념은 전승집단의 신앙을 요청하며 집단단결의 핵심적 역할을 하기도 한다. 따라서 본풀이는 제주도 특유의 신화요, 굿판에서 생생히 불려지고 있다는 점에서 신화의 본원적 성격이 살아 있다. 본풀이는 대개 일반본풀이, 당본풀이, 조상본풀이로 구분하며, 천지, 일월, 산해, 질병, 생업, 빈부 등을 관장하는 신들의 내력을 담은 이야기들이다.

2) 전설

제주의 전설은 자연전설 · 역사전설 · 신앙전설 등으로 구분할 수 있다. 자연 전설은 특이한 자연 현상을 설명하고, 역사 전설은 역사적인 인물이나 사건에 대해 설명하고, 신앙 전설은 풍수지리, 속담 등 민간신앙에 관계된 문제를 설명한다. 제주의 자연 전설에는 제주의 지리적 조건을 설명하는 것이 주류를 이룬다. 제주의 자연 전설은 단지 그 자연 현상을 설명하는 데 그치지 않고 한편의 이야기를 통해서 제주 자연의 유래를 설명하면서 동시에 제주 사람들의 삶의 역사와 그 양식을 말하고 있는 것이다.

(1) 자연전설

제주의 자연 전설은 산악과 암석에 대한 전설이 많다. 제주는 화산섬으로 땅이 메마르고 용천이 적고 하천은 비가 올 때만 흐르기 때문에 기암절벽과 돌이 많은 척박한 환경에 있다. 이러한 지리적 상황을 도민들은 여러 가지 모티브를 통해 그 이유를 합리성 있게 설명하고 있다.

'아흔 아홉골' 전설에서는 한 개의 골짜기가 모자라 호랑이랑 사자 등 맹수가 없게 되었을 뿐만 아니라 인물도 나지 않게 되었다는 이야기라든가, '설문대 할망' 전설에서는 명주 99필은 준비되었으나 한 필이 모자라서 설문대 할망의 속옷 한 벌을 짓지 못하게 되고 섬이 되는 이야기는 지리적 한계를 나타내고 있다. 즉, 이러한 전설은 지리적 제약 때문에 어려운 생활에서 벗어날 수 없는 도민의 처지와 섬이라는 지리적 조건에 의해 사람의 힘으로는 해결할 수 없는 한계를 나타내는 부분이다.

(2) 역사전설

역사적 전설에는 관원 · 장사 · 이인 · 여걸 등에 대한 전설이 많다. 관원에 대한 이야기는 주로 섬의 행정 책임관인 목사에 대한 이야기로 '당오백 절오백 전설', '기건 목사 전설'과 같이 무속타파나 도민의 안녕을 위한 이야기가 있다. 장사 전설은 풍수지리설과 관련되며 부모님의 무덤을 잘 모셨기 때문에 날개달린 남아가 태어나지만 사회적인 고정관념 때문에 그 날개를 제거해 버려서 결국은 장사가 되지 못하는 이야기라든가, 남자도 대적할 수 없는 힘이 센 여자 이야기는 제주의 풍토적 조건과 역사적 조건의 특수성을 보여준다.

역사 전설에는 실제 인물이나 그와 관련된 사건에 대한 전설들이 많다. 제주의 역사 전설은 역사적 인물이나 사건에 대한 형상화이며, 인물 전설은 살았던 인물에 대한 사실성에 근거한다는 점에서 역사전설과 같은 맥락으로 볼 수 있다. 그 중에서도 제주의 인물 전설에는 특이한 인물들이 세상을 살아가는 동안 상황에 의해 좌절하거나 적응해서 살아가는 이야기가 중심을 이룬다. 이런 인물들은 거의 장수이거나 장사들, 그리고 비범한 능력을 가진 인물들이다. 이들이 갖고 있는 비범성은 그 시대가 수용해 주지 못하므로 좌절하고 평범하게 살아가는 모습을 보여주고 있으며 실제 살았던 역사적인 모델이므로 사실성을 유지하고 있다.

(3) 신앙전설

신앙전설에는 풍수지리에 대한 전설, 사신전설 등이 많고, 무속의 신당에 대한 유래담 등 전설보다는 당본풀이로서 신화의 성격을 띤 이야기들이 많다. 이는 제주도민의 신앙 특성과 설화분류 의식을 반영한 것이다. 신앙 전설은 대부분 풍수나 무속에 관한 것으로 풍수설화로는 단혈과 명당이야기를 들 수 있고, 인물설화로는 장사, 건달, 계모, 처첩, 열녀, 효녀 등 사람들에 관한 다양한 이야기가 있다.

3. 유아교육현장에서 제주이야기의 활용

동일한 유형의 이야기가 제주의 각 지역, 문화에 따라 다른 형태로 전승되고 있다. 입에서 입으로 전해져 내려오는 이야기는 어디까지나 전승자에 의해 변형되기 때문이다. 따라서 유아전통교육을 위해 수집한 제주의 이야기는 무수히 많다. 같은 제목이라 할지라도 지역에 따라 전승자에 따라 차이가 있었다. 이야기의 원형이 같으나 제목이 다른 경우도 있고, 제목은 같으나 다른 내용도 있다. 수많은 이야기들은 신의 유래를 설명하면 신화로, 인간의 존재를 설명하면 전설로, 행복담으로 전승되면 민담으로 구분하고 있다.

여기서는 제주에 많았던 세 가지(돌, 바람, 여자)를 기준으로 구분하였다. 그런데 돌, 여자와 관련된 이야기는 쉽게 찾아볼 수 있었으나 바람에 대한 이야기는 상대적으로 쉽게 찾아볼 수 없었고 물에 대한 이야기가 많아서 돌, 바람, 물, 여자를 두고 이야기를 정리하였다. 수집된 이야기들은 방대하였으므로 먼저 양성평등교육을 고려해 자살이나 열녀를 다루고 있는 내용은 삭제하였다. 다음으로 생태교육을 고려하여 단순히 돌의 모양과 생김새를 설명하는 이야기는 삭제하고, 자연환경과 인간의 조화를 다루는 이야기를 선택하였다. 다음으로, 유아의 발달수준을 고려해 이야기 자료로 만드는 과정에서 이야기의 길이를 고려하고 무속과 신이 주가 되는 이야기는 삭제하여 유아를 대상으로 구연 가능한 이야기 1,022편을 선별하였다. 선별된 이야기는 구연을 고려해 해설과 대사로 구분하여 개작하였다. 68명의 예비 유아교사가 유아를 대상으로 부적절하다고 판단한 내용을 삭제하여 619편의 이야기를 1차 선별하였고, 선별자료는 경력 8년 이상 유아교사 2인이 성별, 연령에 따라 지명, 지형, 자연 환경, 생활방식, 신앙 풍속을 고려해 5점 기준으로 평점 3점 이상의 이야기 67편을 2차 선별하였다. 최종 선별된 이야기는 예비교사의 매체제작 적합성 선호도에 따라 융판, 그림, 슬라이드, OHP, 컴퓨터로 제작하였으며, 여기서는 24편의 이야기를 제시하였다(최진원, 2006).

여성을 중심으로 수집된 이야기는 딸, 누나, 며느리, 할머니 등 가족 구성원으로서 연령대별 역할모델을 내면화하도록 제시하고 있으며, 돌, 바람, 물을 중심으로 수집된 이야기는 제주의 지형과 자연현상을 쉽게 이할 수 있는 교육자료로 활용하고자 하였다. 다음에 제시된 이야기는 원형을 유지하는 상태로 나타냈으나, 얼마든지 유아의 발달수준에 적합하게 변형·재구성하여 활용할 수 있을 것이다.

1) 양성평등교육

(1) 금덕이여

가난한 집에 어머니를 돌보기 위해 금덕이는 바다에 물질을 나간다. 파도가 거세어 다른 해녀들은 돌아가지만 아줌마들이 돌아간 바다에 금덕이는 혼자 남는다. 금덕이는 바다 속에 큰 바위를 발견하고 바위 위에 서서 오랜시간 지혜롭게 기다린 후 구출된다. 발견과 안전에 대한 교육자료로 활용할 수 있으며, 가족을 돌보는 딸의 모습에서 이웃과 가족을 주제로 다룰 수 있다.

(2) 송씨며느리/힘센 봉순이

남자들도 들기 힘들다는 바위를 번쩍번쩍 들어올리는 모습은 돌이 많은 제주의 자연 환경을 엿볼 수 있으며 물을 길러 허벅을 지고 가는 모습은 제주여인의 생활모습을 알 수 있게 한다. 힘이 센 여자 장사이야기는 장미란과 같은 세계 역도선구가 그 옛날 제주에 있었다는 점을 환기시킬 수 있다. 이야기 속에서는 결혼을 했는지 안했는지 알 수 없는 여인으로 묘사되기도 하고 어떤 이야기에서는 냇가에 사는 송씨 집의 며느리로 제시하고 있기도 하며, 어떤 이야기에서는 들음돌 대회에 나가서 우승하는 할머니로 묘사되기도 한다. 이들 이야기 모두 강인한 여성성을 보여주고 있다.

(3) 자청비

옛날에 글공부 기회가 여자에게 없었던 자청비가 남동생으로 변장을 하고 글공부를 하는 모습이나 문도령이 하늘로 올라가는데 자신이 바느질을 하여 자기 존재를 알리는 내용은 수동적인 여성성을 극복하는 진취적인 모습이라 하겠다. 자청비는 유아기 발달수준에 적합하지 않아 삭제된 부분이 있으나 농사의 여신으로 묘사된 점에서도 접근할 수 있다.

(4) 설문대 할망

힘도 세고 키도 몸집도 큰 할머니는 일반적이지 않다. 성과 연령에 관한 편견으로 노인은 약하고 여성은 작다는 생각을 갖는 것이 일반적이다. 그럼에도 불구하고 크고 강한 할머니가 사람들을 돕는 모습은 노인에 대한 여성에 대한 인식을 새롭게 한다. 남과 다른 점에서 왕따를 당하는 경우나 소심해지는 것이 아니라 사람들을 돕는 모습을 볼 수 있고, 우리나라의 시조인 고조선을 단군인 남성이 만든 것과 달리 제주도는 설문대 할망이 만들었다는 이야기이다.

2) 생태교육

(1) 아기배달부 삼신할머니

하늘나라의 세계와 땅 위에서의 세상을 넘나드는 공주의 모습은 상상력을 자극하며, 생명을 주관하는 할머니는 여성을 창조적이고 따뜻한 모습으로 묘사하고 있다. 아기 돐과 백일이 갖는 의미를 쉽게 이해할 수 있으며 아기의 탄생과 관련해 생명을 주제로 활용할 수 있다.

(2) 용궁올래와 칼선도리

바다 속 깊은 곳의 세상과 바다 위를 오가는 해녀의 모습은 상상력을 자극하며, 바다 속 모습을 통해 제주바다의 생물을 활용한 탐구활동으로 확장시킬 수 있다. 또한 바위의 모습을 자세히 관찰하고 돌과 나뭇잎 등 자연의 모양과 생김새를 통해 이야기를 꾸며볼 수 있다.

(3) 지장샘

물병에 샘물을 가득 뜨자 샘물이 사라져 버리는 내용은 물이 항상 있지 않다는 사실을 알게 하므로 생활과 환경을 주제로 다룰 수 있고, 물병의 샘물을 땅에 붓자 샘물이 생기는 장면은 요술적인 환상을 통해 즐거움을 준다. 또한 할아버지와의 약속을 지켜 샘물을 지키는 농부의 모습에서 약속에 대한 정의적 발달영역 자료로도 활용할 수 있다.

(4) 돌이 된 산방덕이

동굴 위에서 왜 물이 떨어지는지에 대한 문학적 접근을 이해하고, 실제현상을 과학적으로 설명함으로써 자연현상에 관심을 가지도록 한다.

(5) 대별왕 소별왕

해와 달이 하나씩 있고 서로 함께 낮과 밤이 되지 않음을 문학적으로 접근하여 지구와 환경을 주제로 다룰 수 있고, 이를 바탕으로 자연현상에 관심을 가지고 계절과 낮과 밤의 변화를 지도할 수 있다.

(6) 마마신의 심술

구멍이 뚫린 현무암의 특징을 화산폭발에 의한 과학적 접근이 아니라 제주의 자연환경인 바람과 관련하여 쉽고 재미있게 문학적으로 접근하고 있다.

이상에서 제시된 이야기 외에도 다양한 교육요소를 찾을 수 있다. 여기서는 편의상 활용의 예를 보여주고자 구분하였다. 문학작품을 어떤 형태로 교육할 것인지에 대해서는 끊임없는 고민과 연구가 필요하다. 단순히 문학작품을 읽고 이해하는 인지적 수준을 벗어나 체험과 견학을 통해 내면화하여 학습자 중심으로 재구성하는 창의력 증진 기회가 되어야 할 것이다.

우리나라에서는 지금까지 교육의 중앙집권적 체제가 일반화되어 왔으며 획일적 교과과정의 운영이 보편화되어 왔으나, 최근에는 지역문화에 대한 교육을 활성화시켜야 한다는 자각과 함께 이를 위한 다각도의 노력이 이루어지고 있다. 생생한 체험은 상상력과 창의력을 자극하는 가장 좋은 계기가 되며, 제주지역의 문화에 대한 가장 적절한 소재를 골라 현장답사와 함께 하는 문학교육을 통해 이야기가 만들어지고 전승되고, 새롭게 변화되는 건강한 문화인으로 키울 수 있어야겠다.

제 목	굼둘애기물
	그 옛날 귀덕 앞바다에는 절반은 사람이고 절반은 물고기인 인어가 살고 있었어요. 인어는 사람들의 눈을 피해 낮에는 바다 속에서 헤엄을 치며 놀다가 해가 지면 마을 앞 방파제 역할을 하는 '큰여'와 '작은여'에 올라가 쉬었어요.
	어느 날 인어가 여유롭게 헤엄을 치며 놀고 있었어요. 인어 : "랄라라라~" 그런데 갑자기 자신의 몸집보다 큰 고기들이 나타났어요. 대장 큰 고기 : "이야~ 여기는 먹을 것도 많고 물도 깨끗하니 살기 딱 좋겠군. 아니~ 저 이상하게 생긴 물고기는 뭐야~ 우리 살기에 방해가 될테니 쫓아버려야겠다." 다른 큰 고기들 : "그래~ 대장! 좋은 생각이야. 이상하게 생긴 물고기야! 여기서 나가줘야겠다!!" (인어를 물며) 아 음! 인어 : "아아 아야야 아파. 내 힘으로 도저히 상대가 안돼~ 빨리 '큰여'로 올라가서 몸을 피해야겠어."
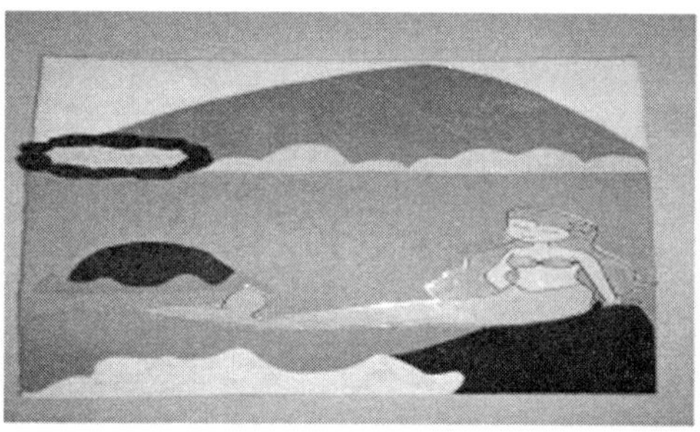	'큰여'로 올라온 인어는 자신의 몸을 보고 깜짝 놀랐어요. 인어 : "어머나! 내 몸이 온통 상처투성이잖아. 이대로 두면 상처가 깊어져 살 수 없을 텐데..." 바닷물은 짜서 씻으면 상처가 더 깊어질꺼야. 어떡하면 좋지?? 아! 그래! 마을 앞에 흐르는 용천수로 가서 씻어야겠다.
	인어는 마을 앞 용천수로 가기 시작했어요. 인어 : "(풍덩) 야아~. 그래도 용천수로 씻으니 상처가 낫기 시작하고 있어~~" 인어가 용천수에서 몸을 씻고 있을 때 용천수 주변에서는 마을 사람들이 빨래를 하고 있었어요. 마을사람1 : "인어가 많이 다친 것 같군 그려" 마을사람2 : "용천수로 씻어 빨리 나았으면 좋겠네요." 마을사람3 : "인어가 상처를 깨끗이 씻고 나을 수 있도록 우리 모두 모르는 척 해줍시다. 쉿!" 이런 사실을 알지 못했던 인어는 상처를 모두 씻고 바다로 돌아갈 때가 되서야 자신의 모습을 마을 사

<table>
<tr><td></td><td>람들이 다 보고 있었다는 사실을 알게 되었어요.
인어 : "나를 보고도 보지 못한 척 해주시다니.. 정말 마음이 따뜻하고 배려 깊은 사람들이야. 모두들 정말 고마워요~ "
인어는 꾸벅꾸벅 인사를 올리고 바다로 사라졌어요.</td></tr>
<tr><td>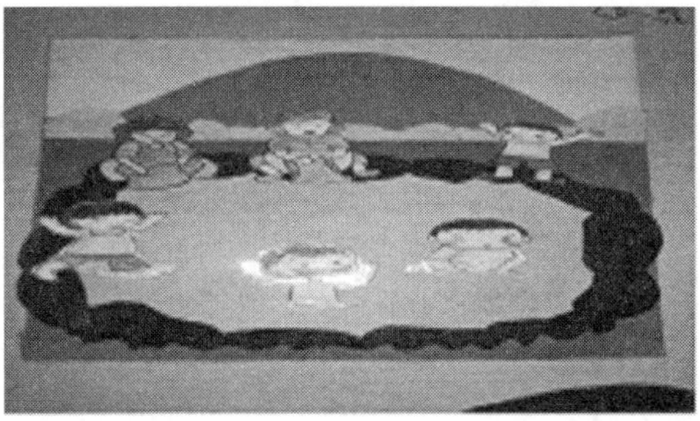</td><td>그 후 이 용천수에서 몸을 씻은 사람들은 신비하게도 잔병이 없어졌어요.
마을사람1 : "이 용천수로 몸을 씻었더니 제 피부병이 나았어요."
마을사람2 : "저도 몸에 상처난 곳들이 싹~ 나았어요."
마을사람3 : "정말요?? 이 용천수는 보통 용천수가 아니네요."
마을사람1 : "맞아요~ 인어도 여기서 상처를 씻어서 나았으니 말이에요. 신비한 일이 아닐 수 없어요. 우리 이 용천수에 이름을 지어주고 아껴 씁시다."
마을사람2 : "전에 인어가 바다로 사라지는 모습이 마치 물오리가 고기를 잡는 모습과 비슷했어요. 여기를 '굼둘애기물'로 하는 것이 좋을 것 같아요."
마을사람들 : "그거 좋은 이름이요. 그걸로 합시다."</td></tr>
<tr><td></td><td>이후에도 인어는 아니지만 큰 거북이가 해질녘쯤 '굼둘애기물' 주변에 나타나 노닐다가 마을을 향해 인사하듯이 고개를 끄덕이고 바다로 돌아갔대요. 큰 거북이가 나타나는 해에는 마을에 큰 경사가 생겼다고 해요. 그래서 사람들은 인어가 거북이로 다시 태어나 주는 선물이라고 생각했대요.</td></tr>
</table>

제 목	거욱대
	화창한 봄날이었어요. 한 선비가 일을 마치고 집으로 돌아가기 위해 말을 타고 바닷가를 달리고 있었어요. 그런데 바닷가 저 멀리서 뭔가가 보이기 시작했어요. 선비 : "어? 저게 뭐지? 불. 불이잖아?" 그 불은 하나, 둘, 셋, 넷 점점 늘어나기 시작했어요.
	선비는 놀라서 도망치기 시작했어요. 그런데 그 많은 불들이 점점 선비를 쫒아 왔어요. 선비 : "사람 살려~ 도깨비불이다~"
	마을에 있는 집에 불이 붙기 시작했어요. 마을사람들 : "불이야~ 사람 살려~" 불이 집들을 태우기 시작하자 사람들은 불을 끄기 위해 물을 퍼 붇기 시작했어요.
	마을사람1 : "아니, 대체 그 불들은 무엇이란 말입니까?" 마을사람2 : "혹시 도깨비불이 아닐까요?" 마을사람1 : "도깨비불이요?" 마을사람3 : "그 전에 갑자기 생겼다가 없어진다는 그 도깨비 불 말이요?" 마을사람2 : "그래요. 그 도깨비불이요. 그 도깨비불이 한번 나타나면 계속 나타난다잖소." 사람들은 하나같이 걱정하기 시작했어요.

	마을 여기저기서 도깨비불이 나서 이집 저집들이 타기 시작하자 사람들은 계속 허겁지겁 불을 끄기 시작했어요.
	마을 사람들은 도깨비불 때문에 너무나 힘이 들었어요. 아무 일도 할 수 없었답니다. 그러던 어느 날 마을사람들은 유명한 점쟁이를 찾아갔어요. 마을사람들 : "제발 어떻게 하면 이 도깨비불을 없앨 수가 있겠습니까? 제발 가르쳐 주십시오." 그러자 점쟁이는 말했어요. 점쟁이 : "불이 나타나는 해변가에 거욱대를 세우시오."
	마을사람들 : "거욱대라니요? 그게 무엇입니까?" 점쟁이 : "그것은 나무로 깍은 사람 모양이오." 마을사람들 : "그걸 만들면 도깨비불이 없어지나요?" 점쟁이 : "그렇소. 다만 거욱대를 나무로 만들면 썩어서 없어지기 때문에 돌로 만들어야 하오." 마을사람들 : "예. 알겠습니다."
	마을 사람들은 그 점쟁이의 말을 듣고 돌로 사람의 모양을 만들기 시작했어요.

	마을사람들 : "드디어 완성했군. 돌모양의 이 사람을 세워두면 불이 나지 않겠지?" 마을사람들 : "암.. 그래야지~" 이 때 돌로 만들어진 사람모양은 할아버지 모습이여서 돌 하르방이라고 한답니다.
	마을 사람들은 이 돌하르방을 도깨비불이 나타나는 장소마다 세워두었어요. 그러자 도깨비불은 다시는 나타나지 않았어요. 지금은 제주 전역에 위험한 장소에는 돌 하르방을 세워서 나쁜 일이 생기지 않도록 밤새도록 지키고 있답니다.

제 목	금덕이여
	옛날 옛날 조용하고 평화로운 바닷가 마을에 금덕이라는 소녀가 살고 있었어요. 금덕이는 부모님 말씀도 잘 듣고, 동네 웃어른께도 아주 예의바른 착한 소녀였답니다. 금덕이의 부모님은 몸이 편찮으셔서 금덕이가 바다에서 해삼과 멍게를 잡아와 부모님께 드렸답니다. 아주머니 : "금덕아, 금덕아. 물질하러 가게. 빨리 나오라."
	날씨가 좋고 바다가 잔잔한 날이면 금덕이는 동네 아주머니들과 함께 물질을 하러 바다로 나갔어요. 금덕이 : "어멍, 아방. 조금만 기다립서예. 빨리 갔다 오쿠다." 엄마 : "아라시난, 몸 건강히 해서 갔다 오라이." 금덕이는 부모님과 인사를 하고 동네 아주머니들과 배를 타고 바다로 나갔어요.
	아주머니 : "날씨도 참 좋다이." 금덕이 : "그러게요. 아주망~ 많이 잡아 옵서예" 아주머니 : "오냐, 너도 많이 잡앙 오라이." 금덕이는 그물을 잡고는 물속으로 '풍덩'하고서 들어갔어요.
	바다 속에는 전복, 해삼, 오분자기, 소라들이 아주 많이 있었어요. 금덕이는 부모님께 맛있는 전복죽을 만들어 드리기 위해 열심히 전복을 땄어요. 한참동안 물질을 하고 있는데 갑자기 파도가 거세지는 것이었어요. 위험하다고 생각한 해녀들은 하나 둘씩 바다 위로 올라 갔어요.

	아주머니1 : "오늘은 위험하니까 그냥 가게 마씸." 아주머니2 : "다 왔지예. 출발합니다~" 아주머니3 : "빨리 갑서~" 동네 아주머니들은 급히 배에 올라 육지로 나갔어요.
	엄마 : "우리 금덕이는 어디 이시니? 우리 금덕이는 왜 안 보염서? 같이 물질하래 가지 않아서?" 동네 아주머니들은 배에서 내리고 나서야 금덕이가 없는걸 알았어요. 아주머니 : "금덕이 안 보염신게. 어떵할꺼니게." 엄마 : "아이고, 우리 금덕이, 우리 금덕이 구해줍서게. 어떵하코 우리 금덕이." 금덕이의 부모님과 동네 사람들은 거친 파도가 몰아치는 바다를 바라보며 걱정했어요. 할아버지 : "확들 배 띄우라. 조금이라도 빨리 가서 구해 와야 할꺼 아니냐." 할아버지께서 소리쳤습니다. 마을청년들은 배를 띄워 금덕이를 찾으로 떠났어요. 엄마 : "우리 금덕이 꼭 찾아줘잉, 아이고 우리 금덕이. 조심해서 갔다 오라이."
	청년들 : "금덕아, 금덕아." "금덕아, 어디이시니?" 거친 파도를 헤치며 청년들은 금덕이를 찾아 여기저기 바다를 헤맸습니다. 그때 마침 저 멀리서 금덕이의 테왁이 보였어요. 청년들 : "저거 금덕이 테왁아니?" "그러게, 닮은게. 한번 저길로 가보 쥬" 청년들은 테왁이 있는 쪽으로 갔습니다. 금덕이 : "아주방, 아주방~" 저 멀리서 금덕이의 목소리가 들리는 것 같았습니다. 청년들 : "들어봅서. 금덕이 목소리 아니?" "그러게, 나도 금덕이 목소리 닮은 디, 한번 그쪽으로 가보쥬." 청년들은 목소리가 들리는 쪽으로 배를 움직였습니다. 저 멀리서 금덕이가 두 손을 흔들고 있었습니다. 청년들은 금덕이를 향해 갔어요. 아니 이게 웬일입니까? 금덕이가 글쎄 물 위에 서 있는 게 아니겠어요?

	청년들은 급히 금덕이를 태우고 육지로 나왔어요. 엄마 : "아이고, 우리 금덕이, 살앙왔구나~ 금덕아~" 청년들 : "그런데, 금덕아, 아까 어떻게 물 위에 서 있어시니?" 금덕이 : "아~아까 물 위에 서 있었던 게 아니고, 바위 위에 서 있었던 거 마씸." 청년들 : "뭐? 바위가 거기 있어서?" 금덕이 : "네, 파도가 막 쎄지난 나갈려고 하는데 지쳐서 어떵하코 걱정하고 있어신디 갑자기 발에 뭔가 닿아서 보난 바위란게 마씸. 그래서 거기 서서 누군가가 날 구하러 오길 기다린거 마씸" 청년들 : "아이고 우리 금덕이가 막 착해서 하느님이 살려줘신게."
	금덕이는 바위 덕분에 부모님과 오래 오래 행복하게 살 수 있었답니다. 금덕이가 발견한 바위라고 하여 '금덕이여'라고 이름이 붙여졌고, 그 이후로 해녀들이 잠시 쉬어가는 휴식처가 되었답니다.

제 목	돌이 된 산방 덕이
	한라산 남서쪽 바닷가에 종 모양으로 솟아오른 산이 있었습니다. 그 산의 이름은 산방산이라고 하는데 이 산에는 아주 오랜 옛날부터 산신이 살고 있었습니다. 산방덕이 : "아버지, 나도 사람들처럼 세상에 나가 살고 싶어요." 아버지 : "안 된다. 너는 신이야. 신이 사람들과 같이 산다는 건 안 된다." 산방덕이 : "이 산속에 사는 건 너무 심심해요. 친구도 없잖아요. 소원이에요. 친구들과 함께 놀고 싶어요." 아버지 : "그래~ 그러면 너의 소원이라서 이번 한번만 소원을 들어 주겠다." 산방덕이 : "네~아버지, 감사합니다."
	산들바람이 불어오는 봄날 아침이었습니다. 새의 노랫소리와 파도 소리가 들리고, 들판에는 아름다운 들꽃과 파란 바다가 아름다움을 뽐내고 있었습니다. 산방산 아랫마을에 고성목이라는 젊은이가 봄 농사를 짓기 위해 밭으로 가고 있었습니다. 그런데 갑자기 벼락 치는 듯한 커다란 소리가 나더니 산방산 옆에 놓인 큰 바위 하나가 두 쪽으로 갈라지는 것이었습니다. 고성목 : "아이고 깜짝이야, 이게 무슨 소리지?" 고성목은 깜짝 놀라서 중얼거리며 바위가 갈라진 곳으로 조심조심 다가갔습니다. 그런데 이게 웬일입니까? 고성목 : "이렇게 예쁜 아가씨가 왜 여기에 쓰러져 있지? 우리 집으로 업고 가서 보살펴주어야겠다."
	집으로 데려와 고성목은 아가씨를 정성껏 돌보았어요. 아가씨는 한나절이 지나서야 겨우 정신을 차렸습니다. 산방덕이 : "여기가 어디예요?" 고성목 : "아가씨, 정신이 드세요? 여긴 저희 집이니까 걱정 말고 누워 계세요." 산방덕이 : "당신은 누구신데 나를?" 고성목 : "예, 저는 고성목이라는 사람인데 산방산 옆을 지나다가 당신을 발견하여 데리고 왔습니다. 그러니 걱정 마시고 누워 계십시오. 곧 기운을 차릴 수 있을 것입니다."

	산방덕이는 정신이 들자 그동안 보살펴준 은혜에 보답하여 열심히 집안일을 도왔고, 서로 사이좋게 잘 지냈어요. 그러던 어느 날이었어요. 고성목 : "아가씨, 나와 결혼해 주세요. 행복하게 해 줄게요" 산방덕이 : "나도 좋아요~ 우리 평생 행복하게 살아요." 산방덕이 부부는 결혼을 하였고, 열심히 일하여 동네에서 제일 가는 부자가 되었습니다.
	이 소문은 관가에까지 알려졌습니다. 사또의 염탐꾼은 그 소문을 사또에게 전하였습니다. 염탐꾼 : "사또~그 부부는 소문대로 매우 행복하게 살고 있었습니다요. 그런데요. 그 집이 있는 곳은 큰 인물이 될 수 있고 부자가 될 수 있는 좋은 곳이라고 합니다." 사또 : "무엇이 어째? 그럼 내가 그 집터를 빼앗아야겠다." 고성목을 잡아다가 매를 때리며 큰 소리로 말했어요. 사또 : "네 부인과 네 집을 나에게 바치면 살려주겠다" 고성목 : "안됩니다. 그렇게는 안됩니다…" 그러자 사또는 고성목을 감옥에 가두었습니다. 그 소문을 듣고 산방덕이는 도망을 가려고 했습니다.
	산방덕이 : "아버지, 살려주세요." 그때였습니다. 포졸들은 산방덕이를 쫒아갔습니다. 포졸들 : "거기 섰거라" 포졸들이 산방덕이를 잡으려는 찰나였습니다. 갑자기 하늘에서 벼락 치는 소리가 들렸습니다. 그러자 눈 깜짝할 사이에 산방덕이는 돌이 되고 말았습니다. 돌이 된 산방덕이는 사람이 되어서 있었던 슬픈일을 생각하며 눈물을 흘렸습니다. 지금도 산방산 중턱에 있는 굴 안에 있는 바위에서는 물이 떨어지고 있답니다.

제 목	마마신의 심술
	옛날옛날 우리 친구들이 태어나기도 훨씬 전에 제주도에는 바람을 무척 좋아하는 마마신이라는 신이 살고 있었어요. 마마신은 너무 바람을 좋아해서 바람의 등을 타고 나들이를 다녔답니다. 사람들은 그런 마마신이 바람의 등을 타고 올 때면 가진 것을 모두 주어야 했어요. 그렇지 않으면 마마신이 못된 심술로 마을 사람들에게 병을 퍼트리고 못살게 괴롭혔답니다.
	마을사람들은 마마신에게 곡식과 음식을 모두 빼앗기고 먹을 것이 없어 힘이 들었어요. 그래서 마을회의를 열어 마마신을 막아낼 방법을 생각해냈지요. 동네사람1 : "이제 더 이상 못 참겠어요." 동네사람2 : "맞아요. 우리도 그냥 당하지 말고 돌담을 쌓아 마마신이 오는 것을 막아 보기로 해요." 동네사람3 : "그래요 그렇게 하는 것이 좋겠어요."
	그래서 마을 사람들은 돌담을 쌓기 시작했어요. 돌담을 쌓으면 마마신이 들어오지 못할 것이라 생각했지만 마마신은 바람이 통하는 곳이라면 어디든지 요술주머니에서 마마병정들을 풀어 병을 퍼트리곤 했답니다. 사람들은 마마신에게 용서를 빌며 말했어요. 동네사람들 : "마마님, 마마님 잘못했습니 다. 온 마을에 곡식과 음식을 바칠 테니 제발 용서해 주십시오." 마마신 : "흥! 이제 와서 용서를 빌어봐야 내가 눈 하나 까딱 할 줄 아느냐? 이제 소용없다."
	마을 사람들이 온갖 곡식과 음식을 바쳤지만 마마신은 더욱 심하게 마을 사람들을 괴롭힐 뿐이었어요. 마을 사람들은 다시 회의를 열었어요. 동네사람1 : "어떻게 하면 마마신의 괴롭힘으로부터 벗어날 수 있을까요?" 동네사람2 : "그 전보다 더 살기 힘들어졌어요."

	고민하던 마을사람들은 깊은 바다 속에 살고 있다는 용왕님의 힘을 빌리기로 했어요. 동네사람2 : "용왕님이라면 우리를 도와주실 거예요. 그런데 그 깊은 바다 속까지 누가 가죠?" 마을 사람들은 다시 고민에 빠졌어요. 그때 한 해녀가 말했어요. 해녀 : "제가 가겠어요. 이렇게 있다가 마을 사람들 모두가 병에 걸려 고통스럽게 지내야 할 거예요. 제가 이 마을에서 잠수를 제일 잘 하니까 제가 용왕님께 말씀드리고 오겠어요."
	그렇게 해서 잠수를 제일 잘하는 해녀가 용궁으로 가게 되었어요. 그러나 용궁으로 가는 길을 찾는 일이란 쉬운 일이 아니었답니다. 해녀는 점점 힘이 빠지고 지쳐갔지만 지금도 마마신에 괴롭힘을 당하고 있을 마을사람들을 생각하니 포기할 수 없었어요.
	그렇게 한참을 헤매던 해녀는 바다 속 깊은 곳으로 들어가는 동굴을 발견하고 그곳따라 들어가서 드디어 용왕님을 만났어요. 그리고 마을사람들이 겪고 있는 고통을 이야기하였지요. 해녀 : "용왕님, 제발 마을 사람들을 구해 주세요." 용왕님 : "거참 못된 신이로구나! 바닷가 바위신령에게 말하여 많은 군사를 보내 마마신을 혼내주도록 하겠다."
	용왕의 명령을 받은 바위신령은 군사들을 데리고 마마신이 있는 곳으로 갔어요. 바위신령과 군사들이 오는 것을 눈치 챈 마마신도 이에 질세라 요술 주머니에서 많은 군사들을 풀어 바위신령 군대와 맞서 싸웠어요. 마마병정들의 칼과 창에 바위 신령 군대의 몸에는 뻐끔뻐끔 구멍이 뚫리기도 하였지만 용감한 바위신령에 군대들은 포기하지 않고 마마 병정들과 맞서 싸웠어요.

	오랜 싸움에 마마신과 마마병정, 바위신령과 바위신령의 군대 모두 지쳐있었어요. 그리고 끝내 마마신과 마마병정들이 무릎을 꿇고 용서를 빌었답니다. 마마신 : "용왕님 잘못했습니다. 다시는 마을사람들을 괴롭히지 않겠습니다. 용서해 주세요. 흑흑흑.." 용왕님 : "그래, 네가 얼마나 못된 짓을 했는지 알겠느냐? 너의 잘못을 뉘우치고 사람들을 도와주는 착한신이 되어라." 마마신 : "그럼 용서해 주는 것입니까? 고맙습니다." 마마신은 눈물을 흘리며 용왕님께 인사를 하였어요.
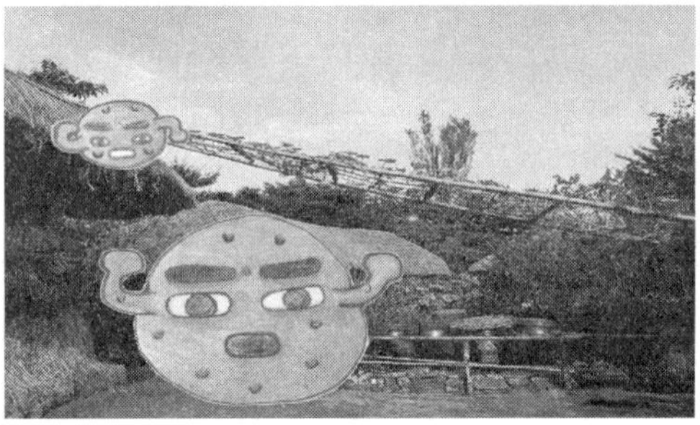	그러나 바위신령과 바위신령 군대의 몸에 난 구멍들은 어쩔 수가 없었지요. 하지만 그 누구도 바위신령과 군대를 놀리는 사람은 없었어요. 그것은 마을 사람들을 위해서 용감하게 싸운 바위신령과 군대의 용감한 상처니까요. 여러분도 얼굴이나 몸에 구멍이 있는 것 같은 상처를 가진 사람을 본다면 놀리지 말고 바위신령의 군인이라고 생각하면 되겠죠? 그 후 마마신은 자신의 잘못을 뉘우치고 마을 사람들의 땀을 식혀 주는 고마운 바람신이 되었답니다.

제 목	바다에서 건진 돌하르방
	옛날에 한 어부가 배를 타고 고기를 낚으러 바다에 갔어요. 그런데 그 어부가 낚싯줄을 던지자 무엇인가 묵직한 것이 걸려들었어요. 어부 : "옳지, 잡았군." 어부는 기뻐하며 재빨리 낚싯줄을 당겨 올렸어요.
	그러나 어부는 금방 얼굴을 찌푸리며 말했어요. 어부 : "에잇, 이게 뭐야?" 힘껏 낚싯줄을 끌어 올려보니 고기는 커녕 눈도 없고 코도 없고 입도 없는 웬 시커멓고 단단한 돌덩이가 낚싯줄에 매달려 온 것이었어요.
	어부는 그 돌을 배에 던져 놓고 다시 낚싯줄을 바다 속으로 던졌어요. 하지만 이번에도 그 시커멓고 단단한 돌덩이만 올라왔어요. 어부 : "허어, 오늘은 이게 웬일일까? 쯧쯧쯧....." 어부는 할 수 없이 고기 대신에 그 돌덩이만 배에 가득 실고 돌아왔어요.
	그런데 막상 싣고 오니 그 돌덩이를 집으로 가져 가기가 매우 부끄러워졌어요. 어부 : "쓸모없는 이 돌덩이를 가져가 봤자 뭘해, 괜히 남의 웃음거리가 될텐데. 에라 모르겠다. 차라리 바다 속에 버리고 가자." 어부는 이런 마음이 들어 열심히 싣고 온 돌덩이를 모두 바다 밑으로 던져버렸어요.

	그런데 그날부터 어부의 집에는 큰 소동이 일어났어요. 식구 모두가 갑자기 눈이 아프고 코가 아프고 입도 아프고 또 배도 아프기 시작했어요. 아무리 약을 써 봐도 며칠이 지나도록 도무지 나을 줄을 몰랐어요. 어부 : "아이고, 큰일 났네. 이 일을 어쩌면 좋은가?" 어부는 안달이 나서 어쩔 줄을 몰랐어요. 그때 이웃사람이 나서서 그러지 말고 무당한테 찾아가 보라고 일렀어요.
	어부는 이튿날 동네어른을 찾아가 가족 좀 살려달라고 빌었어요. 동네어른 : "혹시 며칠 전에 바다에 나간 적이 있지?" 무당이 물었어요. 어부 : "예, 그렇습니다요." 동네어른 : "그러면 그때 돌덩이를 낚지 않았나?" 어부 : "그렇습니다. 돌덩이를 낚았읍죠." 그러자 무당은 갑자기 목소리를 높여 말했어요. 동네어른 : "아니, 그러면 그 돌덩이들을 어찌했어?" 어부 : "가지고 오다가 부끄러워서 다시 바다 속으로 던져버렸는데요. 제가 뭘 잘못 했습니까?" 어부는 영문을 몰라 되물었어요. 동네어른 : "어찌 그리 어리석어! 그 돌덩이들은 그냥 돌이 아니라 조상들이 집을 돌봐주려고 나타난 건데 그렇게 던졌으니 어찌되겠나? 당장 그 돌덩이를 건져 모시도록 해. 그러면 반드시 좋은 일이 생길 꺼야." 어부 : "네, 고맙습니다. 그저 시키는 대로 하지요."
	어부는 머리를 숙여 인사하고는 그 돌덩이를 버린 곳으로 달려가 그것을 다시 건져내었어요.
	어부는 그 돌덩이를 정성껏 한 곳에 모셔 놓았어요. 그리고 날마다 음식을 차려 놓고 복을 빌었어요. 그렇게 하자 식구들의 병이 모두 말짱하게 나았고, 또 바다에 나가 낚시질을 할 때마다 고기도 잘 잡혔어요. 어부가 건져 올린 그 돌덩이는 바로 돌하르방이랍니다. 마을마다 돌 머리에 우뚝 서서 그 마을을 지켜주는 제주도의 돌하르방 말입니다.

제 목	백중제
	옛날 백중이라는 소년은 매일 바닷가에서 하루를 보내고 있었어요. 그러던 어느 날 이었어요. **백중** : "어? 저게 뭐지? 누가 구름을 타고 내려오고 있잖아!!" 백중은 신기해하며 구름을 멍하니 보고 있었어요. 근데 이게 웬일일까요? 갑자기 하늘에서 구름을 탄 옥황상제가 무서운 얼굴을 하고 내려오고 있는 게 아니겠어요?
	**백중** : "옥황상제다!! 옥황상제다~~ 아니지!! 이러고 있을 때가 아니지!! 무슨 일일까?" 깜짝 놀란 백중은 숨소리를 낮추고 큰소리가 나는 곳을 바위 뒤에 숨어서 보고 있었어요. 옥황상제는 큰소리로 바다를 향하여 **옥황상제** : "거북아!! 거북아!! 이리 오너라~~" 하고 하늘이 떠나갈 듯 큰소리로 불렀답니다.
	잠시 후 아주 큰 거북이가 바다위로 서서히 떠올랐어요. 깜짝 놀란 백중은 바위 뒤에 숨어서 계속 지켜보았어요. **옥황상제** : "거북아!! 오늘밤 바람과 비를 많이많이 내리게 하라." **거북이** : "네~ 알겠습니다. 옥황상제님!!" 이 말을 남기고 옥황상제는 천천히 하늘 위로 올라가 버렸어요.
	옥황상제가 올라가고 나서 백중은 걱정을 하기 시작했어요. **백중** : "아이구~ 큰일이군~~ 많은 바람과 비가 내리면 새들과 가축들 모두 죽어버리고 곡식도 물에 다 잠길텐데...이 일을 어쩌면 좋지~~" 백중은 고민에 빠졌어요!! 그때 마침 백중에게 아주 좋은 생각이 떠올랐어요!! **백중** : "그래!! 옥황상제의 목소리를 흉내 내서 거북을 부르는 거야!! 좋아!"

<table>
<tr><td></td><td>백중은 바위에서 급히 내려와 옥황상제의 목소리를 흉내 내어 거북을 부르기 시작했어요.
백중 : "거북아~~ 거북아~~ 이리 오너라~~ "
이게 웬일입니까? 거북이가 또다시 바다 위로 나타났어요. 백중은 잘됐다 싶어 거북이에게 말했지요.
백중 : "아까는 내가 깜빡 잊어서 말을 잘 못했다. 비는 많이 내리게 하고 바람은 불지 않게 하도록 하라~"
거북이 : " 네~ 알겠습니다. 옥황상제님"
거북은 다시 물 속으로 사라졌어요.</td></tr>
<tr><td></td><td>그 날 저녁 백중의 말대로 아주 많은 비만 내리고 바람은 불지 않았어요. 홍수가 났지만 큰 피해는 없어서 마을 사람들은 다행이라고 생각하였지요.</td></tr>
<tr><td></td><td>그런데, 하늘에서 지켜본 옥황상제는 자신이 명령한 대로 되지 않아 무척 화가 났어요. 옥황상제는 신하를 불러 말했어요.
옥황상제 : "이게 어떻게 된 일이냐? 분명 많은 양의 비와 바람이 불게 하도록 하라 했는데 왜 바람은 불지 않고 비만 내린 거냐?"
신하 : "그게 말입니다......"
신하는 백중이 저지른 일을 옥황상제에게 모두 말해 버리고 말았어요. 모든 상황을 알고 매우 화가 난 옥황상제는 신하에게 백중을 잡아 오라고 명령하였어요.</td></tr>
<tr><td></td><td>한편, 백중은 옥황상제의 벌을 받느니 스스로 죽는 것이 낫다고 생각하고 바닷물에 빠져 죽고 말았어요.</td></tr>
</table>

	이러한 백중의 지혜와 용기 때문이었는지 그 해는 풍년이 들었어요. 농민들은 그 후부터 백중의 지혜와 용기 덕분에 마을에 피해가 없게 된 것을 고맙게 생각하였답니다. 그래서 해마다 백중제를 열어 백중에게 고마운 마음을 나타내게 되었답니다.

제 목	비래못
	옛날옛날 제주도에는 물이 많이 부족했어요. 그래서 사람들은 늘 비가 오기만을 기다렸어요. 동네사람1 : "아이고, 어떵 몇 날 며칠을 기다려도 비는 안왐신고" 동네사람2 : "게난 말이주게 어떵 비내리젠 안햄신가?" 동네사람3 : "이이고, 하늘 막 맑앙으네 비 올 생각을 안하는 모양인게 마씸" 세 사람은 비가 오지 않는 하늘을 바라보다 잠이 들었어요.
	그런데 잠에서 깬 양씨 아저씨가 이상한 이야기를 하는 게 아니겠어요? 양씨 아저씨 : "양 나 말 좀 들어보젠?" 동네사람 : 뭔데 경햄서 뭔일 이섬서? 확 말해 봅써 양씨 아저씨 : "아니 나가 방금 꿈을 꿔신디 이 꿈속에서 뱀인지 용인지가 물에서 나와서 하늘로 도르는 거 아니라? 겐디 물 이신데가 어디서 많이 봐난데 닮안게" 동네사람 : "봐난데 닮아서? 어딘디게?" 양씨 아저씨 : "아 게난 우리 뒷산 있지 않암서? 거기 닮안게 겐디 긴지 아닌지 잘 모르크라" 동네사람 : "아 게믄 가보면 될꺼 아니라? 확 그릅써게"
	세 사람은 마을 뒷산으로 찾아갔어요. 숲 안으로 들어가자 조그맣게 물이 흐르는 소리가 나지 않겠어요? 세 사람은 그 물소리를 따라 안으로 안으로 들어갔어요.
	동네사람1 : "양 저기 돌이신디 저거 물 아니라?" 동네사람2 : "물은 닮은디 너무 족지 않암서?" 동네사람3 : "경해도 여기까지왕 도르느라 목 탐신디 목이나 좀 축이게 마씸" 동네사람1 : "경하카? 에휴~ 게믄 또 물 못구햄신게이" 그런데 이상한 일이 일어났어요. 세 사람이 아무리 물을 먹고 또 먹어도 물이 줄지 않는 게 아니겠어요? 동네사람2 : "야이보라 막 먹어도 안줄엄쩌" 동네사람3 : "게난 이거 막 먹어도 될 꺼 닮은디이?" 동네사람1 : "게믄 이거 물동이 들렁왕 퍼가카 마씸?"

	동네사람3 : "경허게게 누게가 내려강 사람들 좀 촟아오라" 동네사람2 : "게믄 나 내려강 오크매 기다립써" 동네사람1 : "확 갔다 오라이"
	마을 사람들이 모두 모여 물을 퍼도 물은 줄지 않았어요. 동네사람들 : "아따가라? 우리 이제 물 걱정은 않해도 될 꺼 닮다이?" "게난 말이주게 우리도 이제 살 길을 찾아신게" "아 말 좀 작작행 물이나 나릅써게." 세 사람과 마을 사람들은 그 숲에 길을 만들어 그 물을 이용해 살아가게 되었어요. 지금도 현신동에 가면 비래못이라는 곳에서 물을 볼 수 있데요.

제 목	설문대 할망
	아득한 옛날에 설문대 할망이라는 거인 할머니가 있었습니다. 이 거인 할머니는 제주도를 만들었답니다. 할머니의 키는 한라산보다 몇 배가 컸습니다. 그래서 아무리 높은 구름이라도 할머니의 머리 위를 지날 수는 없었습니다. 구름이 낀 날에는 할머니의 몸이 구름 위에 높이 솟게 됩니다. 그래서 사람들은 할머니의 얼굴을 볼 수가 없었습니다.
	할머니는 언제나 한라산을 배고 잠을 잤습니다. 왜냐하면 할머니의 키가 너무 컸기 때문에 할머니가 생활할 집을 지을 수 없었기 때문입니다. 거인 할머니가 한라산을 베고 누우면 할머니의 몸은 제주도의 들판에 걸쳐졌습니다. 그리고 발끝은 바닷물 속에 들어갔습니다.
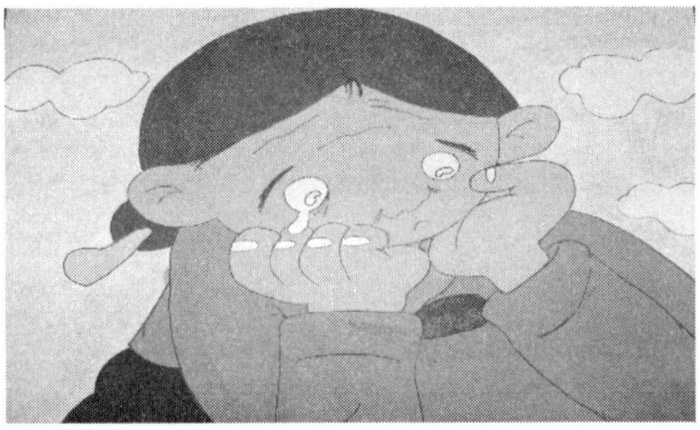	이처럼 키가 너무 커서 할머니는 늘 슬퍼했습니다. 설문대 할머니 : "나는 왜 이렇게 거인으로 태어났을까? 보통 사람이면 얼마나 좋을까?" 그러다가 할머니는 좋은 생각이 났습니다. 설문대 할머니 : "무엇이든 내 힘으로 사람들을 도와주도록 하자" 할머니는 큰 키와 힘이 센 것을 이용해서 마을사람들을 도와주기로 마음먹었습니다.
	할머니가 서서 내려다보면 섬 전체가 다 보입니다. 어느 집, 어느 마당, 어느 골목이나 잘 보입니다. 바람이 몹시 불고 소나기가 내리던 어느 날이었습니다. 설문대 할머니 : "오늘 같은 날 풍랑을 만나 고생하는 사람이 없을까?" 살펴보고 있었습니다. 그런데 갑자기 어디선가 동네사람 : "살려 주세요. 살려 주세요." 라는 소리가 들렸습니다. 할머니는 구름 밑으로 고개를 숙이고 바다를 둘러보았습니다. 생각했던 것처럼 바다 가운데에서 폭풍을 만나 가라앉으려는 배가 있었습니다.

설문대 할머니 : "내가 도와주어야겠다."
라고 하면서 할머니는 다리를 걷고 성큼성큼 바다에 들어갔습니다. 아무리 깊은 바다라도 거인 할머니에게는 물이 무릎 높이 밖에 차지 않았습니다. 갑자기 할머니는 두 손으로 배를 붙잡았습니다. 그리고 배를 번쩍 들어 올려 육지에 내려 주었습니다.
배에 타고 있던 뱃사람들은 모두 목숨을 구하게 되었습니다.
마을사람들 모두 할머니를 고맙게 생각했습니다.

그리고 할머니는 집을 잃고 우는 아이를 손바닥에 태워서 집에 데려다 주기도 했고, 밤 늦도록 길을 걷는 나그네를 번쩍 들어다가 가려는 마을에 놓아주기도 했습니다.

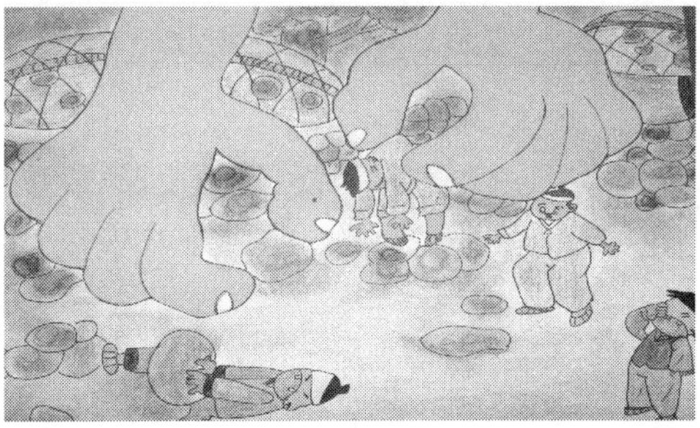

또 할머니는 무너진 돌담에 파묻힌 사람도 구해 주기도 했고, 아픈 사람은 의사에게 데려다 주기도 했습니다.

어느 날, 바다 밖에서 배를 탄 도적떼들이 쳐들어 왔습니다. 할머니는 바다에 들어가 손바닥으로 바닷물을 쳐서 큰 파도를 일으켰습니다. 배가 밀려 뒤집히는 바람에 도적떼들은 모두 물에 빠져 죽고 말았습니다.
설문대 할머니의 도움으로 제주도는 살기 좋은 섬이 되었다고 합니다.

제 목	송씨 며느리
	제주도 어느 마을에 이상한 소문이 나기 시작했어요. 옆 동네 청년 1 : "여보게, 그 소식 들었나?" 옆 동네 청년 2 : "무슨 소식?" 옆 동네 청년 1 : "저기 긴 강에 자리 잡은 마을 하나 있지?" 옆 동네 청년 2 : "있지. 그런데 그 마을에 무슨 일 있나?" 옆 동네 청년 1 : "그 마을 송씨 집안에 며느리 하나가 시집을 왔는데, 아, 글쎄 남자보다 힘이 엄청 세다는 거 아닌가" 옆 동네 청년2 : "정말인가? 소문이 나게 된 이유는 이러 하였어요.
	며느리가 살게 된 마을에는 동산이 있는데, 거기에는 아주 큰 돌 덩어리가 하나 있었어요. 마을 청년 1 : "우리 이것을 든 사람이 한 턱 내는 것이 어떻겠나?" 마을 청년 2 : "좋지, 내가 반드시 들고야 말테야, 두고 보라구" 마을 청년 1 : "하하하, 한 번 들러나 보시게나?" 이렇듯 청년들은 서로 힘 자랑을 하곤 하였어요.
	그러던 어느 날, 송씨댁 며느리가 급히 물을 길으러 나가는 길이었어요. 송씨 며느리 : "동산을 가로 지르면 빨리 물을 길을 수 있을 텐데.... 마을 청년들이 돌 들기 시합을 하고 있으니 이를 어쩌나? 하는 수 없지, 오늘만 그 동산으로 지나가야겠어." 동산 안으로 들어가자 남자들이 모여서 이야기하는 것이 들렸어요.

아저씨 1 : "길 한가운데 이렇게 큰 돌이 있으니 영~다닐 수가 없는걸…"
아저씨 2 : "아니, 좀 움직여 보려고 하지만 아무리 힘을 써도 들 수가 없는데…"
아저씨 3 : "우리가 힘을 합해 옮겨보세… 뭐하나 어서 들어보자구! 영차! 영차!"
그런데도 돌은 움직이지 않았어요.

그 모습을 보고 있던 송씨댁 며느리는 아저씨들에게 말했어요.
송씨 며느리 : "돌 때문이라면 내가 들어서 옮길까요?"
아저씨들 : "남자들도 못 드는 이 큰 돌을 여자가 어떻게 든다고 하는지…"
송씨 며느리는 물허벅을 내려놓고 말했어요.
송씨 며느리 : "어디로 옮겨야 하나요?"
아저씨 1 : "말도 안 되는 소리 하지 마쇼"
아저씨 2 : "해보라고 해. 아침부터~참나 기가 막히네."
아저씨 3 : "저쪽 길 밖으로 치워주세요."

그때였어요.
송씨 며느리 : "어디 한번 들어볼까? 으라 차차 차!!"
송씨 며느리는 그 돌을 동산 밖으로 휙 던져 버렸어요.

아저씨 1 : "아니 어떻게 저 무거운 것을?"
송씨 며느리 : "됐지요?"
며느리는 다시 물허벅을 메고 물을 길으러 우물로 내려갔어요.

	아저씨들은 돌 있는 곳으로 갔어요. 그러나 동산 밖으로 내팽개쳐진 돌은 너무 무거워서 제자리로 옮겨 놓을 수가 없었어요. 아저씨 1 : "우리 송씨댁 며느리에게 부탁해 봅시다." 아저씨 2 : "그렇게 합시다."
	아저씨들은 며느리를 찾아가 공손하게 말을 하였어요. 아저씨 1 : "아주머니. 돌을 옮겨야 되는데 좀 도와주시겠어요?" 송씨 며느리 : "그러죠." 며느리는 동네의 어려운 일이 있을 때마다 사람들을 돕는데 힘을 썼답니다.

제　목	수월봉과 녹고물
	옛날 고산리에 수월이와 녹고라는 두 남매가 어머니를 모시고 사이좋게 살고 있었어요. 일찍 아버지가 돌아가시고 어렵게 살았지만 그래도 행복한 가정이었어요.
	그런데 어머니가 병에 걸려 자리에 눕게 되었어요. **수월이** : "흑흑. 갈수록 어머니의 병은 점점 심해지기만 하네. 이러다 어머니가 돌아가시면 어쩌지?" **녹고** : "좋다는 약은 거의 다 써봤는데, 이제 또 무슨 약을 쓰면 좋지? 흑흑" 수월이와 녹고는 서로 울기만 했어요. **수월, 녹고** : "흑흑..흑흑.."
	그러던 어느 날, 한 스님이 지나다가 이들 남매가 울고 있는 것을 보았어요. **스님** : "무슨 일로 이렇게 울고 있느냐?" **수월이** : "저희 어머니가 많이 아프세요. 흑흑." **녹고** : "스님! 저희 어머니를 살려주세요. 흑흑." **스님** : "저런. 불쌍하기도 하지. 내가 100가지의 약초를 가르쳐 주겠다. 그 100가지의 약초를 모두 먹으면 병이 나을 것이다." 하고 남매에게 100가지의 약초를 알려 주고는 사라져 버렸어요.
	수월이와 녹고는 이곳 저곳을 돌아다니면서 100가지의 약초를 찾아다녔어요. **수월이** : "녹고야! 우리 몇 가지나 찾았지?" **녹고** : "99가지. 한 가지 약초가 부족해. 흑흑" **수월이** : "어디보자! 오갈피라는 풀을 못 찾았구나." **녹고** : "스님말로는 높은 바위나 절벽 같은 곳에 있을 거라고 하셨는데.." **수월이** : "그래~우리 한번 다시 찾아보자."

	그리하여 이들 남매는 다음날, 마을 앞 바닷가 쪽으로 가 보았어요. 이리저리 살피던 중 수월이 : "어! 녹고야! 저기! 저기에 있다!" 하고 수월이가 소리쳤어요. 녹고 : "어디? 어디 있다는 거야?" 수월이 : "저기~ 절벽 끝에 봐봐." 녹고 : "어? 진짜? 진짜 있네? 이제 어머니 살 수 있는 거야?" 수월이 : "그래. 얼른 내려가자." 녹고 : "그래. 그래."
	이리하여 수월이는 무서운 것도 생각하지 못하고 녹고의 손을 잡고 한발 한발 조심히 내려가기 시작하였어요. 수월이 : "우와! 됐다! 됐어~녹고야! 자~받아." 녹고 : "응. 누나! 우와~ 우리가 해냈어!" 녹고는 오갈피를 받는 순간 너무 기쁜 나머지 잡았던 수월이의 손을 그만 놓쳐 버렸어요. 수월이 : "어? 어어?"
	수월이 : "으악~" 녹고 : "누나!" 수월이는 그만 절벽 밑으로 굴러 떨어졌어요. 녹고 : "누나~흑흑~누나!!!!!!!" 녹고는 순간 가슴이 무너지는 것 같아 절벽에서 떠날 줄도 모르고 끝없이 울기만 하였어요. 녹고 : "흑흑.. 누나~누나! 흑흑"
	녹고의 눈물은 바위에서 끝없이 흘러내렸어요. 사람들은 바위에서 흐르는 이 물을 녹고물이라 부르고 이 산을 수월봉이라 부르게 되었답니다.

제 목	아기배달부 삼신할머니
	깊은 바다 속 용궁에 용왕님이 살고 있었어요. 용왕님에게는 딸이 한 명 있었는데 이 딸은 아주 말썽꾸러기였대요.
	(쨍그랑!) 용왕 : "아니, 이게 무슨 소리냐?" 신하 : "공주님께서 접시를 깨셨다 하옵니다." 용왕 : "뭐라! 이번엔 접시를 깼단 말이냐? 매일 말썽만 피우니 큰일이구나. 안되겠다. 여봐라. 회초리를 가져오너라!"
	용왕부인 : "어쩌려고 그랬니.." 용궁공주 : "장난이었는데.. 아버지가 너무 화내시니까 무서워요, 엄마." 용왕부인 : "그럼 땅 위로 나가 삼신할머니로 있다가 아버지 화가 풀리시면 돌아오거라." 용궁공주 : "삼신할머니요?" 용왕부인 : "그래, 사람에게 아기를 정해주고 그 아기가 잘 태어날 수 있게 도와주는 일을 하면 된단다."
	용궁공주는 상자 속에 담겨서 바다를 둥둥 떠다니다가 어느 바닷가에 도착했어요. 용궁공주 : "뚜껑 좀 열어주세요. 절 구해 주세요." 선비: "거기 누구요?" 한 선비가 상자를 발견하고 열쇠로 상자를 열었어요.

	(철컥, 상자가 열린다) 용궁공주 : "정말 고마워요." 선비 : "아니, 당신은 누군데 이 속에 있었습니까?" 용궁공주 : "나는 삼신할머니에요. 아기가 생기게 하고 아기가 오는 것을 도와주지요." 선비 : "정말입니까? 저도 결혼을 했는데 아직 부인이 아기가 없으니 아기가 생기게 해주실 수 있나요?" 용궁공주 : "그럼요. 문제없죠."
	용궁공주는 선비 부인의 뱃속에 아기가 생기도록 해주었어요. 하지만 아기가 태어나야 할 시간이 훨씬 지나도록 아기는 나오지 않았어요. 선비 : "어떻게 된 겁니까? 어서 아기가 태어날 수 있도록 도와주십시오." 용궁공주 : "걱정말아요~" 용궁공주는 걱정 말라고 말했지만 겁이 났어요. 아기가 생기게 하는 방법은 배웠지만 아기가 태어나게 하는 법까지는 배우지 못했거든요.
	아기가 태어나지 않자 선비는 걱정이 되어 하늘나라 옥황상제님께 빌었어요. 선비의 기도가 하늘나라에도 들렸어요. 옥황상제 : "누가 이렇게 슬프게 기도를 하는게냐." 신하 : "저 아래 사는 선비인데 아기가 태어나지 못해 슬퍼하고 있습니다." 옥황상제 : "아니, 어째서 그런 일이 생겼단 말이냐. 삼신할머니가 필요하겠구나." 신하 : "예. 그럼 명진국 공주를 내려 보내겠습니다."
	명진국 공주님은 땅으로 내려와 선비의 집으로 갔어요. 명진국 공주님이 배를 만져주니 아기가 태어났어요. 선비 : "고맙습니다. 삼신할머니."

	그때, 용궁 공주님이 그 모습을 봤어요. **용궁공주** : "당신은 누구에요? 내가 삼신할머니예요!" **명진국 공주** : "제가 삼신할머니입니다. 옥황상제님께서 저를 보내셨습니다." **용궁공주** : "말도 안돼요! 내가 진짜란 말이에요!"
	용궁 공주님은 화가 나서 명진국 공주님과 옥황상제께 찾아갔어요. **옥황상제** : "무슨일이냐.." **용궁공주** : "제가 삼신할머니인데 왜 이 사람을 내려 보내셨어요?" **옥황상제** : "둘 다 삼신할머니라서 문제가 생겼구나. 그럼 누가 더 잘 할지 시험해보겠다."
	옥황상제는 두 공주에게 씨앗을 주었어요. 용궁 공주님과 명진국 공주님은 그것을 정성껏 키웠어요. 명진국 공주님의 씨앗은 무럭무럭 자랐지만 용궁공주님의 씨앗은 별로 자라지 못했어요. **옥황상제** : "자, 명진국 공주가 이겼으니 삼신할머니가 되고 너는 저승할머니가 되어라."
	명진국 공주님과 용궁 공주님은 다시 땅으로 내려왔어요. **용궁 공주** : "왜 내가 저승을 맡아야 돼요? 무섭단 말이에요." **명진국 공주** : "거기도 좋은 곳이에요. 우리 열심히 해요." **용궁 공주** : "싫어요. 아이들이 태어나 백일이 될 때쯤이면 병에 걸려 아프게 만들 거예요." **명진국 공주** : "그러지 말아요. 대신 사람들에게 부탁해서 맛있는 음식으로 제사 지내 줄게요." 결국 명진국 공주님은 삼신할머니가 되어 아기가 태어나게 도와주고 용궁공주님은 저승에서 죽은 사람을 지켜주었대요. 그 후로 제주도 사람들은 아이들이 아프면 용궁공주님이 화나셨을까봐 맛있는 음식을 차려놓고 기도를 드렸대요.

제 목	아흔 아홉 골
	옛날 천하를 다스리는 중국의 왕은 동쪽 하늘에 새로 생긴 별을 보고 이상하다고 여겼습니다. 왕 : "보통별이 아니로다." 왕은 점쟁이를 보냈습니다.
	점쟁이 : "저 별은 조선의 남쪽에 있는 섬에서 솟아오르는 빛인가 하옵니다." 왕 : "그럼 그 섬에서 큰 인물이 난단 말이냐?" 점쟁이 : "그러하옵니다. 예로부터 큰 별이 나타난다고 하는 곳에서는 반드시 큰 인물이 나왔사옵니다." 왕 : "어허 천하를 다스릴 큰 인물이 나타난다면 나도 무사하지 못할 텐데.. 무슨 방법이 없겠느냐?" 점쟁이 : "그 곳에 흐르는 좋은 기운을 없애면 될 것이옵니다." "제가 다녀오겠사옵니다." 그날로 점쟁이는 제주도를 향해 떠났습니다.
	여러 날 만에 제주도에 도착한 점쟁이는 웅장한 한라산의 아름다움에 놀랐습니다. 그 곳에는 수없이 많은 계곡과 세상에 태어나 처음 보는 신기한 산 짐승이며 풀과 나무들이 있었어요. 점쟁이 : "과연 명산이다. 천하를 다스릴 큰 인물이 나올만 한 곳이로다." "그런데 나 혼자는 어림도 없겠는 걸? 옳지! 마을 사람들의 힘을 빌리면 되겠군." 점쟁이는 마을로 내려왔습니다.
	마을에 내려와 살펴보니 자갈로 덮인 밭에 농사를 지어 곡식도 잘 자라지 않고 나무 열매마저 산 짐승들에게 뺏겨 사람들은 매우 어렵게 살고 있었어요. 점쟁이는 사람들을 모아 놓고 산 짐승들을 없애야 한다고 했어요. 처음에 점쟁이를 의심하던 사람들은 점점 점쟁이를 믿고 따랐어요.

<table>
<tr><td></td><td>점쟁이 : "산 짐승들을 저 골짜기로 몰아오시오. 그 다음엔 내가 처리하리다."
마을 사람들 : "그건 너무 어려운 일이오."
점쟁이 : "걱정마오. '동물대왕이 왔으니 모든 산 짐승들은 모이시오'라고 큰소리로 외치면 될께요."
점쟁이 말대로 사람들은 이곳저곳에서 소리를 쳤습니다.</td></tr>
<tr><td></td><td>이 말에 짐승들은 대왕의 모습도 구경하고 큰 은혜를 베풀지 모른다는 생각에 백골짜기로 모여들었어요.
점쟁이 : "동물 여러분! 여러분들의 대왕은 바로 나 입니다."
점쟁이는 이상한 옷에 삿갓을 쓰고 얼굴을 가린 채 자신이 대왕이라고 뽐내었어요. 그러자 산짐승들은 서로 자신이 대왕이라며 싸우기 시작했어요.</td></tr>
<tr><td></td><td>계속 싸우다가 마지막으로 호랑이와 사자만이 남았어요. 점쟁이는 마지막까지 남은 사자와 호랑이에게 소리쳤어요.
점쟁이 : "너희들은 이제 이 섬에 다시는 나타나지 말라."</td></tr>
<tr><td></td><td>점쟁이는 사자와 호랑이가 꿈쩍하지 못하도록 큰 소리로 외쳤어요. 그때였어요. 천둥번개가 치고 바람이 불며 커다란 빗줄기가 쏟아지더니 산 짐승들이 모였던 골짜기 들이 사라져 버렸어요. 백 개였던 골짜기가 아흔 아홉 개가 된 것입니다. 그 후 아흔 아홉골에는 사자와 호랑이가 나타나지 않았다는 이야기예요..</td></tr>
</table>

<table>
<tr><th>제 목</th><th>외돌개</th></tr>
<tr><td></td><td>옛날 옛날에 어느 노부부가 살고 있었어요.</td></tr>
<tr><td></td><td>그러던 어느 날 할아버지가 고기를 잡으러 바다에 갈 준비를 하고 있었어요. 그런데 할머니는 거친파도와 흐린 날씨 때문에 할아버지가 고기 잡으러 가는 것을 걱정했어요.
할머니 : "하르방 오늘은 나가지 맙서. 하늘을 보아하니 비올꺼 담수다"
(하늘을 가리키며)
할아버지 : "비는 무슨. 고기 잡아 오크메 집에나 이서"
라고 하면서 할아버지는 할머니의 반대를 뿌리치고는 바다로 나갔어요.</td></tr>
<tr><td></td><td>그런데 할아버지가 나가고 나서 굵은 빗방울이 온 바다를 삼킬 듯이 쏟아져 내렸어요.(천둥&빗소리)
할머니 : "나말 들으랜 허난 바당이나 나가봐야 하켜"(할머니 집을 나선다.)
라고 하면서 할머니는 바다로 나갔어요.</td></tr>
<tr><td></td><td>할머니 : "하르방! 하르방!"
할머니는 소리쳐 불렀어요. 애타게 부르는 소리는 거센 파도 때문에 아무 소리도 들리지 않았어요.(파도소리)</td></tr>
</table>

	날이 저물어도 할아버지는 돌아오지 않았어요. 할머니는 너무나 걱정이 되었어요. (마당 바닥에 앉아) 할머니 : "집이도 안 오고 어디 가신고이 나가 비 올꺼랜 경 나가지 말랜 해도 나강"(걱정을 하시며)
	그렇게 다음날이 밝아져 폭풍우도 잠잠해졌어요. 하지만 할아버지는 끝내 돌아올 줄 모르고 그렇게 하루하루가 지났어요.
	할머니 : "영 세월은 감신디 하르방은 들어올 생각도 안하고 바당에 빠진건 아닌지. 아이고 아무 일도 어실꺼라이" 라고 할머니는 할아버지를 걱정했어요.
	그런데도 할아버지는 돌아오지 않자 할머니는 또 바다로 나갔어요. 할머니 : "하르방 어디 이수꽈. 하르방 하르방"

	그 자리에서 할머니는 할아버지를 부르는 동안 며칠이 흘러 할머니는 다리를 움직일 수가 없었어요. 그렇게 할머니는 몸이 굳어져 돌이 되어 버렸어요. 그것이 제주도 서귀포에 있는 외돌개라고 합니다.
	지금도 제주도 서귀포에 가보면 외돌개 바위 끝에는 사람의 머리카락처럼 나무와 풀들이 자라고 있으며 그 왼편으로는 할머니의 이마와 깊고 슬픈 눈망울, 콧등의 윤곽이 희미하게 보인다고 해요. 그리고 외돌개 바로 밑에는 물위에 떠 있는 듯한 바위가 있는데 이는 할머니가 돌로 변한 후 할아버지의 시신이 떠올라 돌이 되었다고 해요.

제 목	용궁아들 삼형제와 매 오름
	옛날 옛날에 용궁에는 삼형제가 살았어요. 그런데 어느 날 삼형제는 큰 죄를 지어 용궁을 떠나 제주도로 떠나야 했어요. 막내 : "형님들 용궁을 떠나 제주도로 가야 한다니 앞으로 어쩌지요?" 첫째 : "그러게 말이다." 둘째 : "제주도에는 먹을 것도 없고 물도 아주 귀하다던데" 막내 : "난 용궁을 떠나기 싫어요." 그렇게 삼형제는 제주도로 떠났답니다.
	힘들게 바다를 건너고 아주 먼 길을 걸어서 삼형제는 제주도에 도착할 수 있었어요. 그런데 갑자기 막내 동생의 배에서 꼬르륵하고 소리가 났어요. 막내 : "형님 너무 배가 고파요." 첫째 : "그러게 말이다. 맛있는 갈비와 닭고기 그리고 시원한 물 한 잔 마셨으면 좋겠구나." 그때 둘째 동생이 몸을 부르르 떨면서 이야기했어요. 둘째 : "나는 따뜻한 옷 한 벌만 있었으면 좋겠어요." 막내 : "어? 저기를 보세요. 마을이에요 저 마을에 가서 사람들에게 부탁 해봐요." 첫째 : "그래, 우리 한 번 가보자꾸나."
	가장 먼저 보이는 허름한 대문 앞에 서서 삼형제는 큰 소리로 외쳤어요. 삼형제 : "여보세요, 우리는 용궁에서 온 사람들이에요. 배도 고프고 날씨도 추운데 하룻밤만 이 집에서 잘 수 있게 해주시겠어요?" 그러자 그 집에서 누더기 옷을 입은 할머니께서 나오시더니 할머니 : "에구구, 어쩌지? 우리 집에는 먹을 것도 없고 남은 방도 하나도 없어." 하시고는 다시 집안으로 들어가 버렸어요. 삼형제는 하는 수 없이 다른 집을 돌아다니며 물어보고 또 물어보았지만 모두들 똑같은 대답 뿐이었어요.

	그렇게 마을을 돌아다닌 삼형제는 마지막으로 한라산 깊은 곳에 있는 아주아주 허름한 집까지 가게 되었어요. 삼형제 : "여보세요 죄송합니다만 죽 한 그릇이라도 좋으니 먹을 수 있는 것 좀 나누어 주시겠어요?" 그러자 한 사람이 나와서 말했어요. 집주인 : "사정은 딱하지만 우리 집에도 먹을 것 이라고는 이 먹다 남은 죽 한 그릇 뿐이라오 이것이라도 먹겠소?" 삼형제 : "그럼요. 그것이라도 주신다면 감사히 잘 먹겠습니다." 삼형제는 아주아주 기쁜 마음을 하고는 죽 한 그릇을 맛있게 나누어 먹었어요.
	한편 용궁에서는 제주도를 떠난 삼형제가 걱정이 되어서 용왕은 거북이를 불렀어요. 용왕 : "여봐라! 제주도로 떠난 삼형제가 어떻게 살고 있는지 살펴보고 오너라." 거북이는 제주도로 가서 삼형제가 어떻게 살고 있는지 용왕에게 이야기했어요. 거북이 : "용왕님 제주도로 간 삼형제는 아주 어렵게 살고 있었어요. 제주도는 원래 물이 귀하고 먹을 것이 잘 나지 않아서 그곳 사람들도 생활이 어려웠답니다. 그래서 사람들은 삼형제를 도와주지 못하고 있었어요." 용왕 : "그래 삼형제가 아주 힘들게 생활한다고? 그렇다면 어떻게 했으면 좋겠느냐." 거북이 : "삼형제는 큰 죄를 지었으나 자신들의 잘못을 뉘우치고 힘들게 살고 있으니 다시 용궁으로 데리고 오는 것이 좋을 듯합니다" 용왕 : "그래? 삼형제가 자신들의 잘못을 뉘우치고 있다니 데리고 오너라. 하지만 삼형제를 한 사람밖에 도와준 사람이 없다니 제주도 사람들은 무척 괘씸하구나. 삼형제를 도와준 사람에게는 상을 주고 나머지 사람들은 모두 바닷물에 잠겨 빠져 죽게 하여라."

	다시 제주도로 온 거북이는 삼형제를 도와준 사람을 찾아갔어요. 거북이 : "저는 용궁에서 온 거북이입니다. 내일 아침 일찍 해가 뜨면 저기 있는 오름에 올라가 계세요." 집주인 : "아니, 내가 왜 그래야 하지요?" 거북이는 차마 제주도 땅이 물에 잠기게 될 거라고 이야기 하지 못했어요. 마을 사람들이 그 사실을 알면 모두 오름에 올라가려고 할 테니까요. 거북이 : "제발 내일 아침에는 땅으로 내려오지 마세요."
	거북이는 착한마을 사람에게 이야기하고는 다시 삼형제를 찾아갔어요. 거북이 : "용왕님께서 여러분들을 다시 용궁으로 돌아오라고 하셨습니다. 내일 아침 일찍 출발할 거예요." 삼형제 : "와, 정말이에요?" 삼형제는 뛸 듯이 기뻐했어요.
	다음날 아침 일찍 용궁으로 돌아갈 준비를 끝낸 거북이와 삼형제는 바다 속으로 들어가려 했어요. 거북이는 자신들이 돌아가는 동안에 제주도가 잠기게 요술을 부렸어요. 거북이 : "혼자서 외롭게 살게 될텐데..." 거북이는 걱정이 되었지만 바닷속 왕궁으로 갔어요. 거북이는 왕궁에 와서 오름 위에 있을 착한사람이 물에 잠긴 바다를 날아서라도 다닐 수 있도록 독수리가 되게 해달라고 부탁 했어요. 용왕님은 착한 사람이 독수리가 되어 날아다닐 수 있도록 해주었는데 표선에 있는 오름꼭대기에 돌로 변한 독수리 모양을 볼 수 있답니다.

제 목	용궁올레와 칼선도리
	옛날 제주도에는 전복, 소라 등 해산물이 아주 많은 바다가 있었어요. 그 바다를 사람들은 용궁올레라고 불렀어요. 용궁올레는 너무 깊어 사람들이 들어가지 못했어요. 그런데 어느 날 제주도에 사는 해녀 송씨는 용궁올레에 들어가게 되었어요. 해녀 송씨 : "우와 여긴 해산물이 엄청 많네."
	그때 커다란 전복이 보이는 것이었어요. 해녀 송씨 : " 아니! 이게 웬 떡이야!" 그 전복을 따려고 욕심을 내어 전복을 만지는 순간! 해녀 송씨 : "으악!" 그만 송씨는 머리가 어지러워 쓰러지고 말았어요.
	잠시 후 정신을 차려보니 거북이 한 마리가 거북이 : "저를 따라오세요." 라고 이야기를 했어요. 송씨는 거북이를 따라 갔어요.
	해녀 송씨 : "아니! 이럴 수가…이렇게 아름다운 궁전이 있다니!" 그때 아름다운 선녀가 나타났어요. 선녀 : "당신은 어디에서 온 사람이세요?" 송씨를 보고 놀라며 선녀가 물었어요. 해녀 송씨 : "저는 제주도에 사는 사람인데 전복을 따려는 순간 쓰러졌어요. 정신을 차리고 보니 이곳까지 오게 되었어요." 선녀 : "이곳은 남해용궁이랍니다. 세상 사람은 들어오지 못하는 곳이에요. 용왕님이 이 사실을 알게 되면 큰 일이 날 것이에요."

선녀는 해녀에게 빨리 돌아가라고 말했어요.
선녀 : "절대로 뒤를 돌아보지 말고 곧장 나가세요."
해녀 송씨 : "감사합니다. 뒤를 돌아보지 않겠어요."
라고 약속을 한 후 헤엄치기 시작했어요.

한참 헤엄을 치고 있는데 송씨는
해녀 송씨 : "아~ 정말 멋있었는데……."
라며 그만 뒤를 돌아보고 말았어요. 궁전은 사라지고, 깜깜한 세상이 되었어요.
그리고 문을 지키는 무서운 문지기가 칼을 들고 나타났어요.

문지기 : "감히 인간이 여기가 어디라고 왔느냐!"
문지기가 이야기하자, 송씨는
해녀 송씨 : "제발 살려주세요."
라며 문지기에게 지금까지 일어난 일들을 이야기 했어요.

송씨의 이야기를 들은 문지기는 송씨가 불쌍해보였어요.
문지기 : "다시는 이곳에 오지 않을 것이냐?"
해녀 송씨 : "네~ 다시는 이곳에 오지 않겠어요. 제발 살려주세요."
문지기 : "그래. 어서 가거라."
해녀 송씨 : "감사합니다."

<table>
<tr><td></td><td>인사를 하고 헤엄쳐가고 있는데, 처음에 보았던 거북이가 어디선가 나타났어요.
거북이 : "절 따라오세요."
라며 이야기했어요.
드디어 전복을 따려고 왔던 용궁올레에 도착했어요.</td></tr>
<tr><td></td><td>송씨는 기뻐하며 땅으로 나왔어요.
그 순간 바닷물이 파도를 일으키더니 커다란 칼날 같은 바위가 올라왔어요.
이 바위는 다시는 인간이 남해용궁으로 들어오지 못하도록 하기 위한 것이랍니다. 지금도 솟아난 바위는 칼날이 위로 선 것과 같은 평평한 모양을 하고 있다고 하여 '칼선도리'라고 불리고 있답니다.</td></tr>
</table>

제 목	유반석과 무반석
	이 이야기는 옛날 제주도 화순리 마을에서 있었던 일이에요. 화순리는 동쪽과 서쪽으로 나누어져 있었는데 동쪽에는 유반석이라는 바위가 있었고 서쪽에도 무반석이라는 바위가 있었어요. 유반석과 무반석이라, 참 특이한 이름이죠?
	옛날부터 동쪽사람들은 머리가 좋았고, 서쪽사람들은 아주 힘이 강했어요. 그래서 서쪽사람들은 힘이 약한 동쪽사람들을 괴롭히기도 했어요.
	어느 날, 서울에서 놀러 온 신안이라는 사람이 화순리로 오게 되었어요. 신안은 화순리 마을을 구경하다가 궁금한 것이 생겼어요. 신안 : "참 이상한일이야. 왜 같은 마을인데 동쪽사람들은 힘이 없고 서쪽사람들은 큰 바윗돌도 움직일 만큼 힘이 강한 걸까? 거참, 이상한 일이군."
	그날 밤, 마을을 돌아다니던 신안은 무엇인가를 발견하게 되었어요. 신안 : "아니, 바위에서 빛이 나고 있잖아? 그런데 동쪽의 유반석보다 서쪽의 무반석은 훨씬 더 환하게 빛나고 있군. 흠.. 옳거니! 바로 이거였군! 저 바위가 서쪽마을 사람들에게 힘을 주고 있는 거였군."

	신안은 이 사실을 동쪽사람들에게 이야기 해 주었어요. 동쪽사람들은 회의를 열었고 한 청년이 말했어요. 청년 : "서쪽의 무반석을 언덕 밑으로 떨어뜨려 버립시다! 아주머니 : "그런데 우리는 무반석을 움직일 수 있는 힘이 없으니..." 한 아주머니가 말했어요. 이 때, 신안이 이야기했어요. 신안 : "그럼 이렇게 합시다!" 동쪽사람들은 귀 기울여 이야기를 들었어요. 과연 어떤 방법일까요?
	다음 날, 화순리 마을의 잔칫날이 되었어요. 온 마을 사람들은 맛있는 음식을 먹으며 이야기를 나누었어요. 동네사람1 : "자네들이 아무리 힘이 세다고 해도 저 무반석을 움직이진 못할 걸세." 동쪽동네 사람들은 서쪽동네 사람들을 놀리기 시작했어요. 동네사람2 : "저기 저 무반석 말하는 거요?" 화가 난 서쪽동네 사람들은 무반석을 향해 걸어갔어요.
	서쪽사람들은 무반석 아래에 긴 받침돌을 대고 "하나, 둘, 셋!" 모두 힘을 합쳐 무반석을 밀어내었어요. 동네사람 : "자! 이제 우리가 얼마나 힘이 센지 알겠소? 다시 한 번 그런 소릴 하면 가만 두지 않겠소!" 라고 말하며 서쪽동네로 돌아가 버렸어요.
	며칠이 지났어요. 어? 그런데 이게 무슨 일이죠? 서쪽동네 사람들이 아무 이유 없이 한명, 두 명씩 병에 걸리기 시작했어요. 동네사람 : "아차! 동쪽사람들의 꾀에 우리가 넘어갔구나. 흑흑흑." 서쪽사람들은 화가 나기 시작했어요. 동네사람 : "이러고 있지 말고 저 동쪽동네 유반석도 굴려 버립시다." 서쪽 사람들은 유반석을 향해 우르르 몰려갔어요.

	유반석 바위 밑에 받침돌을 대고 "하나, 둘, 셋!!" 어? 이게 웬일이죠? 유반석이 꿈쩍도 하지 않는 게 아니겠어요? 친구들, 왜 유반석이 꿈적도 하지 않는 걸까요?
	그것은 바로, 서쪽사람들에게 힘을 주는 무반석이 없기 때문이었어요. 동네사람 : "우리가 그동안 힘이 세다는 이유로 동쪽사람들을 너무 괴롭혔구나. 벌을 받는 거야. 흑흑흑" 서쪽 사람들은 벌을 받은 후에야 자신들의 잘못을 깨닫게 되었어요.

제 목	자청비
	아주 먼 옛날, 자청비라는 예쁜 소녀가 있었어요. 하루는 자청비가 우물가에서 빨래를 하고 있었어요. **문도령** : "지나가는 나그네입니다. 물 한 그릇만 주십시오." 자청비는 물 한 그릇을 떠서는 그 위에 버들잎을 띄워 주며 말했어요. **자청비** : "그냥 마시면 체할 테니, 천천히 드세요."
	젊은이는 하늘나라를 다스리는 옥황상제의 아들 문도령이었어요. **문도령** : "나는 이웃마을 김 선비한테 글 공부하러 가는 길이오" **자청비** : "제게 남동생이 있는데 제 동생도 함께 공부할 수 있게 해 주세요." 문도령은 자청비의 청을 들어 주었어요. 자청비는 얼른 집으로 달려가서 남자 옷으로 바꿔 입고 남동생으로 꾸몄어요. 자청비와 문도령은 공부도 함께 하고, 밥도 함께 먹고, 잠도 함께 잤어요. 어느 새 3년이 지났어요.
	공부를 마친 문도령은 하늘나라로 돌아가야 했어요. **자청비** : "도령님, 어서 하늘나라로 올라가세요." 문도령은 자청비 말대로 하늘나라로 가며 박씨 한 알을 주었어요. **문도령** : "박씨를 심어 박이 열릴 때까지 꼭 돌아오겠소."
	박씨를 심어 박이 열렸는데도 문도령은 돌아오지 않았어요. 그래서 자청비는 문도령을 찾으러 길을 떠났는데 어디선가 베 짜는 소리가 들렸어요. **자청비** : "할머니, 저 베는 무엇에 쓸 건가요?" **할머니** : "하늘나라 문도령이 장가갈 때 쓸 거란다." 자청비는 문도령이 살아있다는 것을 알고 기뻐했어요. 비단 끝에는 자청비의 이름과 기다리고 있다고 새겨 넣은 천을 문도령에게 전해달라고 부탁했답니다. 하지만, 할머니는 잊어버리고 문도령에게 전해주지 않았어요.

	하루는 자청비가 길을 가다가 울고 있는 선녀를 보게 되었어요. 선녀 : "우리 왕자님 문도령이 자청비라는 소녀를 찾아오라고 했어요." 자청비 : "정말이예요? 제가 자청비예요. 나를 문도령에게 데려다 주세요."
	자청비는 선녀를 따라 하늘로 올라갔고 둘은 깊이 사랑했어요. 그리고 문도령과 자청비는 결혼식을 올리고 매일매일 행복하게 살았어요. 그러던 어느 날 자청비는 사람들이 사는 세상이 그리워졌어요.
	자청비 : "이제 땅으로 내려가 살고 싶어요." 말려도 소용없다는 것을 안 옥황상제는 자청비에게 소원이 무엇이냐고 물었어요. 자청비 : "아무 소원도 없어요. 다만 여러 가지 곡식 씨앗을 주세요." 씨앗을 얻어가지고 땅 위에 내려온 자청비는 그 씨앗을 사람들에게 나누어 주고 심게 했어요. 그리고 자청비는 '농사를 맡은 신'이 되었답니다.

제 목	지장샘
	옛날에 한 농부아저씨가 살고 있었는데, 밭일을 끝내고 소를 몰고 집으로 가는 도중에 지장샘 옆쪽에서 쉬고 있었어요. 농부 : "아이고~바람도 시원하고 좋네그려."
	그런데 갑자기 할아버지가 나타나서 할아버지 : "이 물병을 숨겨주세요." 농부 : "무슨 일인지는 모르지만 제가 들어 줄 수 있는 일이라면 다 도와드리겠습니다" 라고 착한 농부는 고개를 끄덕이며 대답했어요.
	그러자 할아버지는 매우 고마워하면서 할아버지 : "저 샘물에 가득 넣어 이 물병을 당신의 소에 꼭꼭 숨겨 주세요. 그리고 나중에 강아지가 나타나서 짐이 있는 쪽에 가서 물 냄새를 맡으려 하면 못 가게 막아주세요. 꼭이에요!" 라고 말하고는 할아버지는 갑자기 없어졌어요.
	농부는 할아버지께서 말해 준 대로 물병에 샘물을 가득 뜨자 순식간에 샘물은 말라 버리고 샘은 흔적조차 없어져 버렸어요.

그런데 조금 있으니 사냥꾼이 나타났어요. 사냥꾼이 데리고 온 강아지가 냄새를 맡더니 소가 싣고 있는 짐 속에 다가 갔어요.

그러자 사냥꾼은

사냥꾼 : "틀림없이 이곳인데. 왜 안보이는 거지?"

라고 혼자 말하며 두리번거렸어요.

사냥꾼 : "만약 샘이 어디 있는지 말을 해 준다면 큰 부자가 되도록 돈을 많~이 드리겠어요!"

농부 : "나는 이곳에서 삼십년을 살았지만 근처에서 샘을 본적이 한 번도 없어요."

라고 농부는 할아버지와의 약속을 지키기 위해 거짓말을 했어요.

그러자 사냥꾼은 농부가 거짓말을 하고 있는 것처럼 생각이 들었지만..

사냥꾼 : "내 지도가 잘못된 것이로구나!!!!"

하며 지도를 찢어 던져 버리고 저 멀리 가버렸어요.

그러자 할아버지가 나타나

할아버지 : "당신은 내 생명의 은인 이예요. 속에 감추어둔 물을 말라버린 샘터에 쏟아 부어 주세요."

라고 얘기하자 농부는 얼른 소에게 달려가 짐 속에 있는 물병을 가지고 와서 할아버지가 시키는 대로 했어요.

그러자 샘터는 순식간에 물이 많아져 풍부한 샘이 되었어요. 그 후 농부는 마을 사람들과 농사를 지으며 행복하게 살았답니다.

제 목	지혜있는 여인
	옛날 제주 섬에 정이 두터운 부부가 살았습니다. 남편 이름은 도강수였고 부인 이름은 미월이라 했습니다. 이 부부는 금술이 좋고 부지런해 부모로부터 물려받은 재산이 없었지만 행복하게 살았습니다. 특히 부인 미월의 얼굴이 아름다워 그 소문이 주위에 퍼지게 되었습니다.
	하루는 사또가 제주마을을 다니다가 예쁜 미월부인의 얼굴을 보게 되었어요. 사또 : "어찌 저렇게 아름다울 수 있단 말인가!" 그 아름다운 모습에 반하여 사또는 욕심이 생겼습니다. 어떻게 하면 그 부인을 차지할까 궁리하기 시작했어요. 사또의 마음을 알게 된 신하는 신하 : "사또님, 그 여자의 남편이 지난해에 곡식을 다섯 가마니나 꾸어 갔는데도 갚을 생각을 안 하고 있습니다." 이 말을 들은 사또가 가만히 생각했습니다. 생각 끝에 사또는 도강수를 잡아오도록 했지요.
	잡혀온 도강수에게 사또는 도강수 : "네가 작년에 곡식 다섯 가마니를 꾸어 가고도 아직껏 갚지 않고 있다 하니 이는 약속을 어기는 일이다. 내 특별히 네 사정을 봐서 모래 까지 여유를 줄 터이니 가져간 곡식 다섯 가마니와 약속을 지키지 않았으니 곡식 한 가마니를 더 가져오도록 하여라." 도강수 : "어찌 한 가마니를 더 가져오라 하십니까? 조금만 더 시간을 주십시오." 하며 부탁했어요. 사또 : "어허~! 네가 만약 기한 내에 곡식을 갖고 오지 못하면, 네 부인을 내 부인으로 할 것이다." 사또 : "만약 곡식을 못 가져온다면, 깊은 물속에 떠 있는 보름달을 꺼내 오도록 해라." 라고 했어요.
	도강수가 힘없이 집으로 돌아오자 미월은 남편에게 물었어요. 미월 : "요새 같은 먹을 것이 없는 때에 곡식이 없어 어떻게 해야 되나요? 차라리 물 속에 있는 달을 꺼내옵시다." 부인은 그렇게 남편을 안심시켰습니다. 부인은 남편에게 조용히 귓속말로 이야기하고는 미월 : "제 이야기한 대로만 하십시오. 그러면 일은 잘 될 것입니다."

	말을 들은 남편은 부인의 말을 따르기로 하고 사흘 되는 날 관가에 갔습니다. 도강수 : "오늘 밤 자정까지만 기다려 주시면 곡식을 바치거나 가락천 물 속 달을 바치거나 제 부인을 바치겠습니다." 사또 : "그 말을 어떻게 믿나" 도강수 : "한번만 믿어 주십시오." 사또는 속으로 생각했어요. 사또 : "이놈이 별 수 없이 제 각시를 내게 바치게 될 테지."
	밤이 되자 사또는 도강수가 올 때까지 기다렸어요. 이때 도강수는 놋대접에 가락천물 한 그릇을 떠다가 사또에게 바치면서 도강수 : "사또! 원대로 가락천 물에 뜬 보름달을 떠가지고 왔습니다." 하고 아주 자연스레 말하였습니다. 사또는 화가 나서 사또 : "이 네가 누굴 조롱하느냐. 이것이 달이냐? 물이지!" 도강수 : "사또님, 이건 바로 가락천 물입니다. 그리고 잘 보십시오. 바로 그 물 위에 보름달이 있습니다." 사또 : "이놈~! 어떻게 저 보름달을 손으로 담을 수 있단 말이냐." 도강수 : "아니 가락천 물속에 들어간 보름달도 꺼내왔는데 놋그릇 속에 있는 보름달을 못 꺼내십니까?" 사또는 할 말이 없었습니다.
	사또는 부끄러워하며, 나쁜 마음을 버리고 도강수에게 사과했습니다. 그리고 도강수는 예쁜 부인 미월이와 행복하게 잘 살았답니다.

제 목	천제연 폭포 효자 이야기
	옛날 아주 옛날에~ 제주도 중문이라는 마을에 마음씨 착한 부부가 살고 있었어요. 그런데 결혼한지가 십여 년이 지났는데도 부부에겐 자식이 없어 무척 걱정이었어요.
	그래서 그들 부부는 밤이면 밤마다 천제연폭포로 찾아가 깨끗한 물에 목욕도 하고 정성을 다하여서 하늘에 기도를 드렸어요.
	부부 : "하느님 저희에게도 예쁜 아기를 주세요. 예쁜 아기만 주신다면 하늘에 감사하면서 착하고 정말 열심히 살겠습니다~ 제발 저희에게도 아기를 주세요~" 부부는 바윗돌에 무릎을 꿇고 정성스레 기도를 드렸어요.
	그렇게 한 달...두 달이 흘렀어요. 그런데!!정말로 부부에게 아기가 생긴 것 이예요 남편 : "드디어 하늘에서 우리의 소원을 들어 주신게 틀림없소이다~" 부인 : "그래요~우리 하늘에 감사하며 열심히 살아요~" 열 달 후에 부부에게는 드디어 건강하고 잘생긴 사내 아이가 태어났어요.

	다른 아이들보다 아주 똑똑했고 공부도 아주 열심히 잘 하였고, 부모님 말씀도 잘 들었기 때문에 그 소년을 모르는 사람이 없었어요.
	그런데 정말 불행히도 소년이 17살이 되던 어느 날이었어요. 아버지가 갑자기 이름도 모르는 병으로 돌아가시고, 어머니 마저도 알 수 없는 병으로 그만 앞을 못 보게 되셨어요. 소년은 너무 슬펐어요. 그래서 그는 하던 글 공부도 그만두고 오직 어머니 병 간호에만 정성을 다하였어요.
	그리고 그는 새벽이 되기 전부터 천제연으로 나아가 맑은 물소리를 들으면서 바위 위에 꿇어 앉아 하늘에 정성스럽게 기도를 드렸어요.. 아들 : "하느님~ 제발 저희 어머니의 병을 낫게 해 주세요. 제가 잘못한 일이 있다면 용서해 주시고 제발 우리 어머니가 앞을 볼 수 있도록 도와주세요~ 그렇게 소년은 1년...2년....하루도 빼먹지 않고 정성스레 기도를 드렸어요. 그리고 어느덧 3년이란 시간이 흘렀어요..
	바람이 잔잔히 부는 추운 겨울 어느 날, 소년은 여느 때와 같이 차가운 바윗돌 위에 꿇어앉아 기도를 드리고 있었어요. 바로 그때였어요!!! 갑자기 사방이 아주 고요하더니 눈 앞에서 불빛이 번쩍 하였어요. 너무 이상해서 소년은 고개를 들어 하늘을 보니 이상한 소리가 들리기 시작했어요. 신령 : "기특하다~너의 정성이 너무 갸륵하여 내가 너의 어머니 병을 낫게 해 주겠노라~ 너는 이제 글에만 뜻을 두지 말고 그 글을 직접 행동으로 옮기며 그 일에 마음과 몸을 바치어라~약속할 수 있겠느냐? 그렇다면 폭포의 물을 한 움큼 떠다 어머니의 눈을 씻겨 드려라 그럼 어머니의 병이 말끔히 없어지겠노라~"

	말이 끝나자마자 날씨는 언제 그랬냐는 듯이 다시 잔잔히 바람이 부는 겨울이 되었어요. 소년은 아까 들어던 말들이 생각났어요. 아들 : "하느님 감사합니다. 정말 감사합니다." 소년은 천제연 물을 한 움큼 떠서 마을로 내려 갔어요~
	아들 : "어머니~어머니~ 그리고 소년은 천제연 물로 어머니의 눈을 씻기기 시작했어요~
	그런데 이게 어찌 된 일입니까? 어머니가 다시 눈을 뜨시게 되었어요. 어머니 : "애야~이게 어떻게 된 일이니~앞이 보인다~보여~" 아들 : "오 하느님 감사합니다. 감사합니다." 소년은 어떻게 된 일인지 어머니께 설명해 드렸어요~ 그러자 어머니께서는 어머니 : "그래~너는 하늘이 준 자식이다. 그러니 너는 하늘의 명령을 바로 받아 반듯하고 열심히 살아야 한다." 하고 말씀하셨어요.
	그로부터 청년은 공부도 열심히 하고 착한 일도 많이 하면서 살았어요. 그래서 마을 사람들은 누구나 소년을 따르게 되었고, 소년은 착한 일을 많이 하여 아름다운 마을이 되었답니다.

제 목	효민이와 어머니
	옛날 '신촌리' 김씨댁에 어머니를 모시고 사는 착한 딸 효민이가 있었어요. 어머니는 눈이 어두워 앞을 잘 볼 수 없었지만 효민이는 어머니를 정성껏 모셨어요. 마을 사람들은 어머니를 정성껏 모시는 효민이를 칭찬했어요. 그래서 효민이에 대한 소문이 온 마을에 널리 퍼졌어요.
	마침 이 마을을 지나가고 있던 한 스님이 효민이에 대한 소문을 듣게 되었어요. 스님 : "정말로 그렇게 착한 딸인가?" 스님은 효민이에 대한 소문을 믿지 못해서 직접 김씨 댁으로 찾아갔어요.
	김씨 댁은 비록 초가집이었지만, 집이 크고 깨끗했어요. 그래서 마을에 찾아온 손님들은 김씨 댁에 자주 머물곤 했답니다.
	스님이 김씨 댁을 찾아가자, 효민이가 스님을 사랑방으로 안내했어요. 스님은 정말 소문처럼 딸이 착한지 아닌지 알아보기 위해서 딸의 행동을 자세히 살펴보았어요.

	밤이 깊어지자 어머니는 잠이 들고 효민이는 부엌에서 부지런히 참기름을 짰어요. 고소한 참기름 냄새가 사랑방까지 건너왔어요. 스님 : "밤 늦게까지 일을 하다니 정말 대단한 딸이야."
	효민이는 밤 늦도록 참기름을 다 짰어요. 그리고 참기름 항아리를 방 앞마루에 올려놓았어요. 뜨거운 참기름을 바람이 잘 통하는 곳에 두어 식게 하였어요. 그리고 방으로 들어갔어요.
	이튿날 새벽, 어머니가 밖으로 나왔어요. 그리고는 곧 참기름 항아리를 발견했어요. 어머니 : "사랑방에 손님도 왔는데 오줌통을 여기에 놔두다니" 어머니는 중얼거리며 참기름 항아리를 비워버렸어요. 눈이 잘 안 보여서 참기름 항아리를 오줌통으로 생각했던 것이었어요. 스님 : "옳지, 아까운 참기름을 비워 버렸으니, 딸이 분명 어머니에게 화낼 거야. 곧 싸움이 일어나겠지?" 어머니의 행동을 지켜보고 있던 스님이 말했어요.
	잠시 후, 잠이 깬 효민이는 문을 열고 나왔어요. 참기름 항아리가 없어진 것을 알고, 깜짝 놀라 어머니에게 말했어요. 효민 : "어머니, 여기 있던 참기름 항아리 못 보셨어요?" 어머니 : "아~오줌통 있길래 비워버렸다. 손님도 오셨는데 오줌통을 놔두면 어떻게 하니?" 어머니는 참기름을 버린 줄도 모르고 오히려 효민이에게 말했어요.

<table>
<tr><td></td><td>효민 : “죄송해요. 어머니!! 제가 그만 늦잠을 자는 바람에 오줌통을 치우지 못했어요. 일찍 일어나서 오줌통을 치웠으면 좋았을 텐데..”
효민이는 어머니가 앞이 잘 보이지 않아서 실수를 했다고 생각했어요. 그래서 어머니에게 화를 내지 않고 어머니가 생각하는 대로 말했어요.</td></tr>
<tr><td></td><td>스님 : “정말 착한 딸이군!! 어머니가 참기름을 버렸는데도 화를 안내다니.”
스님은 착한 효민이를 보고 놀라워했어요. 어머니에게 화를 낼 수 있었는데 말이에요. 착한 효민이에 대한 소문은 마침내 임금님에게까지 알려졌어요. 그래서 임금님은 착한 효민이에게 큰 상을 내렸다고 합니다.</td></tr>
</table>

제 목	힘 센 봉순이
	옛날 제주도 한 마을에 힘 센 봉순이가 살고 있어요. 어느 날 봉순이가 밭에 일을 하러 가고 있었어요. 밭에 가는 길에는 들음돌이라는 큰 돌이 있었는데, 동네 아저씨들이 그 돌을 들으며 힘자랑을 하고 있었어요.
	봉순이가 그 돌을 지나려고 하자 아저씨들이 봉순이에게 아저씨들 : "너는 여자니 힘도 약하지??" "이 돌을 들 수 있어??" 라고 하며 놀리기 시작했어요. 화가 난 봉순이는 봉순이 : "내가 이 돌을 들어서 던져버리면 어떻게 하겠어요?" 라고 물었어요. 그러자 아저씨들은 아저씨들 : "네가 하라는 대로 다 하겠어."라고 대답했어요.
	그러자 봉순이는 들음돌을 번쩍 들고는 저 언덕 아래로 던져버렸어요. 그 모습을 본 아저씨들은 모두 깜짝 놀랐어요. 봉순이 : "앞으로는 이 길을 자나가는 사람들을 괴롭히지 마세요." 라고 봉순이가 이야기 했어요. 아저씨들은 그저 아무 말도 못하고 고개만 끄덕였어요.
	그 후 아저씨들은 그 길을 지나는 사람들을 괴롭히지 않았습니다. 그리고 봉순이는 마을의 어려운 일을 도우며 잘 살았답니다.

교수자료

돌하르방을 알아보아요.
조랑말은 어떻게 생겼을까?
제주바다의 예쁜 물고기들
조랑말의 신체 각 부분

교재교구

설문대 할망이 다닌 곳은?
지장샘을 찾아보아요.
대별왕과 소별왕의 여행

이야기	활동명	돌하르방을 알아보아요.
목표	- 돌하르방의 특징을 몸으로 나타낼 수 있다. - 돌하르방을 세워두는 이유를 안다.	

활동방법	1. 나는 검은색 구멍이 뚫린 현무암으로 만들었어요. 2~4. 특징 설명 5. 나는 누구일까요? 6~9. 나의 오른손을 찾아보아요.	

	10~11. 무엇이 다른가요? 12~13. 생긴 모습을 비교해 보아요. 14~15. 무엇으로 만들 수 있나요? 16. 신체표현 또는 작업활동으로 진행한다.

이야기	활동명	조랑말은 어떻게 생겼을까?
목표	- 조랑말에 대해 관심을 갖는다. - 조랑말의 생김새와 특징을 알 수 있다.	

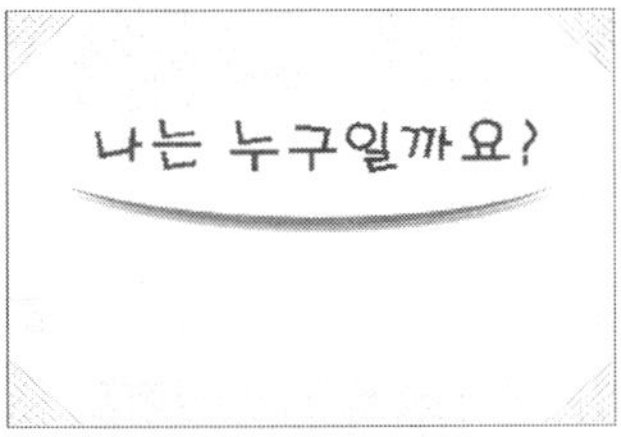

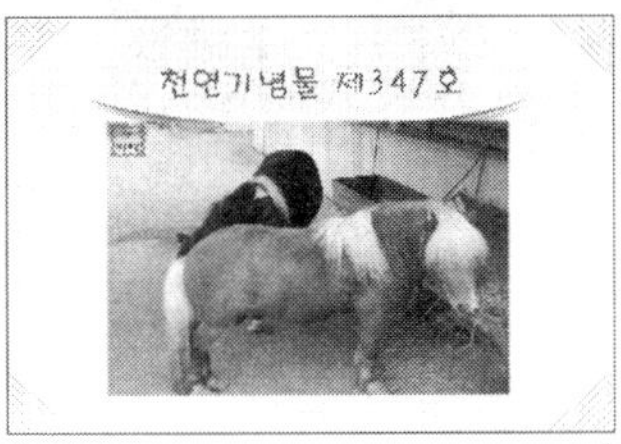

활동방법	
	1. 나는 누구일까? (소리듣기) 2. 제주의 말은 외국 말과 무엇이 다를까? 4~6. 생긴 모습 (눈, 코, 입, 다리, 꼬리, 갈퀴) 7. 천연기념물이 무엇일까? 8. 제주도의 말을 보호해요.

<table>
<tr><td>이야기</td><td>활동명</td><td>제주바다의 예쁜 물고기들</td></tr>
<tr><td>목표</td><td colspan="2">- 제주바다에 사는 물고기의 특징과 생김새를 안다.
- 물고기들의 이름을 알아본다.</td></tr>
<tr><td colspan="3">

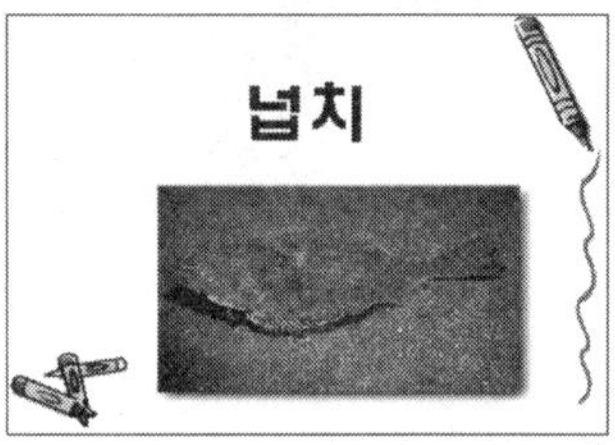

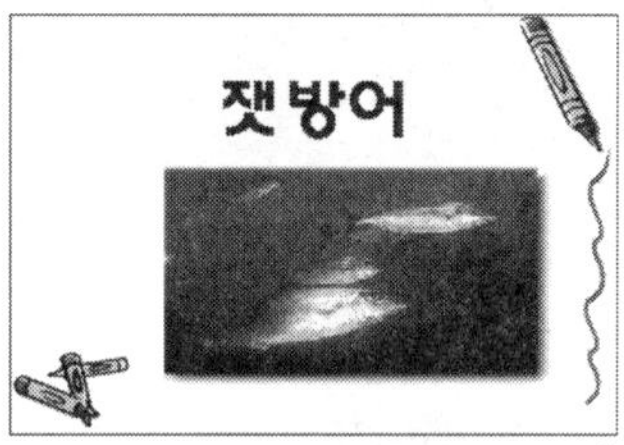

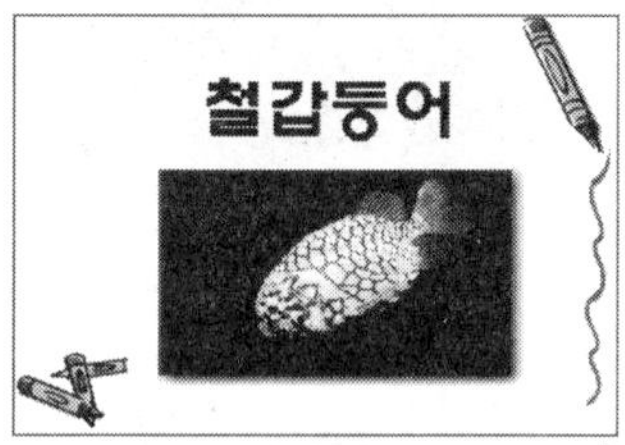

</td></tr>
<tr><td>활동방법</td><td colspan="2">1. 제주 바다에 사는 물고기는 어떤 것이 있을까?
2~10. 예쁜 모양의 물고기는 어떤 색이니? 어떤 모양이니? 가장 큰 물고기는 어떤 것이니? 가장 작은 물고기는 어떤 것이니?
가장 마음에 드는 물고기는 어떤 것이니? 가장 멋진 물고기는 어떤 것이니?
11. 그 이유를 생각해 보고, 이름을 말해 보자.</td></tr>
</table>

이야기	활동명	조랑말의 신체 각 부분
목표	- 조랑말의 신체부분의 명칭과 역할을 안다. - 조랑말의 특징을 안다.	

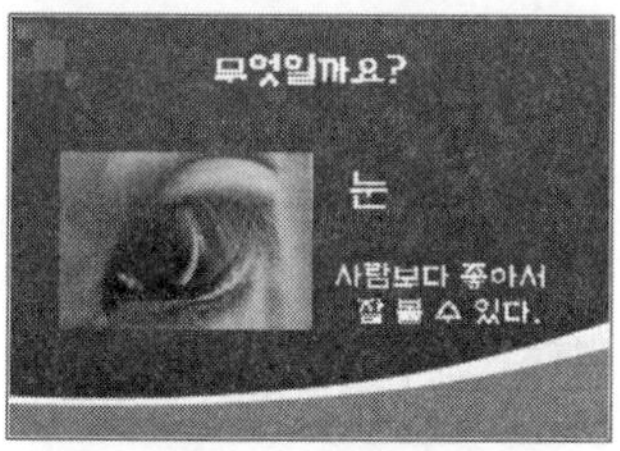

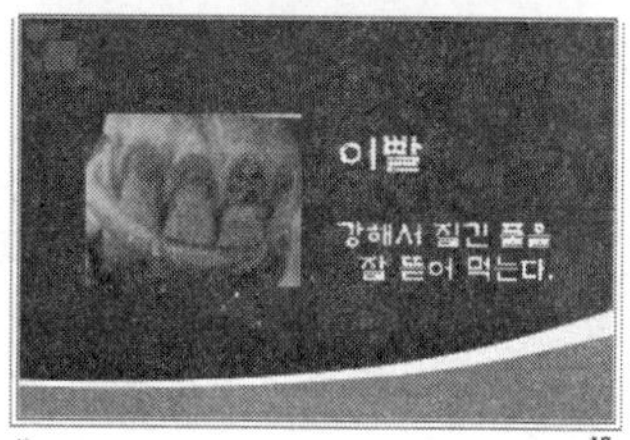

활동방법	2. 무엇일까요? 3.4.5. 말은 우리에게 어떤 도움을 주나요? 6~14. 조랑말은 어떻게 생겼나요?

이야기 1	교구명	설문대 할망이 다닌 곳은?
목표	• 내가 살고 있는 제주도에 관심을 가질 수 있다. • 제주도 지도에 관심을 갖고, 각 지역의 위치를 알 수 있다. • 제주도 지도를 통해 설문대 할망의 전설이 있는 곳을 알 수 있다.	
준비물	하드보드지, 제주도 지도, 색지, 설문대 할망과 관련된 곳의 그림, 색 시트지(파란색, 분홍색), 마스킹 테이프, 가위, 풀, 찍찍이	
제작과정	〈수수께끼 카드〉 ① 설문대 할망과 관련된 곳의 그림에 이름을 넣고 가로 3cm, 세로 2.5cm로 출력한다. 〈제주도 지도〉 ① 제주도 지도를 가로 22cm, 13cm 크기로 출력한다. ② 제주도 지역이름과 설문대할망과 관련된 곳의 그림, 단어를 출력한다. ③ 출력한 지도를 색지에 대고 오린다. ④ 지도모양으로 오린 색지를 하드보드지에 붙인다. ⑤ 색 시트지(파란색, 분홍색)를 펀치로 10개 뚫는다. ⑥ 제주도 각 지역의 위치와 설문대 할망과 관련된 곳을 펀치로 뚫은 시트지로 구분하여 붙인다. ⑦ 제주시, 서귀포시, 애월읍, 한림읍, 대정읍, 중문단지, 서귀포시, 남원읍, 성산읍, 구좌읍, 조천읍 단어를 출력하여 지도에 알맞게 붙인다. ⑧ 시트지를 싼 후 마스킹 테이프로 마무리 한다. ⑨ 설문대 할망과 관련된 곳에 보슬이를 붙인다. ⑧ 한라산, 백록담, 산방산, 범섬, 관탈섬, 용두암, 물장오리, 우도, 성산일출봉 단어를 출력하여 코팅 후 까슬이를 붙인다. ⑨ 완성된 지도를 같은 방법으로 가로 21.5cm, 세로 16cm 크기로 제작한다.	
활용방법	① 친구와 함께 설문대 할망과 관련된 곳의 그림카드를 가지고 수수께끼를 내고 맞추면서 이름과 그림을 익혀둔다. ② 설문대 할망의 발자취(그림, 글)를 지도에 붙여보고, 완성된 지도와 비교하여 맞춰본다. ③ 잘못 붙여진 그림과 글은 다시 붙여본다.	
교구사진	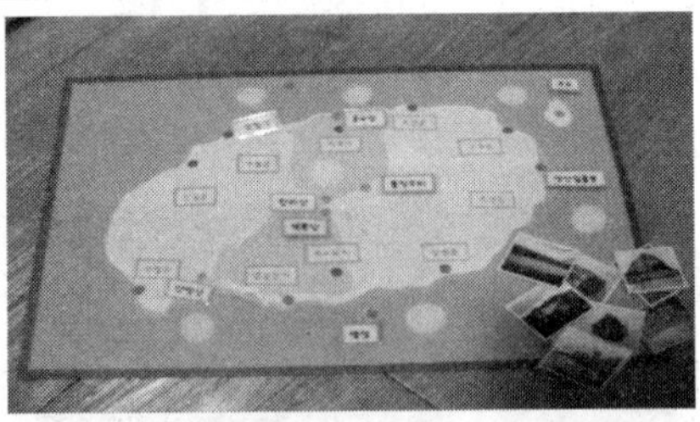 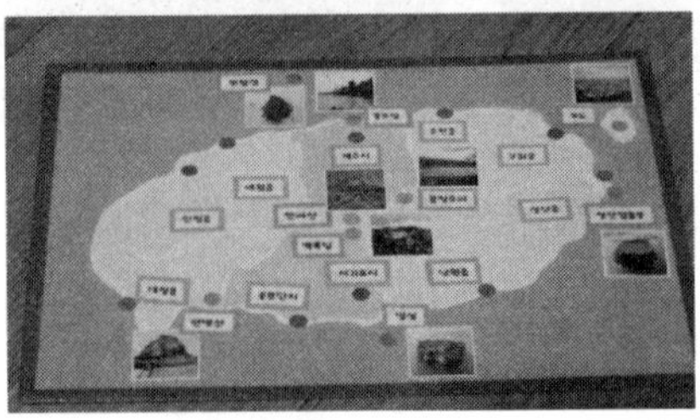	

<table>
<tr><td>이야기 2</td><td>교구명</td><td>지장샘을 찾아보아요</td></tr>
<tr><td>목표</td><td colspan="2">• 용천수의 모습, 이름, 위치를 알 수 있다.
• 게임을 통해 수의 개념을 알 수 있다.</td></tr>
<tr><td>준비물</td><td colspan="2">우드락, 마스킹테이프, 가위, 풀, 양면테이프, 하드보드지, 뿅뿅이, 이쑤시개</td></tr>
<tr><td>제작과정</td><td colspan="2">〈용천수 지도〉
① 제주도 지도를 준비한다.
② 용천수 위치들과 이름을 써서 컴퓨터로 작업한다.
③ 지도를 인쇄한 후 코팅한다.

〈깃발〉
① 이쑤시개를 마스킹 테이프로 붙인 후, 뿅뿅이를 붙여준다.
② 용천수 사진과 이름을 워드작업해서 깃발 크기만큼 뽑아서 코팅한다.

〈주사위〉
① 하드보드지에 정육면체 전개도를 그려서 주사위를 만든다.
② 0, 1, 2, 3, -1, -2, 숫자를 주사위에 붙여준다.
③ 마스킹 테이프로 마무리 한다.</td></tr>
<tr><td>활용방법</td><td colspan="2">① 용천수의 이름이 써진 깃발 통을 하나씩 나눠 갖는다.
② 가위 바위 보로 순서를 정한다.
③ 주사위를 굴려 나온 수만큼 깃발을 선택한다.
(0이 나오면 한번 쉰다. -1이 나오면 올려놓은 자기 깃발 하나를 뺀다.)
④ 용천수 이름이 있는 곳에 맞게 용천수 깃발을 꽂는다.
⑤ 용천수 지도의 깃발이 모두 채워지면 가장 많은 색깔의 깃발이 채워진 사람이 이긴다.</td></tr>
<tr><td>교구사진</td><td colspan="2">
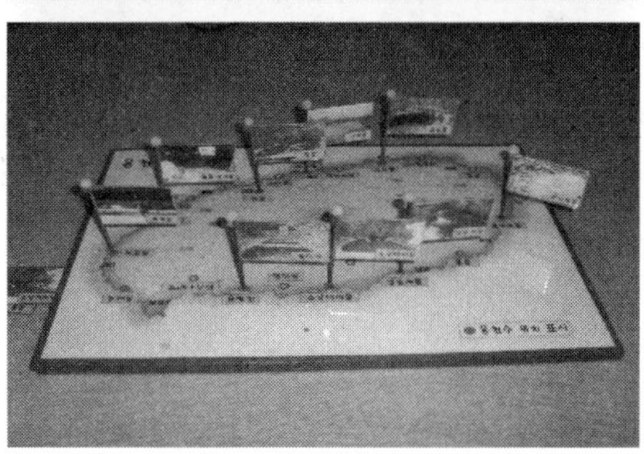</td></tr>
</table>

이야기 3	교구명	대별왕과 소별왕의 여행
목표	• 해와 달이 생겨난 제주도 전설에 대해 알 수 있다. • 규칙을 지켜 게임을 할 수 있다.	
준비물	하드보드지, 펠트지, 색지, 시트지, 마스킹 테이프, 찍찍이, 요쿠르트병, 지끈, 칼, 자, 가위, 풀, 본드, 양면테이프, 활동자료프린트	
제작과정	〈활동판 만들기〉 ① 하드보드지를 가로 26.8cm 반으로 살짝 자른 후 반으로 접었다 필 수 있도록 한다. 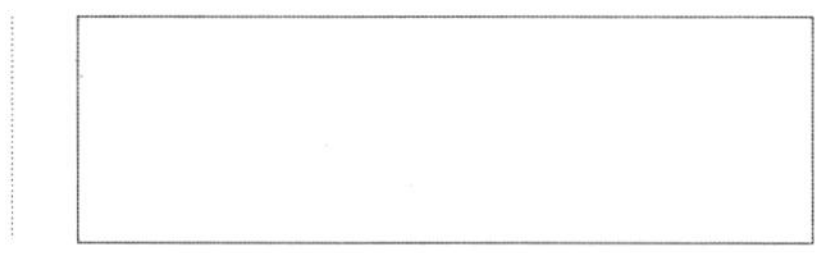 ② 겉면의 앞에는 제목과 그림을 프린트해서 색지를 붙인 후 붙인다. ③ 안에는 동화 줄거리 표인 가로 60cm 세로 10cm와 출발과 도착표시를 프린트해서 색지를 붙인 후 코팅하여 게임 길을 만들고 출발과 도착을 알려준다. 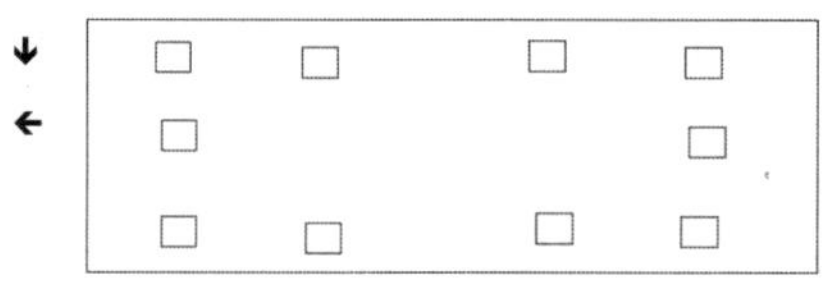 ④ 가운데 부분에 비밀상자와 작은 상자를 붙일 수 있는 별모양 찍찍이를 붙인다. ⑤ 겉면에 시트지를 붙이고 마스킹 테이프로 마무리를 한다. 〈비밀상자 만들기〉 ① 하드보드를 가로 세로 10cm 정사각형 틀을 만든다. 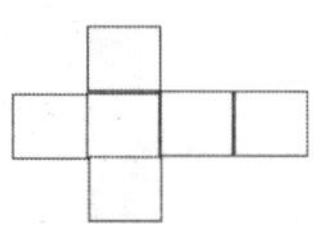 ② 한쪽 면만 1.5cm를 남기고 네모를 자라낸다. 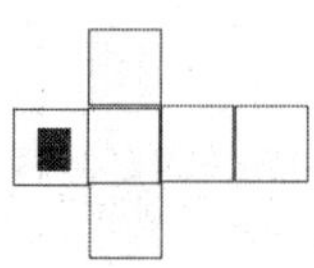 ③ 자른 면에 펠트지를 붙이고 손이 들어갈 수 있도록 잘라준다. ④ 본드를 이용해 틀을 붙여 정사각형을 만든다. ⑤ "비밀상자 "글씨를 프린트해서 색지를 붙인 후 상자의 한 면에 붙여준다.  	

<table>
<tr><td></td><td>⑥ 시트지를 붙이고 마스킹 테이프로 마무리 한다.

〈주사위 만들기〉

① 하드보드지로 가로 세로 7cm인 정사각형을 만든다.

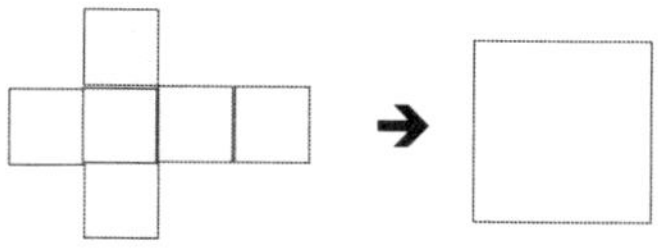

② "앞으로 한 칸", "앞으로 두 칸", "뒤로 한 칸", "다음 기회에", "비밀상자"를 프린트 하여 색지를 붙인 후 상자의 모든 면에 붙인다.
③ 시트지를 붙인 후 마스킹 테이프로 마무리 한다.

〈말, 작은 상자, 카드〉

- 말 : 요쿠르트 병을 지끈으로 감는다.
해 모양과 달 모양을 프린트해서 코팅한 후 붙인다.
- 작은 상자 : 하드보드지로 가로 8cm, 세로 3cm인 상자를 만든다.
시트지를 붙인 후 마스킹 테이프로 마무리 한다.
- 카드 : 퀴즈, 지시카드를 프린트해서 색지를 붙인 후 코팅을 한다.</td></tr>
<tr><td>활용방법</td><td>① 가위, 바위, 보를 해서 말을 선택하고 순서를 정한다.
② 말을 출발점에 올려놓고 차례대로 주사위를 던진 후 주사위 지시에 따라 말을 움직인다.
③ 만약 "다음 기회에"가 나오면 한 번 쉬고 "비밀상자"가 나오면 비밀상자에 있는 카드를 꺼낸다.
④ 카드를 보고 지시가 나오면 그 지시대로 표현한다.
⑤ 표현을 하면 뒷면에 나온 숫자만큼 말을 움직인다.
⑥ 만약 퀴즈가 나오면 답을 이야기하고 뒷면의 정답을 확인한다.
⑦ 맞힌 경우 뒷면의 숫자 만큼 말을 움직인다. 틀렸을 경우 자기 자리에서 한 번 쉰다.
⑧ 대별왕 소별왕의 여행을 마치고 대별왕과 소별왕에 먼저 도착하면 게임이 끝난다.</td></tr>
<tr><td>교구사진</td><td>

</td></tr>
</table>

〈부록 1〉 교수자료목록

구분	제목
의생활	옛날과 오늘날의 옷을 비교해 보아요 갈옷은 어떻게 만들어질까?
식생활	제주도의 산과들에는 무엇이 살까? 유채꽃은 어떻게 생겼을까? 빗물은 어디로 갈까? 깨끗한 바다를 만들어요 제주 바다 속에는 무엇이 살까? 제주의 귤은 어떻게 생겼을까? 도새기 축제에 함께 가요 조랑말의 신체 각 부분
주생활	화산폭발과 제주도 화산폭발 실험을 해보아요 제주도의 돌로 무엇을 할까? 바람은 왜 불까? 제주도에 많았던 세 가지는 무엇일까? 제주도에 없었던 세 가지는 무엇일까? 안거리와 밖거리 돌담은 왜 생겼을까요? 제주도의 가족의 구성원과 역할
여성과 바다	해녀는 무엇을 할까요? 옛날에는 어떤 물건을 사용했을까? 애기구덕이 무엇일까?
이야기	돌하르방을 알아보아요. 조랑말은 어떻게 생겼을까? 제주바다의 예쁜 물고기들 조랑말의 신체 각 부분

〈부록 2〉 교재교구 목록

구분	제목
의생활	전통혼례복을 입어보아요 비 올때는 무슨 옷을 입었을까 바느질을 해 보아요 짝을 찾아 주세요
식생활	솥을 가져가요 음식을 낚아 보아요 시장에서 무엇을 살까요? 내 짝은 어디에 내 이름을 찾아 주세요 나도 건강 밥상을 차릴 수 있어요
주생활	제주의 초가집을 알 수 있어요 고팡을 찾아서 통시와 깨끗한 자연환경 제주의 초가집을 알 수 있어요 제주도 빙고 게임
여성과 바다	해녀 옷을 입어 보아요 해녀도구를 알아 보아요
이야기	설문대 할망이 다닌 곳은? 지장샘을 찾아보아요 대별왕과 소별왕의 여행

〈부록 3〉 교육자료 제목별 활용 목록

번호	제목	페이지	생활주제
1	가마솥을 가져가요	100	봄
2	갈옷은 어떻게 만들어질까?	63	가을
3	고팡을 찾아서	140	지구와 환경
4	깨끗한 바다를 만들어요	94	건강한 몸과 마음
5	나도 전통 밥상을 차릴 수 있어요	107	건강한 몸과 마음
6	내 이름을 찾아 주세요	106	건강한 몸과 마음
7	내짝은 어디에	104	지구와 환경
8	대별왕과 소별왕의 여행	242	동물
9	도새기 축제에 함께 가요	98	지구와 환경
10	돌담은 왜 생겼을까요?	137	지구와 환경
11	돌하르방을 알아보아요.	235	나와 유치원
12	바느질을 해 보아요	66	지구와 환경
13	바람은 왜 불까?	133	나와 유치원
14	비 올 때는 무슨 옷을 입었을까	65	지구와 환경
15	빗물은 어디로 갈까?	92	지구와 환경
16	설문대 할망이 다닌 곳은?	240	건강한 몸과 마음
17	시장에서 무엇을 살까요?	103	건강한 몸과 마음
18	안거리와 밖거리	136	가족과 이웃
19	애기구덕이 무엇일까?	166	도구와 기계
20	옛날과 오늘날의 옷을 비교해보아요	61	우리나라
21	옛날에는 어떤 물건을 사용했을까?	164	우리나라
22	유채꽃은 어떻게 생겼을까?	91	봄
23	전통혼례복을 입어보아요	64	건강한 몸과 마음
24	제주 바다 속에는 무엇이 살까?	95	우리나라
25	제주도 빙고 게임	143	여름
26	제주도에 많았던 세가지는 무엇일까?	134	우리나라
27	제주도에 없었던 세가지는 무엇일까?	135	우리나라
28	느영나영	138	우리나라
29	제주도의 돌로 무엇을 할까?	131	가족과 이웃
30	제주도의 산과들에는 무엇이 살까?	89	도구와 기계

31	제주바다의 예쁜 물고기들	238	식물
32	제주의 귤은 어떻게 생겼을까?	97	여름
33	제주의 초가집을 알 수 있어요	139	겨울
34	조랑말은 어떻게 생겼을까?	237	우리나라
35	조랑말은 어떤 도움을 줄까?	99	동물
36	조랑말의 신체 각 부분	239	동물
37	좋은 음식을 낚아 보아요	102	동물
38	지장샘을 찾아보아요	241	지구와 환경
39	짝을 찾아 주세요	67	우리나라
40	통시와 깨끗한 자연환경	141	지구와 환경
41	해녀 옷을 입어 보아요	167	가족과 이웃
42	해녀는 무엇을 할까요?	161	가족과 이웃
43	해녀도구를 알아보아요	168	가족과 이웃
44	화산폭발 실험을 해보아요	130	지구와 환경
45	화산폭발과 제주도	128	우리나라

〈부록 4〉 이야기 제목별 활용 목록

번호	제목	페이지	생활 주제	구분		
				돌	바람/물	여자
1	굼둘애기물	176	건강한 몸과 마음			○
2	거욱대	178	겨울	○		
3	금덕이여	181	나와 유치원	○		
4	돌이 된 산방덕이	184	지구와 환경	○		
5	마마신의 심술	186	지구와 환경		○	
6	바다에서 건진 돌하르방	189	교통기관	○		
7	백중제	191	여름			○
8	비래못	194	지구와 환경		○	
9	설문대 할망	196	우리나라와 다른나라			○
10	송씨 며느리	198	나와 유치원			○
11	수월봉과 녹고물	201	건강한 몸과 마음			○
12	아기배달부 삼신할머니	203	봄			○
13	아흔 아홉 골	206	동물	○		
14	외돌개	208	우리가족	○		
15	용궁아들 삼형제와 매오름	211	지구와 환경	○		
16	용궁올레와 칼선도리	214	여름	○		
17	유반석과 무반석	217	가족과 이웃	○		
18	자청비	220	봄			○
19	지장샘	222	여름		○	
20	지혜있는 여인	225	가을			○
21	천제연 폭포 효자 이야기	227	겨울		○	
22	효민이와 어머니	230	가족			○
23	힘 센 봉순이	233	나와 유치원			○

참고문헌

〈논문〉

강문정(1993). "제주도 전통육아과정에서의 돌봄에 대한 연구". 『제주한라대학 논문집』. 제17권. 189-199.

고민경(2005). "유치원의 전통문화교육 실태와 활성화 방안 연구". 숙명여자대학교 교육대학원 석사학위논문.

김진경(2002). "전통유아교육원리를 적용한 유아사회생활지도 모형연구". 신라대학교 교육대학원 석사학위논문.

김동섭(2002). "제주도 전래 농기구 연구". 제주대학교 대학원 석사학위논문.

김미경(2003). "유아를 위한 전통문화 교육의 실태 및 실천방안 연구". 탐라대학교 대학원 석사학위논문.

김미경(2003). "유아를 위한 전통문화교육의 실태 및 실천방안 연구". 탐라대학교 교육대학원 석사학위논문

김영미(2007). "한국아동 전통놀이의 재조명을 통한 현대놀이의 비판적 고찰". 아주대학교 대학원 석사학위논문.

김영순(2005). "전통사회관련 아동교육 학위논문 경향분석". 한국교원대학교 대학원 석사학위논문.

김유희(2000). "전통놀이 교육에 대한 유치원 교사들의 인식정도와 활용에 관한 연구". 경남대학교 대학원 석사학위논문.

김혜진(2005). "유아교사 양성대학의 전통문화교육 교과현황과 현직 교사의 활용실태분석". 서울여자대학교 대학원 석사학위논문.

노재명(1999). "20세기 후반 제주도 전통음악 현장조사 자료 및 음반목록". 한국고음반연구회.

문미혜(2003). "제주도 전통사회의 유아교육 고찰". 탐라대학교 교육대학원 석사학위논문

박병은(1995). "문화담론과 연구방법론. 문화이론의 쟁점과 한국사회". 『한국사회문화』. 23권. 한국정신문화연구원.

박인실(1990). "전래동화 서술적 특성 분석". 이화여자대학교 교육대학원 석사학위논문.

박정희(2004). "제주도 여성문화에 관한 고찰. 가족과 결혼생활을 중심으로". 57-59.

박정희(2004). "제주도 여성문화에 관한 고찰: 가족과 결혼생활을 중심으로". 제주대학교 교육대학원 석사학위논문.

박진영(2003). "유치원에서의 전통놀이에 대한 교수-학습활동 조사연구: 대전광역시를 중심으로". 중부대학교 대학원 석사학위논문.

박진희(2006). "전통음식 문화교육에 대한 유아교사의 인식과 운영실태". 이화여자대학교 교육대학원 석사학위논문.

방인옥(2002). "유아를 위한 전통교육의 내용분석". 『유아교육학논집』. 8(1). 111-129.

배영희(2004). "유치원 전통놀이 프로그램의 교육적 의미와 가치". 동국대학교 대학원 석사학위논문.

서혜은(2003). "유아교육기관의 전통문화교육 프로그램 모형연구". 신라대학교 교육대학원 석사학위

논문.
오송자(1999). "전통문화 교육의 지도방안에 관한 연구. -유치원교육과정의 '표현영역'을 중심으로". 경기대학교 교육대학원 석사학위논문.
오춘자(2002). "세시풍속을 중심으로 한 유아전통문화교육에 관한 연구". 우석대학교 일반대학원 석사학위논문.
온영란(1995). "유아교육 프로그램의 전통놀이에 관한 조사연구". 원광대학교 석사학위논문.
유혜령(2000). "해석학적 관점에서 본 전통놀이의 현대적 의미". 21세기 한국사회의 변화와 유아교육. 제 24회 한국전문대학 유아교육과 교수연수회 및 학술대회. 69-83.
윤기영(2004). "유아통일교육을 위한 전통문화교육 적용상의 과제". 『한국영유아보육학』. 38, 251-270.
이경화(2003). "제주도 전통놀이의 문화적 이해". 『부산유아교육학회』. 11. 205-224.
이경화(2004). "제주도 전통 산육속의 전승". 『한국아동학회』. 25(1). 92-112.
이월심(2003). "제주도 전통놀이 분석". 탐라대학교 교육대학원 석사학위논문.
이은화 · 이영애 · 이경미 · 박희숙(2000). "전통문화교육에 대한 유아교사의 인식과 실태조사". 『영유아보육학』. 20. 135-154.
임정은(2006). "문화예술교육 프로그램의 효율적인 경영에 관한 연구: 초등교육을 중심으로", 단국대학교 경영대학원 석사학위논문.
전미경(2000). "전통교육을 받은 학생과 열린교육을 받은 학생의 EQ비교연구". 강원대학교 교육대학원 석사학위논문.
정은희(2005). "문화교육에 기초한 현행 교육과정 분석과 개편방향 연구". 중앙대학교 예술대학원 석사학위논문.
조계숙(1994). "유아교육에서의 전통놀이에 대한 교사견해와 활용현황에 관한 연구". 계명대학교 대학원 석사학위논문.
진성기(1986). "제주도의 전통문화, 무속신화 본풀이를 중심으로", 민속학회. 419-430
최진원(2006). "유아기 양성평등교육을 위한 제주설화의 의미고찰. 한국생태유아교육학회", 『생태유아교육연구』. 5권 2호 147-166.
허소영(2006). "전통놀이의 유아교육 적용에 관한 연구". 강원대학교 대학원 석사학위논문.

〈저서〉

강문규(2006). 『제주문화의 수수께끼.(제주문화 원류찾기 11)』. 각.
고광민(2004). 『제주도의 생산기술과 민속』. 대원사.
국립제주박물관(2003). 『한국문화와 제주』. 서경.
김양순(2006). 『한국전통생활문화』. 제주대학교출판부.
김영돈(1997). 『제주도 민요연구(상)』. 일조각.
김영돈(1997). 『제주성읍마을(빛깔있는 책들9)』. 대원사.
김영돈(2002). 『제주도 민요연구(상/하권)』. 민속원.
김은정 외(2007). 『제주도 특성을 반영한 보육프로그램, 제주특별자치도 보육정보센타 연구보고 2007-01』.
김지순(1998). 『제주도 음식』. 대원사
김지순(1998). 『제주도 음식(빛깔있는 책들214)』. 대원사.
김지순(2001). 『제주도 음식문화』. 제주문화

김현선 외(2006). "제주도 조상신본풀이 연구". 『탐라문화학술총서 4집』.
문무병(2005). 『제주도의 굿춤(제주도 무속의 탐구2)』. 각.
박영순(2007). 『즐거운 제주: 숨어 있는 제우의 설화, 전설을 따라』. 제주넷.
박은호(2006). 『메이플스토리 우리문화 대탐험: 전라제주편』. 글고은.
변성구(2007). "제주민요의 현장론적 연구". 『탐라문화학술총서 5집』. 민속원.
북제주교육청(1993). 『향토문화 전승교육 자료』. 제주도.
양영자(2007). 『제주민요의 배경론적 연구(탐라문화학술총서 6집)』. 민속원.
이석범(2005). 『제주신화』. 황금알.
임석재(19920. 『한국구전설화: 전라남도, 제주도편(임서재전집9)』. 평민사.
전연술(1993). 『제주도에 감수꽈?』. 신라출판사.
정영진 외(2004). 『유아를 위한 전통놀이교육 프로그램』. 양서원.
제주도(1996). "제주의 민속Ⅳ-의생활·식생활·주생활", 『제주문화자료총서(4)』.
제주도교육청(1996). 『제주의 전통문화』. 대영인쇄사.
좌혜경(2006). 『제주해녀와 일본의 아마해녀』. 민속원.
진성기(1991). 『제주도 무가 본풀이 사전』. 민속원.
진성기(2003). 『제주도무속 논고(남국의 무속)』. 민속원.
최진원(2005). 『유아교수매체 및 교수공학』. 청목출판사.
한국정신문화연구원(1984). 『한국의 민속음악: 제주도민요편』. 조사연구보고서 84-1.
현용준(1986). 『제주도 무속연구』. 집문당
현용준(1996). 『제주도신화(서문문고 219)』. 서문당.
현용준(2002). 『제주도 무속과 그 주변』. 집문당.
현용준(2005). 『제주도 신화의 수수께끼』. 집문당.

〈인터넷〉

http://100.naver.com/100.nhn?docid=63178
http://100.naver.com/100.nhn?docid=79845
http://blog.naver.com/choi8554
http://aktour.co.kr/story/43
http://art.jejusi.go.kr/gallery1/tradition/Contents/life/life_1_1.php
http://art.jejusi.go.kr/gallery1/tradition/Contents/life/life_1_1.php
http://blog.daum.net/jejucs/12836159
http://blog.daum.net/won4906/2663983
http://blog.naver.com/ajs6348?Redirect=Log&logNo=20004979646
http://blog.naver.com/gmlwjd011?Redirect=Log&logNo=60040968869
http://blog.naver.com/login?Redirect=Log&logNo=30577195
http://blog.naver.com/mervita?Redirect=Log&logNo=40028492248
http://blog.naver.com/sky2005p?Redirect=Log&logNo=120036493431
http://blog.naver.com/ydcbk?Redirect=Log&logNo=20016322045
http://blog.ohmynews.com/rufdml/80553

http://cafe.naver.com/cholgo.cafe?iframe_url=/ArticleRead.nhn%3Farticleid=172

http://cafe.naver.com/dyba001.cafe?iframe_url=/ArticleRead.nhn%3Farticleid=127

http://cafe.naver.com/tokyophoto/4140

http://cafe315.daum.net/_c21_/bbs_search_read?grpid=202B&fldid=4Sfj&contentval=0002szzzzzzzzzzzzzzzzzzzzzzzzzz&nenc=f3Kv1a3_UGPGLFNAv2gNIA00&dataid=178&fenc=JNe.BnQN_Mg0&docid=CDb11VUm&nil_profile=cafe

http://cfs2.tistory.com/upload_control/download.blog?fhandle=YmxvZzE2NDM0QGZzMi50aXN0b3J5LmNvbTovYXR0YWNoLzMvMzAxLmpwZw==

http://cultre.jeju.go.kr

http://imagesearch.naver.com/search.naver?where=idetail&query=%B3%AA%B8%B7%BD%C5&from=image&ac=-1&sort=0&res_fr=0&res_to=0&merge=0&start=13&a=pho_l&f=tab&r=13&u=http%3A%2F%2F100.naver.com%2F100.nhn%3Ftype%3Dimage%26media_id%3D29183%26docid%3D33827

http://imagesearch.naver.com/search.naver?where=idetail&query=%BB%F1%B0%AB&from=image&ac=-1&sort=0&res_fr=0&res_to=0&merge=0&start=14&a=pho_l&f=tab&r=14&u=http%3A%2F%2F100.naver.com%2F100.nhn%3Ftype%3Dimage%26media_id%3D32694%26docid%3D86908

http://kin.naver.com/db/detail.php?d1id=12&dir_id=1214&eid=6kLf0YlvR36JWaUt6svVl9JwYHO84qxU&qb=wabB1rW1IMD8xesgvsax4r/K

http://kin.naver.com/db/detail.php?d1id=12&dir_id=1214&eid=NAjzCG97HsXOOq/Ea/1Tye9qO8yO7RZz&qb=wabB1rW1IMD8xesgyKW3yrq5

http://kin.naver.com/db/detail.php?d1id=12&dir_id=12140328&eid=juKZ5uPuCHt+EMygav7+0T/YSUcX8dfj&qb=va602biu

http://kin.naver.com/open100/db_detail.php?d1id=6&dir_id=612&eid=oTbnzbiR2XSfmxtShD2fxHbKbQUGVOJy&qb=tbW31cDM

http://krdic.naver.com/search.nhn?query_euckr=%BF%C0%B8%DE%B1%E2 hthttp://www.tkmuseum.or.kr/search/dduck4.asp#5

http://ks.hmall.com/pf/top/qa_detail?eid=06ags

http://life.ohmynews.com/articleview/article_view.asp?at_code=310986

http://museum.jeju.go.kr/ (제주민속자연사박물관)

http://pds18.cafe.daum.net/download.php?grpid=5grW&fldid=J4gc&dataid=6145&fileid=1&regdt=20051020155443&disk=34&grpcode=4050cafe&dncnt=N&.jpg

http://www.baekseungjeong.or.kr 네티즌칼럼중(中))

http://www.blog.naver.com/제주도 가구

http://www.daum.net/bogmany/12604556

http://www.eobuin.com/cart/?doc=bbs%2Fgnuboard.php&bo_table=food&page=2&wr_id=74&ca_id=

http://www.haenyeo.go.kr

http://www.haenyeo.go.kr/ekboard/view.php?btable=bbs&bno=8&p=2&cate=

http://www.jejusamda.com.

http://www.jejusamda.com/common/c__dataView.php?id=Y03020300
http://www.naver.com/gajacheju.cafe
http://www.tamnatour.com,
http://www.tamnatour.com/cyber/sub__main.asp?menu=tl&contentidx=152&toplevelidx=23&firstlevelidx=71&secondlevelidx=0&threelevelidx=0
www.blog.daum.net/zapari
www.ILJ.co.kr

[저자 소개]

• 최진원

고신대학교 문학사(아동학)
부산대학교 대학원 교육학석사(유아교육 전공)
숙명여자대학교 대학원 이학박사(유아교육 전공)
제주관광대학 유아교육과 교수

〈저서〉
보육학개론, 영유아복지론, 유아교수매체, 놀이지도, 유아조형활동, 유아교육개론 등 다수

유아전통교육의 이해와 활용

2011년 1월 15일 초판인쇄
2011년 1월 20일 초판발행

저 자 최 진 원
발행인 유 성 렬
발행처 청목출판사
서울특별시 영등포구 신길동 233-96
전화 (02) 849-6157(代) · 2820
FAX (02) 849-0817
등록 제318-1994-000090호

파본은 바꾸어 드립니다. 값 15,000원

http : //www.chongmok.co.kr

ISBN 978-89-5565-386-1

※인지는 생략합니다.